走向智能丛书

人本

从工业互联网走向数字文明

赵敏 朱铎先 刘俊艳 ◎著

机械工业出版社
CHINA MACHINE PRESS

图书在版编目（CIP）数据

人本：从工业互联网走向数字文明 / 赵敏，朱铎先，刘俊艳著．—北京：机械工业出版社，2023.1（2023.5 重印）

（走向智能丛书）

ISBN 978-7-111-72098-0

I. ①人… Ⅱ. ①赵… ②朱… ③刘… Ⅲ. ①互联网络 - 应用 - 工业发展 - 研究 Ⅳ. ① F403-39

中国版本图书馆 CIP 数据核字（2022）第 221204 号

人本：从工业互联网走向数字文明

出版发行：机械工业出版社（北京市西城区百万庄大街 22 号　邮政编码：100037）

责任编辑：王　颖　　　　　　　　　　　　责任校对：李小宝　贾立萍

印　　刷：保定市中画美凯印刷有限公司　　版　　次：2023 年 5 月第 1 版第 3 次印刷

开　　本：165mm×225mm　1/16　　　　　印　　张：17.75

书　　号：ISBN 978-7-111-72098-0　　　　定　　价：99.00 元

客服电话：（010）88361066　68326294

版权所有·侵权必究
封底无防伪标均为盗版

序

People Oriented

人 本

乘"十一"长假的余暇，拜读了作者给我发来的电子版《人本：从工业互联网走向数字文明》一书。细读之下，深深感到这是一本近年来难得的关于工业互联网和工业发展的战略、方向与路径方面，做出重大理论创新的好书。

百年巨变，朝向数字经济、智能时代、数字文明这是历史的必然。如何从今天工业经济、工业文明科学稳健地走向新的时代，该书力图回答这个问题，开创性地提出了工业互联网生态系统模型（IIEM）及其实现的路径和方法。

在逐步理解这个模型产生过程和详细的解析之后，我感到这个模型是在全面分析并吸取了既往各个关于智能制造、工业（产业）互联网模型长处之后，以作者长期研究和实践成果为基础，经过艰苦的研究分析后提出来的，至少具有以下五个特征：一是以工业为基础，二是以人为本，三是以实现工业价值为目的，四是将工业要素纳入分析框架，五是综合贯通的系统能力，是一本符合中国国情、具有全球价值的理论创新作品。

一是以工业为基础。作者指出，本书的主线是以工业为主体，强调了工业互联网的工业属性，是工业属性赋予了工业互联网的关键性、基础性、先导性、决定性作用。工业互联网生态系统模型中的实体维描述了由企业实体和产品实体组成的工业实体，资源维则描述了"产品－人－机－料－法－环－测"等企业资源，数智维则描述了新一代信息通信技术（ICT）如何为上述两个维度赋能，实现工业及工业企业发展的战略目标。以工业为基础，而不是以新一代信息技术为基础，强调数智维的存在价值是赋能实体维和资源维。这是该模型区别于其他工业（产业）互联网模型最突出的亮点，恰当地区分了"体"与"用"的关系，这是具有认识论意义的创新。

二是以人为本。既往关于智能制造和工业互联网的参考模型，大多将信息网络、数字、算法、算力等技术因素作为重心，很少或没有将人和企业置于这次历史性变革的中心位置。理解本书的讨论，以人为本，在工业互联网中至少有两层重要的含义：首先是人的主导作用，作者指出，人是第四次工业革命的主线，人是企业核心竞争力，以人为本是智能制造战略落地之道。其次，经人工智能、算法、算力等元素展示出来的机器智能是以人的智能为基础的，作者指出，"人智"是"机智"源泉，应用"人智"并在此基础上发展。全书用两章的篇幅，专门阐述资源维上"产品－人－机－料－法－环－测"中的"人"这个特殊资源，描述人的智力资源如何联入工业互联网，特别指出，在全社会数字化转型历史关头，人作为企业中最核心资源必须得到真正重视。见物不见人或重视"机智"甚于"人智"是不符合工业互联网发展本质属性的，这不是弯道超车，而是走弯路。

三是以实现工业价值为目的。作者提出的工业互联网生态模型"四流"以动态价值流驱动。这个结论既符合工业的基本属性，更体现了新技术、新模式的本质功能。工业互联网四个流（实体流、资源流、数智流、动态价值流）最终要落实到价值流上，企业最终是以从市场获取回报为宗旨，企业内部考核是以各部门（各环节）创造的可监测、可核算的价值为基准。作者指出：企业实体之间业务往来、需求传递、订单驱动、供应链互动，形成了实体流，并沿实体维流动；承载市场需求的产品，以订单积聚，驱动"产品－人－机－料－法－环－测"资源流，沿资源维流动；穿透企业实体壁垒的数字化数据、信息、知识汇聚成数智流，沿数智维流动；三流合一汇聚成动态价值流。动态价值流以数据形式穿透了企业边界，交汇了不同生命周期，拓宽了价值覆盖范围，映射了实体关系网络、资源网络和数据网络的运行，为企业的管理优化和商业模式创新提供了基础。

四是将工业全要素纳入分析框架。作者提出的工业互联网生态模型的另一个重要特征是将工业或工业企业运营和发展的所有要素纳入，这是其他相关模型所没有尝试的或没有达到的宽度和广度，是又一个重要的创新。模型贯穿供应商（原材料）、制造商（产成品）、销售商（商品）、客户／维修商（在用品）四种复合型企业与产品实体；模型囊括制造过程的"产品－人－机－料－法－环－测"全部环节；模型融入穿透实体流和资源流的数字、信息网络、算法和算力。一个统一的、贯穿全要素的模型对分析和提升工业企业核心竞争力和可持续发展能力，构造适应发展趋势和企业实情的工业互联网发展战略，具有重大的理论和实践意义。

五是综合贯通的系统能力。从作者过往的研究成果和著作看，他们对系统科学和系统工程具有良好的造诣。在他们提出的模型中，将工业全部要素融合在一起，将商业过程和制造过程综合在一起，将工业技术和新一代信息技术融汇在一起，将人智、机智和数智的互动发展归纳为四种智能范式，将理论产品——工业物联网生态模型及其实现路径一并讨论，将碳基智能与硅基智能、工业文明与数字文明、历史和现实有机整合到一个模型、一本著作中。正是这种扎实的跨领域多学科素养、丰富的工业领域知识和实践，构成了作者挑战这个战略前沿课题的能力并形成了综合性的、开创性的研究成果。

本书讨论的是工业问题，但这样的思维模式和方法论，同样适用于农业、服务业。

人类历史正面临历史上最重大的历史变革，这次变革以技术和资源的新发展为契机，以伟大的中华民族重新走向世界中心舞台为焦点，展开了一幅波澜壮阔的画卷。民族的崛起、产业的振兴，需要技术创新，更需要理论创新。三位作者以自己的努力，为在中华民族复兴之路上的理论和模式创新写下了浓厚的一笔，为此点赞。

是以为序。

杨学山

2022 年 10 月 8 日

前言

People Oriented
人　本

网起网兴，披沙拣金。工业主体，永续创新。

什么是工业互联网？一百个人有一百种解读。正如每个人心中都有一个哈姆雷特一样，每个人心中都有一个工业互联网画像，每个研究机构都有一个工业互联网定义。

观察、分析和认识工业互联网的视角有很多。本书作者重点从生态系统视角来尝试对工业互联网的组成要素、应用方式及发展演变规律做一个全景式描绘和阐述。

生态系统对本书的启示

一个完整的生态系统包括生物系统和无机环境两大组成部分。生物系统包括生产者、消费者和分解者，它们之间彼此相互作用和转化。生物系统中包含人，人是处于生物链顶端的智慧动物和智力源。无机环境包括阳光、空气、水、土壤等，是生命之基。

作者经过多年研究发现，一个完整的生态系统，本身就是非常复杂的原生"互联网络"系统。研究工业互联网的发展演变规律，可以借鉴原生"互联网络"系统的发展演变规律，从中可得出一些有益结论和受到一些意想不到的启发。

描述生态系统最贴切的术语体系，是始于自然天成、仿于物理世界、兴于赛博世界的各种互联网络。赛博世界与物理世界叠加融合，造就了CPS（赛博物理系统，又称信息物理系统）和工业互联网。工业界所必需的分工协同、需求导向、业务驱动，所遭遇的断供威胁、技术打压、系统外部高度不确定性等，导致工业互联网需求激增。

工业互联网，顺天时，逢地利，促人和，破奇点，克关隘，砥中流，恰好在两个百年的历史交汇点上，最大限度地展现出其适用于工业发展的优异禀赋。

本书撰写主线与思路

本书以"工业是主体"作为撰写主线，突出工业互联网的工业属性，以及工业属性赋予工业互联网的关键性、基础性、先导性、决定性作用，由此形成了本书工业互联网生态系统模型（IIEM）的实体维和资源维。

本书撰写思路沿着作者创建的几个重要模型，综合有序展开。

2016年9月，走向智能研究院的九位创始研究员撰写了《三体智能革命》（以下简称《三体智》），该书中"三体智能模型"以及对"意识人体"的高度重视和详细阐述，确定了本书以人为本研究工业互联网的总体思路，这也是书名"人本"二字的出处。《三体智》中提出的"五层互联网络"模型，是思考工业互联网生态系统模型的起点。该模型给心智认知DIKW模型加上了"数字化底座"，使其转化为数字化认知BDIKW模型，这是形成本书工业互联网生态系统模型（IIEM）数智维的基础。

2017年5月作者撰写的《忽视这一点，工业几点零都是零！》中指出：人将会继续成为第四次工业革命的主线，人是企业核心竞争力。

2018年10月出版的《机·智：从数字化车间走向智能制造》（以下简称《机·智》），强调了"以人为本，智能制造战略落地之道"，是"人智"转"机智"第一智能范式的起源和基础。

在2020年4月出版的《铸魂：软件定义制造》（以下简称《铸魂》）中，作者指出："机器在软件支撑下具有了一定的人类思考能力，当软件算法越好，芯片算力越强，工业数据越多，'机智'程度就越高。于是，当'机智'达到一定程度后，就具备了部分或完全替代人体/人脑的功能。"该论述让四个智能范式逐渐成形。

2021年2月作者撰写的《基于四层进阶模型，打造有灵魂的中国工业互联网》对工业互联网的发展路径进行了前瞻性观察与长远思考，指出工业互联网的四个发展阶段：泛在联接，要素融合，人本管理，数字文明。这四个阶段既确定了本书五个篇名中的四个——泛在联接篇、要素融合篇、人本管理篇、数字文明篇，也确定了本书副书名"从工业互联网走向数字文明"。

2021年8月作者提出的工业互联网生态系统模型（IIEM），是本书最大创新点。全书以八章内容来详细阐述IIEM"三维四流六层"之内涵。

2021年10月作者提出了工业互联网、智能制造创新发展的四个智能范式："人智"转"机智"，"机智"群自治，"机智"哺"人智"，双智融新智。这四个智能范式所代表的四个智能级别，是判断工业互联网、智能制造等人造系统智能水平的重要依据。

上述多个作者原创模型，指导了本书概念递进：从模型到架构、从功能到智能、从理论到实践、从实施到应用的完整撰写过程。同时，业界在工业互联网实践中总结出来的工业互联网"六化"（数字化管理、平台化设计、智能化制造、个性化定制、网络化协同、服务化延伸）应用模式，也尽数体现在本书中。

本书篇章划分及概要

全书共有五篇十章内容。

概念模型篇包含第一章和第二章。第一章重点阐述生态系统的基本构成及其与互联网络的关系。联接是工业互联网的"第一性原理"和方法论。"五层互联网络"各层彼此叠加，形成了今天蓬勃发展的工业互联网。第一章对于工业内涵、工互网与产业集群做了深入解读。在我国国情的激励和国际大环境的推动下，以工业为主体发展工业互联网是历史的必然。我国已经走出了一条工业互联网自主创新道路。

第二章重点介绍作者独创的工业互联网生态系统模型（IIEM）。该模型来自作者长期理论研究和企业实践的经验。实体维描述由企业实体和产品实体组成的工业实体，资源维描述"产品－人－机－料－法－环－测"等企业资源，二者构成工业基本盘，称为物理层；数智维描述数字化转型基本规律，按照BDIKW模型上演数字化升维、降维的变革大戏。IIEM是指导企业理解和实施工业互联网的实用模型，第三章至第九章内容，都是沿着IIEM的三个维度展开论述的。

泛在联接篇包含第三章和第四章。第三章重点阐述IIEM资源维的"产品－人－机－料－法－环－测"中的"机－料－法－环－测"五种资源，重点描述"机－料－法－环－测"如何联入工业互联网，以及如何优化配置这些资源。

第四章重点阐述IIEM资源维上的"产品－人－机－料－法－环－测"

中的"产品"资源，重点描述各种形式的"产品"如何联入工业互联网，以及如何优化配置物理实体和数字虚体的产品资源。

要素融合篇包含第五章至第七章。第五章重点阐述 IIEM 实体维上的供应商（原材料）、制造商（产成品）、销售商（商品）、客户/维修商（在用品）四种复合型企业与产品实体，阐述四种实体所形成的实体流及其所对应的不同状态的产品如何联入工业互联网，以及如何优化配置实体流。

第六章重点讨论 IIEM 数智维上的 BDIKW（比特↔数据↔信息↔知识↔智慧/决策）模型，描述 BDIKW 如何解构、重构和赋能工业实体并联入工业互联网，数据如何起到其应有的新型生产要素作用，工业互联网如何优化配置数字化的数据、信息与知识（DIK），如何做出数字化决策/预测（W）。

第七章讨论 IIEM 数智维上的延伸内容，即工业互联网的网络基础、标识解析体系、安全保障、工业软件，以及这些重要内容如何在工业互联网中起到其特定的支撑、导航、赋能、赋智与安全保护作用。

人本管理篇包含第八章和第九章。第八章重点论述 IIEM 资源维上的"产品－人－机－料－法－环－测"中的"人"这种特殊资源，重点描述人的智力资源（"人智"）如何联入工业互联网，"人智"与"机智"之间的作用关系和四个智能范式，以及工业互联网如何优化配置这些智力源。

第九章继续对 IIEM 资源维上"产品－人－机－料－法－环－测"中的"人"这种特殊资源进行讨论。在全社会数字化转型的历史关头，人作为企业中的核心资源必须得到真正重视。工业互联网如何做到以人为本，利人赋能，释放人性，给出适用于未来员工的新型管理模式。

数字文明篇包含第十章。第十章重点阐述数字文明与工业互联网的关系、工业互联网发展等高阶内涵议题，具有十分重要的战略意义。数字文明已经正式成为一个界定人类社会文明发展阶段的术语。它分为三个层次：企业内基于工业互联网形成合作共赢、利他精神的企业文化；企业外与客户和上下游合作伙伴紧密合作，创建和谐共生的生态圈，赋能社会；所有企业聚焦数字工业，发展数字经济，构建数字文明，打造人类命运共同体。

快速查阅和理解全书各章的相互关系，可以参阅附录 A。

如何记忆书中独创内容

可以用"11-33-444-55-66"来简要记忆书中内容，数字含义说明如下。

"11"：一个工业互联网生态系统模型（IIEM），一套互联网络术语体系。

"33"：三个维度（实体维、资源维、数智维），人类三资源（人体、人脑、人智）。

"444"：四个流（实体流、资源流、数智流、动态价值流），工业互联网四层进阶模型，四个智能范式。

"55"：五层互联网络，数字化转型的五层管理进化路径。

"66"：观察产品的六个视角，智能制造六阶模型。

作者在本书使用到的部分术语/缩略语的释义表，参见本书附录B。

工互发展需要道路自信

"条条大路通罗马"，工业互联网的建设与应用并没有固定套路与路径，企业应该深入理解工业互联网本质，结合本地实际情况，灵活而务实地推进。

"罗马不是一天建成的"，工业互联网在生态系统层面上，需要各行各业积极探索、践行并持续推动，供给侧、需求侧密切协同，各利益攸关方长期共同努力。

邯郸学步不如自信迈步。怎样才能把路走好，不是别人教会的，智人的祖先就是在实践中不断摔打练习，最终健步如飞的。学会用中国经验、中国企业语境，来讲好中国工业互联网的模型构建和实施方法论，这是一门值得做好的功课。本书已经做出了初步探索，希望读者可以在自己的实践中再进一步，更上层楼。

在本书中，由作者独创的"干货"较多，很多内容，尤其是工业互联网生态系统模型（IIEM）是第一次与读者见面。新生事物或许会存在一些发育不健壮、考虑不周密、论述不严谨等疏漏之处，恳请读者不吝赐教。作者定当虚心接受，在后期再版时予以校正。

向尊敬的读者朋友们致以崇高敬意！

作者

赵敏　朱铎先　刘俊艳

2022年6月

目录

People Oriented
人 本

序

前言

概念模型篇

第一章 网起网兴：工业互联网"前世今生" | 2

本章从介绍生态系统开始，引出工业即生态的认知；描述生态系统最贴切的术语体系，是始于自然天成、仿于物理世界、兴于赛博世界的各种互联网络；赛博世界与物理世界叠加融合，造就了CPS和工业互联网；分工协同、需求驱动、问题导向、断供威胁等导致了工业互联网需求激增。

要素联接是客观世界普遍现象 | 2

工业内涵、工互网与产业集群 | 11

工业互联网产生的必然性 | 19

工业互联网发展背景与意义 | 24

本章参考资料 | 31

第二章 披沙拣金：工业互联网生态模型 | 33

本章将聚焦于"工业互联网生态系统模型（IIEM）"的建立与释义，通过比较国内外常见工业互联网定义与模型，根据作者在工业互联网领域的长期观察与实践，提出了独创的IIEM，给出了基于IIEM的技术路线和实施步骤。第三章至第九章内容，均沿着IIEM三个维度展开论述。

工业互联网模型的定义与比较 | 33

IIEM三维四流基本构成 | 39

IIEM运行机理分析与解读 | 45

工互网明确主体重在实施 | 50

本章参考资料 | 57

泛在联接篇

第三章 资源网络：企业资源的优化配置 ¦ 60

本章将聚焦于 IIEM 资源维的"产品－人－机－料－法－环－测"中的"机－料－法－环－测"五种资源进行论述，重点描述"机－料－法－环－测"如何联入工业互联网以及如何优化配置这些资源。

机器设备联入工业互联网 ¦ 60

物料与仓储成为工业终端 ¦ 66

工艺与标准联入工业互联网 ¦ 72

作业环境联入工业互联网 ¦ 79

传感仪表联入工业互联网 ¦ 83

本章参考资料 ¦ 91

第四章 产品疆域：数物资源皆网络终端 ¦ 92

本章将聚焦于 IIEM 资源维的"产品－人－机－料－法－环－测"中的"产品"内容进行论述，重点描述"产品"如何联入工业互联网，如何起到其特定的资源作用，以及工业互联网如何优化配置物理实体和数字虚体的产品资源。

在研品的平台化设计 ¦ 92

在制品的智能化制造 ¦ 97

在用品的服务化延伸 ¦ 102

智能产品联入工互网 ¦ 107

本章参考资料 ¦ 113

要素融合篇

第五章 实体网络：需求驱动的企业协作 ¦ 116

本章将聚焦于 IIEM 实体维上的供应商（原材料）、制造商（产成品）、销售商（商品）、用户／维修商（在用品）四种实体进行论述，重点描述上述四种实体所形成的实体流及其所对应的不同状态的产品如何联入工业互联网，以及工业互联网如何优化配置实体流。

工业实体上下游协同合作 ¦ 116

工业互联网兼收并蓄三链 ¦ 122

企业和区域协同发展体系 ¦ 128

工业互联网生态系统精髓 ┊ 133

本章参考资料 ┊ 138

第六章　数据赋能：数字转型之基本逻辑 ┊ 140

本章将聚焦于 IIEM 数智维上的 BDIKW（比特⟷数据⟷信息⟷知识⟷智慧/决策）内容，重点描述数据如何起到其应有的新型生产要素作用，工业互联网如何优化配置数字化的数据、信息、知识（DIK），如何根据 DIK 做出数字化预测与决策（W）。

硅基知识承载模型算法和推理 ┊ 140

数据成为新型生产要素的意义 ┊ 146

数字生产力如何融入工业现场 ┊ 152

内外循环·知识要素·数字经济 ┊ 157

本章参考资料 ┊ 163

第七章　网海标识：工互安全保障新工软 ┊ 164

本章将聚焦于 IIEM 数智维上的延伸内容，即工业互联网的网络基础、标识解析体系、安全保障、工业软件，以及这些重要内容如何在工业互联网中起到其特定的支撑、导航、赋能、赋智与保护作用。

工业互联网的网络基础 ┊ 164

工业互联网标识解析体系 ┊ 170

工业互联网的安全保障 ┊ 176

工业互联网与工业软件 ┊ 180

本章参考资料 ┊ 186

人本管理篇

第八章　智能范式：四个层次递进且共存 ┊ 188

本章将聚焦于 IIEM 资源维上的"产品-人-机-料-法-环-测"中的"人"这种特殊资源，重点描述人的智力（"人智"）资源如何联入工业互联网，"人智"与"机智"之间的作用关系和四个智能范式，以及工业互联网如何优化配置这些智力源。

第一范式："人智"转"机智" ┊ 188

第二范式："机智"群自治 ┊ 193

第三范式："机智"哺"人智" ┊ 198

第四范式：双智融新智 ┊ 203

本章参考资料 ┊ 208

第九章　管理跃迁：数智时代须以人为本 ┊ 210

本章将聚焦于 IIEM 资源维上的"产品－人－机－料－法－环－测"中的"人"这种特殊资源。在全社会数字化转型的历史关头，人作为企业中的核心资源必须得到真正重视。工业互联网应该以人为本，利人赋能，实现基于人性的管理，给出适用于未来员工的新型管理模式。

用旧地图无法找到新大陆 ┊ 210

管理难，根源在三个失真 ┊ 215

以理促管数智技术利人本 ┊ 221

工互网拓展职场崭新模式 ┊ 226

本章参考资料 ┊ 232

数字文明篇

第十章　数字文明：工业互联网高阶演进 ┊ 234

2021 年 9 月 26 日，习近平主席在向主题为"迈向数字文明新时代——携手构建网络空间命运共同体"的世界互联网大会乌镇峰会致贺信时强调指出："让数字文明造福各国人民，推动构建人类命运共同体"。数字文明正式成为一个界定人类社会文明发展阶段的术语。本章给出数字文明定义，讨论数字文明与工业互联网的关系、工业互联网发展的高阶内涵等内容。

携手迈向数字文明的崭新时代 ┊ 234

工业互联网助推企业数字文化 ┊ 240

工业互联网助推生态数字文明 ┊ 246

数字文明与人类命运共同体 ┊ 252

本章参考资料 ┊ 257

附录

附录 A　全书各章阐述 IIEM 内容阅读引导 ┊ 259

附录 B　本书所用术语 / 缩略语释义表 ┊ 260

后记 ┊ 263

致谢 ┊ 266

Part

概念模型篇

社会各界对工业互联网[一]存在着不同认知。供给侧企业偏向于技术认知——是什么，为什么，怎么干；需求侧企业偏向于结果认知——面向什么场景，解决什么问题，达到什么目标，取得什么效益；咨询机构偏向于交汇认知——从需求侧视角出发，讲好数字转型/变革的故事，以及企业需要为此支付的成本。方方面面，林林总总，如同地球生物圈，供给侧、需求侧和参与方等共同构成了工业互联网生态系统。

工业互联网并非完全是舶来品。我国在过去20年的业务实践中已经在开发和应用某些工业互联网技术。今天我国的工业互联网正在走一条独立自主发展道路，概念内涵、技术路线、推广模式、生态体系等都与国外明显不同。作者独创了工业互联网生态系统模型（IIEM），用中国实践经验、中国企业语境，来讲述中国工业互联网的模型和实施方法论。

[一] 本书根据语境也称工互、工互网。

第一章

People
Oriented

网起网兴：工业互联网"前世今生"

本章从介绍生态系统开始，引出工业即生态的认知；描述生态系统最贴切的术语体系，是始于自然天成、仿于物理世界、兴于赛博世界的各种互联网络；赛博世界与物理世界叠加融合，造就了 CPS 和工业互联网；分工协同、需求驱动、问题导向、断供威胁等导致了工业互联网需求激增。

要素联接是客观世界普遍现象

生态系统天启万物互联

大千世界，万物互联。负阴抱阳，始长遂成。生生不息，永远如斯。

自然界首先映入我们眼帘的是生态系统，这个生态系统是指在自然界的一定空间内，生物与环境构成的一个相互影响、相互制约并在一定时期内处于相对平衡稳定的统一整体。

一个完整生态系统包括生物系统和无机环境两大组成部分，生物系统包括生产者、消费者和分解者。生产者主要指能够通过光合作用把无机物变成有机物的植物，为植物本身和其他生物提供物质和能量；消费者主要指以植物或（和）动物为食物的各种动物，它们对促进生物圈中的物质循环起到重要作用；分解者是指细菌和真菌等营腐生的微生物，它们能将动植物残体中的有机物分解成无机物并归还无机环境，促进了物质循环。无机环境包括阳光、空气、水、土壤等，以及它们所形成的多种环境参数，如温度、气压、湿度、酸碱度等。生态系统要素之间的关系如图 1-1 所示。

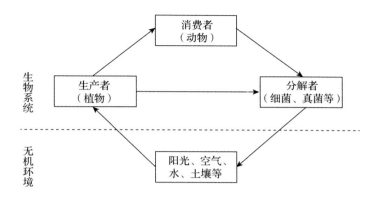

图 1-1　生态系统要素之间的关系

在图 1-1 中，把每一个框的组成部分或不同框中的不同组成部分重新组合，它们都将是一个复杂生态系统。例如在消费者中的人是处于生物链顶端具有智慧的杂食动物，人可以建设和驾驭人造系统，人造系统也可以单独或与其他系统一起组成不同的生态系统。

如果把生态系统中的生产者比喻为供给侧或者工业互联网解决方案的提供者，把消费者比喻为需求侧或者工业互联网解决方案的应用者，把分解者比喻为工业互联网的参与者或利益攸关方，就可在生态系统与工业互联网之间建立类比关系。受此启发，作者提出了工业互联网生态系统概念。

生态系统是一个包罗万象，各要素充沛、相互联接、相互作用、共生共存的奇妙世界，其本身或其中一部分，都是一个极其复杂、在人类诞生之前就已经存在着万物互联的"互联网络"世界。

从生态系统视角看，生态系统之万物在时空中处于生物链网上的某个结点上，结点之间流动着物质、能量、信息，形成了复杂的原生"互联网络"。原生"互联网络"的基本形式启发了我们构建互联网。

从生物智能视角看，植物具有某种感知外界环境参数的本能，如感觉到春天来临，种子开始发芽生长，感觉到阳光照射，叶子和花朵向阳绽放。生物感知外部环境参数并自我调节生存策略的能力，启发了我们建设工业互联网的思路。

从词语系统视角看，人用图文符号来表述自然界万事万物，概念和术语之间的网络关系映射到语义体系中，形成了词网（wordnet）和语义网络。

从人造系统视角看，人造系统有两个进化趋势：一个是物理实体系统中逐渐增加数字虚体，形成数物融合，这是人造系统网络化的基础；另一个是从单系统发展到网络化系统，即要么系统本身即网络，要么系统包含网络要素。人造系统网络化趋势如表 1-1 所示。

表 1-1 人造系统网络化趋势

		系统网络化进化趋势	
		系统本身即网络	系统包含网络要素
数物融合进化趋势	物理实体系统	路网、空运网、海运网、燃气网、水网、电网、供应链网、产业集群协作网等	复杂设备组件装配关系，及其背后隐含的供应链/产业链关系、功能关系、知识关系、利益关系等
	增加了数字虚体的数物融合系统	固话网、移动电话网、广电网、卫星网、社交/消费互联网、工控网、物联网、工业互联网、车联网等	各种类型系统及系统网络，与它们在数字空间建立的数字孪生，彼此之间叠加、融合所产生的更综合、复杂的数物融合网络

从社会系统视角看，人在社会系统中，除了家族血缘关系之外，从事社交、生产活动而产生的人与人之间的关系，形成了复杂的人际关系和企业实体协作关系网络。

从经济运行视角看，工业实体中知名大企业构成了工业躯体大动脉的大循环，中小微企业构成了工业躯体微型血管的微循环。当微循环淤塞甚至停滞时，大动脉也会出问题，工业躯体就会呈病态，无法保证自身良性发展。

从时空基准视角看，整个生态系统处于一个四维世界（x, y, z, t）中，任何系统都需要定时定位。例如中国计量科学研究院的铯原子喷泉基准钟（NIM6）精度达到每 5400 万年差 1s。北斗的铷原子钟精度为每 300 万年差 1s，授时精度为 10～20ns，定位精度为 2～3m。如此高精度定时定位，为万物互联确定了时空基准，提供了"天网"叠加"地网"、以确定性引领不确定性的可能性。

网络结点之间的联接，是生态系统的客观存在，是系统走向智能的第一性原理。没有足够的系统内外部联接，就没有物质、能量、信息的有效交换，系统就会缺乏生机，变得僵化。当系统结点之间建立了越来越多的联接，物质、能量、信息流动越来越频繁，系统就会充满生机，形成的动态价值流就会顺畅和增值。

按照精确时空关系，广泛联接系统内外部多元化要素，是一个系统发展演变、转型升级的基本方法论。

互联网络映射世间万物

从发展进程来看，人类是在向自然界原生"互联网络"学习的过程中，先建设了人造世界线下互联网络，然后建设了人造世界线上互联网络。互联网络映射了世间万物的联接内涵与外在形态。

按照词网的术语分类，如果把"互联网络"作为一个表示总类的上位词，在它下面还有很多子集（下位词），在子集下面还有更低层面的子集等。把互联网络的子集和子集的子集等都展开表达之后，将会发现互联网络是一套包含了很多子集和层次的术语体系，如图1-2所示。

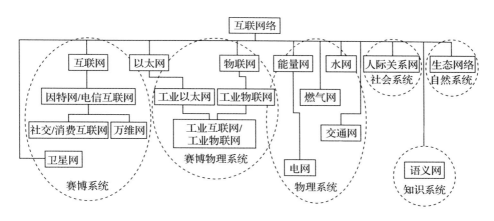

图1-2 互联网络体系与其子集示意图

互联网络体系有如下子集：①自然界客观存在的原生"互联网络"，如由自然界诸多要素构成的生态网络属于自然系统；②人造互联网络，如交通网、燃气网、电网等属于物理系统；③语义网属于知识系统；④人际关系网属于社会系统；⑤人造线上互联网络，如由社交／消费互联网和万维网组成的因特网、卫星网、互联网属于赛博系统；⑥工业互联网／工业物联网属于赛博物理系统（Cyber-Physical System，CPS）；等等。该术语体系仍在扩展中。

作者认为有必要在互联网络术语体系基础上加深对互联网络的认识，既要认识到互联网络体系中各个子集的共性——都是以某种要素作为结点，结点之间以物质、能量、信息的互动、传输、反馈、从属或派生等相互作用形式，建立了有形或无形的联接关系，形成了某个网络子集；又要认识到各个子集的差异性——所联接终端要素的本质不同，由此带来技术构成、网络属性和应用门槛的巨大差异。这样所有探讨和应用互联网络的人能够建立一个基本共识，即彼此都知道是在说互联网络的哪个子集，哪个层面，哪种结点，哪种关系。

长期不加区分地混用互联网和因特网，造成两个问题：第一是二者在中文词义上趋于等同；第二是因特网本是互联网的子集，但是现在绝大部分人认为互联网就是社交/消费互联网，反倒使互联网降级为因特网的子集。

人们频繁使用的"互联网"一词并不代表整个互联网络。从图1-2看，互联网、因特网、社交/消费互联网与工业互联网显然不属于同类：前者以人造数字原生系统（如电脑、手机等）作为终端联网，后者以人造传统物理系统（如工业实体和企业资源）作为终端联网。二者共性是借助互联网络，遵循特定通信协议，用适配的应用软件来生成、处理、传输数据，让数据创造经济价值；二者在应用场景、联接终端、数据种类、模型算法、适用条件、用户群体等都有很大不同。

在互联网络体系中，每个子集都有其形成的历史背景，都有其要完成的特定使命，都有其明确的技术特性和优劣势。不同子集之间的功能难以相互替代，不宜要求一个子集去完成另一个子集所擅长的任务与使命，亦不存在从赛博系统"上半场"自然过渡到赛博物理系统"下半场"的路径，即不可能用社交/消费互联网来完成工业互联网的任务与使命，反之亦不可能。但是二者之间可以相互借鉴，优势互补，对接融通，彼此成为生态合作伙伴。

网络生态彰显各层优势

物质能量网络：实体生态

线下互联网络有物质能量网络，其基本构成要素包括但是并不限于人造基础设施、系统组件和"机-料-法-环-测"等资源。物质能量网络构成了实体生态，孕育了ET（工程技术）等。例如：

1）交通网。交通网以陆路、水路、空路等交通设施作为交通点，由连接各个交通点之间的交通线构成。

2）物流网。物流过程由货物运动过程（运送）和相对停顿过程（仓储、停放等）组成，形成物流网。

3）组件网。组件网描述了复杂产品零部件及生物体中细胞之间的联接关系、功能关系、知识关系、维修关系等。

4）能量网。能量网中的电网是在各种（水、火、核、风、光、氢等）电力系统中由输配电线路和各种电压的变电所组成的超级网络系统。还有诸如星际之间的引力场等其他形式的能量网。

信息控制网络：数据生态

线上互联网络属于信息控制网络，它们与芯片、软件等形成了复杂的数据生态，孕育了 IT（信息技术）、CT（通信技术）。其作用是以软件操控比特数据，将数字化数据 / 信息 / 知识送到所需之处。例如：

1）电信网。现代电信网由固定电话、移动电话、卫星电话和电脑等数字终端组成，已与因特网融合。

2）广电网。广电网是通过无线电波或通过导线向广大地区播送音频、视频节目的数字传播媒介网络。

3）互联网（internet）。互联网是网络与网络串联形成的庞大网络，这些网络以通用的协议相联，形成逻辑上的单一巨大国际网络。该网络使各种可以通信的设备联网，包含因特网、万维网、广域网、城域网、局域网、物联网、以太网等，网络终端是各种带有计算内核的数字原生设备。

4）因特网（Internet）。因特网是由 PC、手机、平板、服务器等各种电脑，按照线路和 TCP/IP 实现电子数据传输的硬 / 软 / 网件的集合体，它提供了万维网（WWW）、文件传输（FTP）、电子邮件（e-mail）、远程登录（telnet）等服务。

5）数联网。数联网是基于软件定义方法，通过以数据为中心的开放式软件体系结构和标准化互操作协议，将各种异构数据平台和系统连接起来，在"物理机器"互联网之上形成的"虚拟数据"网络。

6）物联网（IoT）。物联网不仅是物与物的联网，它能实现人与人、人与物、物与物的万亿级终端的联接。物联网联接的触角已经延伸到数字终端以外的广义"物"（thing），属于数物融合网络。

知识服务网络：认知生态

知识包含了海量的概念 / 术语。由概念 / 术语组成的结点之间呈现出网络化、体系化的特征。概念 / 术语类的知识，具有不同的层次关系、联接关系和从属关系，描述这种网络化概念/术语的层次、联接、从属的关系的理论是本体论。将本体论做可视化展示的技术有词网、语义网和知识图谱等。

本体论可将错综复杂、游离零散的概念/术语（信息片段）都按照同义关系和层次关系全部关联组织在一起，形成有用的"信息链"和"信息网"，即知识服务网络。由于概念/术语之间彼此关联，不再出现断点，因此从任何一个信息结点出发，都可以沿着某个路径到达所有其他的信息结点，实现了创新的知识组织方式。在语义网基础上，利用"软件+AI"技术来解析和设定关键词检索式，可以由此及彼、由彼及它地找到任何一个信息结点，并将不同数字化信息组合为数字化知识，服务于各种业务活动。

人际关系网络：社交生态

人类社会活动中的人际关系、实体协作关系网络等是极其复杂的，关系就是网络，网络形成社交生态。例如：

1）人际关系网。人际关系网是为达到特定目的，人与人之间进行信息交流的关系网。结点是网络中的人，语言和图文等串接了交流方式和内容。

2）实体协作关系网。大型企业、中小微企业、家族式作坊、地域性专业群体等实体成员之间，都有形式多样的经营、协作关系网。结点是网络中的企业实体，订单串接了企业实体之间的交流方式和内容。

大脑意识网络：思维生态

1）脑内意识网。人脑中大约数百亿个脑细胞之间相互连接，构成巨大而高效的网络体系，在狭小空间内实现了超级、高效的联接。人类文明在脑内意识网络中建立和传承。因为文明并不仅仅是物理实体、数字虚体的总和，还必须包括"意识人体"的智慧。本书所强调的数字文明，其源头应同时来自物理实体、意识人体和数字虚体的文明，尤其是人类意识文明。

2）脑际意识网。美国华盛顿大学在2015年第一次通过实验证实，一个人可以用自己的意识去控制另一个人的意识。人的意念和思维是一种生物场，可以转换成电磁波发送和接收，可以通过网络传输，未来可能影响社交生态。

多网叠加融合持续创新

综合上述实体和非实体网络，按类分层，作者给出一个"五层互联网络"示意图，每层仅用某种代表性要素图示表达该层内容，如图1-3所示。

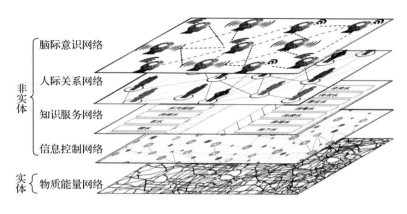

图 1-3 "五层互联网络"示意图

"五层互联网络"是一个分层明确、内容丰富的网络生态体系，由作者在《三体智》中首次提出。多年来"五层互联网络"一直在叠加、融合，呈现以下发展趋势：

1）共生与模仿关系。原生互联网络、线下人造互联网络、线上人造互联网络，以物质、能量、信息等多种形式共存于客观世界，形成丰富的网络生态。线上互联网络通过学习、模仿线下互联网络发展而来。未来有可能通过模仿而产生更多的互联网络创新。

2）层级划分关系。物质能量网络位于第一层，其核心是产业实体，既是关乎国计民生的立国之本，也是上面四层的生存基础。信息控制网络在第二层，知识服务网络在第三层，人际关系网络在第四层，未来的脑际意识网络将占据顶层。第一层属于实体类，上面四层属于非实体类。

3）层级依存关系。"物质基础决定上层建筑"是基本原则，上面四层网络的发展都依赖于第一层，同时也要服务于第一层。每一层也会关联或服务于其他层。第一层则依赖于整个生态系统（见图1-1）。

4）叠加融合次序。由不同要素构成的不同层级网络之间呈现出彼此叠加、嵌套、交汇和相互融合的趋势。"先易后难"的技术原则和经济性制约，决定了叠加、融合的发展次序。

同层内要素的规模化、体系化、管控化的过程相对容易实现。无论是实体类网络还是非实体类网络，每一层都试图联接更多的同质要素作为网络终端（结点）。例如，实体类物质能量网络要联接更多的机器等工业端，非实体类网络的信息控制网络要联接更多的电脑和数字终端。期间，因为物理实体机器在追求自动化的进程中，从基于挡板、丝杠、计时器、电气开关的机械式和机电式自动化，逐步演变发展到模电自动化、数电自动化，再发展到基于芯片、单板机的自动化，物理机器融合电脑技术，形成了 PLC、SCADA、DCS[⊖]等 OT（运营技术）。在第三次工业革命时期，OT 一直是相对独立、固化的，因此，业界习惯上把 OT 类工控网络划归到实体类物质能量网络层。

非实体类的不同网络层之间比较容易发生叠加和融合。在长期的资料要素数字化进程中，知识、信息、数据和人际关系等，都已经被比特数据解构/重构为数字化信息，进入了电脑和手机，与软件融合，成为微信、领英、淘宝、维基百科、电子游戏、电子银行等社交与消费网络软件；工业知识、技术、经验、技巧、最佳数据等，与软件融合产生了各种工业软件。目前，在所有非实体网络层之间，仍在不断发生消费、知识、工业技术软件化等新融合，诞生着诸如字节跳动、抖音等应用软件以及各种工业 App（也称工业爱普）。

较迟发生的，是实体类与非实体类网络之间的叠加、融合，例如 IT、CT 与 OT、ET 等相互融合，基于 CPS 的网络化、智能化的过程，产生了工业物联网、工业互联网、智能制造等各种企业数字转型解决方案。

实体类与非实体类网络叠加、融合较迟发生的原因，是实体类网络既包含了复杂的企业实体之间的上下游供应链网络、产业集群业务合作关系网络、物流网络等，又包含了天量的产品、生产装备等产品实体；实体数字化进程有较高技术门槛甚至是专业知识鸿沟，涉及的专业种类繁多，技术难度较大，描述的知识总量巨大，处理的数据种类多且数据量极大。因此非实体类网络进入到实体类领域并与实体网络相互叠加、融合是非常困难的，必须等到条件具备时才能实现。

作者在《铸魂》中提出了新工业革命所具备的五大特征，实际上就是上述叠加、融合的内外部条件，如传感器变得更便宜、工业软件可以定义数字空间和物理空间的产品形、态、"人智（人类智力）"转成"机智（机器智能）"后临近爆发状态（例如产品中软件成本占比过半）、企业大范围远程（超出企业边界）管控设备的需求不断增长。

实体类与非实体类网络叠加、融合，属于高难度的跨界集成创新，正在创

⊖ PLC（Programmable Logic Controller）即可编程逻辑控制器。SCADA（Supervisory Control And Data Acquisition）即监控与数据采集与系统。DCS（Distributed Control System）即分布式控制系统。——编辑注

造出无穷多的创新机会、创新活动和创新成果。

5）融合结果再融合。上述叠加、融合形成的新技术、新模式、新业态等创新事物，彼此之间还可以再次叠加与融合，产生更多的集成创新事物，直至全球的物理实体、意识人体、数字虚体全部进入互联网络，形成真正的"人类命运共同体"，将会极大地改变社会形态，推动工业文明发展到数字文明，造福全人类。

普天之下，万物之间，虚实系统，从大到小，处处有网。网内有网，网外有网，网上有网，网网叠融。

基于"五层互联网络"模型来分析、认识和建设工业互联网，将会加深对工业互联网的理解，促进系统性思考，避免出现基本概念和内涵上的偏差。

工业内涵、工互网与产业集群

工业互联网，源于工业，兴于工业，用于工业，利于工业，始终围绕着工业主体发展壮大。工业是工业互联网的最强标签和最大主体。

工业内涵不断丰富发展

按照国家统计局在 2017 年发布的《国民经济行业分类》（GB/T 4754—2017），工业有 B、C、D 三个门类，含 41 个大类，207 个中类，666 个小类；信息业有一个 I 门类，含 3 个大类，16 个中类，34 个小类。工业 41 个大类和信息业 3 个大类如表 1-2 所示。

表 1-2　中国工业 41 个大类和信息业 3 个大类

门类	大类编号	工业大类
B 采矿业	06	煤炭开采和洗选业
	07	石油和天然气开采业
	08	黑色金属矿采选业
	09	有色金属矿采选业
	10	非金属矿采选业
	11	开采专业及辅助活动
	12	其他采矿业

（续）

门类	大类编号	工业大类
C 制造业	13	农副产品加工业
	14	食品制造业
	15	酒、饮料和精制茶制造业
	16	烟草制品业
	17	纺织业
	18	纺织服装、服饰业
	19	皮革、毛皮、羽毛及其制品和制鞋业
	20	木材加工及木、竹、藤、棕、草制品业
	21	家具制造业
	22	造纸及纸制品业
	23	印刷业和记录媒介复制业
	24	文教、工美、体育和娱乐用品制造业
	25	石油、煤炭及其他燃料加工业
	26	化学原料及化学制品制造业
	27	医药制造业
	28	化学纤维制造业
	29	橡胶和塑料制品业
	30	非金属矿物制品业
	31	黑色金属冶炼及压延加工业
	32	有色金属冶炼及压延加工业
	33	金属制品业
	34	通用设备制造业
	35	专用设备制造业
	36	汽车制造业
	37	铁路、船舶、航空和其他运输设备制造业
	38	电气机械及器材制造业
	39	通信设备、计算机及其他电子设备制造业
	40	仪器仪表制造业
	41	其他制造业
	42	废弃资源综合利用业
	43	金属制品、机械和设备修理业
D 电力、热力、燃气及水生产和供应业	44	电力、热力生产和供应业
	45	燃气生产和供应业
	46	水的生产和供应业
I 信息传输、软件和信息技术服务业	63	电信、广播电视和卫星传输服务
	64	互联网和相关服务
	65	软件和信息技术服务业

上述工业、信息业 4 个门类及其所包含的大类、中类、小类，奠定了中国工业互联网的应用领域与技术基础，以及在此基础上向其他门类融通发展的巨大潜力。新工业革命的多种活动形式，如工业互联网、智能制造、工业 4.0、工业价值链、工业企业数字化转型等，本质上是工业、信息业 4 个门类中所有技术与管理要素的融合与创新。

近年来，工业分类与命名改变并不大，但是由于 ICT 的不断融入，工业的内涵、装备、过程、产品构成等，都发生了巨大变化，今天的工业品已经不是过去的工业品，原本"聋哑瞎傻"的人造系统越来越趋于智能，所引发的新工业革命促进了数字经济的强劲发展。

国家统计局在《数字经济及其核心产业统计分类（2021）》中，给出了数字经济五个分类，第 01～04 类是数字产业化部分，第 05 类为产业数字化部分，指应用数字技术和数据资源为传统产业带来的产出增加和效率提升，包括但不限于工业互联网、两化融合、智能制造、车联网、平台经济等融合型新产业、新模式、新业态。

上述分类和术语是国家标准，本书将在多个章节中引用。

工业互联网是 CPS 网络

作者在 2020 年所写《工业互联网：高歌猛进为哪般？》中对工业互联网做了定性："工业互联网不是工业的互联网，也不是互联网的工业，更不是社交/消费互联网在工业的应用，而是工业要素按照工业逻辑、工业网络结构互联的网。"作者在本书中进而强调，工业互联网是 CPS 的一种表现形式。

美国国家自然科学基金会海伦·吉尔教授在 2006 年 2 月发布的《美国竞争力计划》中，从科学视角定义了 CPS："赛博物理系统是指由计算内核集成、监控和/或控制其运行的物理、生物和工程系统，系统中各个级别的组件（甚至材料）都可联网并进行嵌入式计算。计算内核本身是一个分布式的嵌入式系统，并需要实时响应。"

德国从工程应用视角，定义了"工业 4.0 组件参考架构模型（RAMI 4.0）"，以智能制造、工业互联网中的一个智巧工厂（Smart Factory）为单元，以"层""流""级"三个维度，描述了一个由六层活动层次组成的德国版 CPS，如图 1-4 所示。

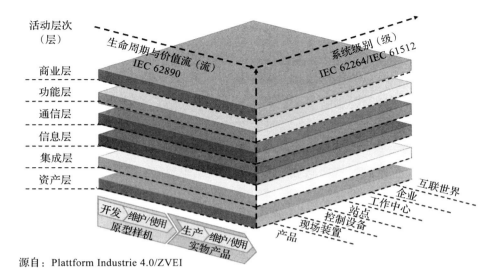

源自：Plattform Industrie 4.0/ZVEI

图1-4　工业4.0组件参考架构模型（RAMI 4.0）

在中国电子标准技术研究院发布的《信息物理系统白皮书（2017）》中，也给出了工信版CPS定义："其本质就是构建一套赛博（Cyber）空间与物理（Physical）空间之间基于数据自动流动的状态感知、实时分析、科学决策、精准执行的闭环赋能体系"。该白皮书将CPS分为单元级、系统级、SoS（系统之系统）级三个层级，定义了"智能单机→智能系统→智能机群"的智能化演变过程。如图1-5所示。

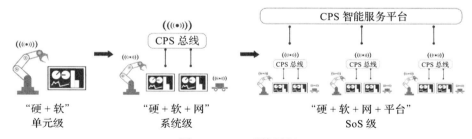

图1-5　CPS系统层级

单元级CPS指设备中具有通信能力且可联网的装置、系统中的子系统等，对应RAMI4.0中"产品、现场装置"级CPS；系统级CPS通常指可联网的一套设备或机器，具有多个单元级"终端"，可以形成设备物联网，对应RAMI4.0中"控制设备、站点"级CPS；SoS级CPS基本上已经具备了一个工业物联网的技术特征，既可有多个系统级"终端"，也可有多个单元级"终端"，对应 RAMI4.0 中"工作中心、企业、互联世界"级 CPS，CPS 智能服务平台就是工业互联网平台。

根据德国版、工信版 CPS 所表达的内涵，结合作者在《三体智》中对 CPS 结构的独到见解以及表达智能系统特征的"20字箴言"——"状态感知，实时分析，自主决策，精准执行，学习提升"，本书给出作者版 CPS 的场景与模型图，如图1-6所示。

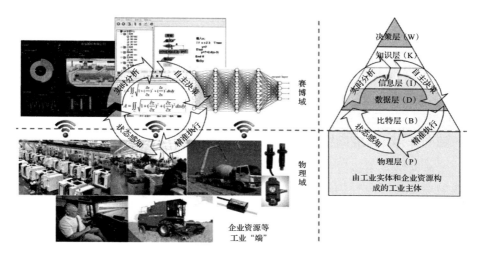

图 1-6 作者版 CPS 场景与模型

在图 1-6 中，垂直虚线将图分为左右两侧，左侧是应用场景和构成 CPS 的具体要素，右侧是 CPS 模型。水平虚线将图分为上方"赛博域"和下方"物理域"两部分。两域的融合就是各种形式的 CPS。

在应用场景中，左上方"赛博域"汇集了工业软件、数据、通信网络等各种 ICT 系统，即吉尔教授提到的"计算内核"中的内容；左下方"物理域"是工业现场的"产品-人-机-料-法-环-测"等企业资源所形成的各种工业"端"以及企业实体等物理和生物系统，即吉尔教授定义的"物理、生物和工程系统"。两类系统融合为 CPS。

相对于 RAMI4.0 而言，作者版 CPS 模型提高了对模型的抽象程度。物理域的所有工业实体和企业资源抽象为物理层；所有的 ICT 系统抽象为由比特层（B）、数据层（D）、信息层（I）、知识层（K）、决策层（W）构成的 BDIKW 数字化模型，起到对物理层的解构、重构、赋能和创新作用。所有 ICT 要素（工业软件、模型、算法、推理规则、大数据、AI、5G 等）都运行在 BDIKW 模型中。关于 BDIKW 模型的形成和作用机制，详见第二章论述。

在物理域和赛博域之间，一直在反复进行着"状态感知、实时分析、自主决策、精准执行、学习提升"的智能闭环与迭代。

无论是德国版 CPS 还是工信版 CPS，都没有明确指出人是否包含在 CPS 系统中。作者版 CPS 的企业资源是明确包含人的。作者认为人是企业特殊资源，属于工业互联网必须联接的要素。详见第八章、第九章论述。

作者版 CPS 形成了对工业互联网构建方法和运行原理的一般性表达和通用实施准则。

工业互联网的两个源头

第一源头：工业网络

工业网络主要是指在工业现场根据业务需要和在长期的设备联网实践中形成的现场总线、工业以太网以及工控领域的分布式控制系统或集散控制系统（DCS），是在工业生产环境中的一种以生产设备为终端的双向、多站、分布式数字通信网络。

20 世纪 60 年代有些企业开始用电子计算机进行监控和数据采集，出现了早期的 SCADA（数据采集与监控系统）。1969 年莫迪康 PLC（可编程逻辑控制器）面世，以梯形图编写程序控制机器动作，实现软件与硬件解耦，成为机器数字化发端，德国人将其视作第三次工业革命起点。

随着生产规模的扩大，操作人员需要综合掌握设备多点的运行参数与信息，需要同时按多点的信息实行操作控制，于是出现了气动、电动系列的单元组合式仪表，从 PLC 单元控制，发展到 CCR（集控中心），再发展到分布式控制，再发展到 DDC（直接数字控制）和 DCS（集散控制系统）。

1984 年，美国 Intel 公司提出了计算机分布式控制系统——位总线（Bitbus），成为现场总线的最初概念。20 世纪 80 年代中期，美国 Rosemount 公司开发了一种可寻址的远程传感器（HART）通信协议，形成了现场总线的雏形。

1985 年，Honeywell 和 Bailey 等 150 多家公司制定了 FIP 协议，组成 WorldFIP 集团；1987 年 Rosemount、Siemens、横河等 80 家公司制定了 Profibus

协议，组成 ISP 集团，形成了两大集团的竞争局面；随后美国仪器仪表学会制定了现场总线标准：IEC/ISA SP50。上述有实力的企业都试图在 IEC 占据总线技术主导地位，这场"总线之争"的结果是产生了 18 个总线标准。

1994 年，两大集团合并为现场总线基金会（Fieldbus Foundation），共同制定、遵循 IEC/ISA SP50 协议标准。

当年工业网络中较为低端的设备只能传递 1 比特（Bit）增量数据，指示简单的"开""关"状态。但是高端设备里传感器越来越多，在参数计量上开始需要传送较大字节（Byte）量的复杂数据。在逐渐融合了因特网 TCP/IP 技术后，诸如 Interbus-S、DeviceNet、LonWorks、Profibus-DP、Foundation Fieldbus、Profibus-PA 等工控网络，极大地推动了工控技术发展，解决了工业现场的智能化仪器仪表、控制器、执行机构等现场设备之间的数字通信以及这些现场控制设备和高级控制系统之间的高速、大量数据传输问题。

第二源头：工业物联网

1998 年美国麻省理工学院在电子产品代码（EPC）研究基础上提出"物联网"构想。次年，该学院 Auto-ID 实验室提出建立在物品编码、RFID 技术和互联网基础上的"物联网"概念。此后物联网快速渗入工业领域，形成工业物联网。

工业物联网是在工业外部诞生的、随后又快速渗透到工业领域的联接机器设备的工业联网解决方案。近十年，工业物联网联接范围已经远远超越并涵盖了工业领域内生的现场总线、工业以太网等工业网络的联接范围。

中国电子技术标准化研究院发布的《工业物联网白皮书（2017 版）》认为："工业物联网是通过工业资源的网络互连、数据互通和系统互操作，实现制造原料的灵活配置、制造过程的按需执行、制造工艺的合理优化和制造环境的快速适应，以达到资源的高效利用，从而构建服务驱动型的新工业生态系统。"

业界不少企业、组织和专家认为工业物联网非常接近工业互联网，甚至认为工业物联网就是工业互联网。根据现有企业披露资料，GE（通用电气公司）、西门子、博世等欧美企业，在其网站上都将自己定义为"工业物联网"提供商，甚至宣称自己是物联网解决方案提供商。

综上所述，工业网络和工业物联网是工业互联网的两个源头。工业网络通过设备内置 PLC/DCS 上的数字装置来联接机器，工业物联网则通过传感器、

RFID等外加装置来联接没有数字装置的设备和物件。工业网络和工业物联网构成了工业互联网的两大网络主体，联接了绝大部分工业"端"。

生态伙伴：因特网/电信互联网

由于因特网/电信互联网在网络架构上与工业网络不同，因此因特网/电信互联网不能直接联接工业"端"，无法用于车间或工业现场。当工业"端"以在用品形式在外场工作时，因特网/电信互联网可以作为"管道"高速传输数据，成为工业互联网的生态伙伴。

由工业内生，聚各方力量，多网络叠加，这些特点让工业互联网不断发展完善，持续走强，成为推动工业发展的新引擎，展现了强大的先进生产力。

产业集群茁壮工业生态

工业是一种极其复杂、包含了多种网络形式的生态体系。除了大型企业之外，中小微企业、家族式作坊、地域性专业群体，如同草丛、灌木和乔木一样，通过吸收环境中的阳光、水分和养分，持续进行"光合作用"，顽强生长，从一棵小草开始，逐渐成长为灌木，再进一步成长为乔木，甚至不乏少量乔木有机会成长为参天大树（大型企业）。无论是草丛、灌木和乔木，还是参天大树，它们扎根同一热土，根叶交错，自成网络，关系竞合，同生共存，形成了高低错落、大小有别的草丛、山林与城市绿植，构建了中国工业独具特色的"草灌乔林"的网络化工业生态。

中国产业集群非常多，大小形态特征各异。国家发展和改革委员会公布了首批66个战略性新兴产业集群，科学技术部曾公布108个顶尖产业集群，浙江省主要地区有120个产业集群，湖北省有108个产业集群，等等；更加接地气的乡镇产业集群已经超过了五千个。佛山市发展了大约40个产业集群，仅在禅城区张槎（chá）镇这个二十多平方公里的范围内就集聚了4000家针织企业，形成了一个庞大的区块型针织产业集群。保定市白沟箱包产业集群辐射周边10个县（市）、55个乡镇，目前有箱包生产企业4000多家，加工户7000多家，电商数量18 000多家，从业人员超过150万人。

产业集群与中小微企业之间具有天然的联接关系，与当地产业链具有无隙的兼容关系，与各种形式的工业园区具有互嵌关系，构建了某一地域具有"命运共同体"性质的企业合作网络，呈现出区域经济中的一种集群先行效应，扩展了传统工业实体之间的上下游关系，形成了新型生态价值网络。联讯动力咨询公司总经理林雪萍在《丛林法则：重塑产业集群》文章中评价道："产业集群，远远超越了这种上下游关系。实际上，产业集群是一种高级生产关系。中国许多产品独具竞争力，就是因为这种先进生产关系。无论规模大小，它都要对生产资源进行重新配置，形成了一种极致价值网。"

工业互联网是先进生产力，产业集群是"企业合作网络＋高级生产关系"，二者之间，彼此天然衔接。"先进生产力＋企业合作网络＋高级生产关系"，让企业作为配置资源的主体，能够充分放大和极度延伸企业作用的效益和范围，成为优化配置物质资产、数字资产的平台型工具。当主体和工具相遇，当生产力与生产关系交织，这些产业集群中的中小微企业，就能将工业互联网与它们所代表的极致价值网、地域协作网、家族关系网、乡土合作网等进行叠加融合，从"多网融合"中获得进一步发展的新动能，从而找到产业集群发展新出路。

工业转型升级突破口在于打造工业互联网生态系统。在这个工业互联网生态系统中，央企、国企、民企的"参天大树"的数量大约在数千级别，"草灌乔"型中小微企业数量约为4800万，构成了中国工业最大红利。数千级别参天大树型企业的转型升级，不能完全代表中国工业转型升级，而上亿级别"草灌乔"型企业真正转型升级，才算完成了中国工业转型升级。独具特色的"草灌乔林"工业生态，决定了我们必须站在生态系统视角上来思考工业互联网的发展与建设路径。

工业互联网产生的必然性

专业分工导致协同激增

1776年，亚当·斯密在《国富论》中第一次提出劳动分工理论，他以扣针为例，说明分工可以上百倍地提升效率。亚当·斯密的劳动分工理论对于工业管理理论的发展起到了十分重要的作用，直接影响了后来的专业分工、管理职能分工、社会分工等理论的发展。例如：泰勒的科学管理就是以分工理论为核心科学划分工作要素，提升工人劳动生产率；马克斯·韦伯提出的科层制，是一种将权力按管理职位进行分工的管理方式；亨利·法约尔将管理活动按照管理职能进行分工，分为计划、组织、指挥、协同和控制五大管理职能。

这些以分工为核心的经典管理方式一直延续至今，专业分工越来越细化。例如波音747飞机是由6个国家的16 500家大中小企业协同生产。即使是名不见经传的某些小商品，例如全球70%的一次性打火机都来自"打火机之都"——湖南邵东市。一次性打火机虽小，但是可以细分为机壳（气箱）、压电元件、风罩、面阀、火环、引火簧、皮垫、海绵垫、引流芯、按手等十几个零件，这些零件由专门企业来生产。由此可见，工业的特点就是门类众多，分工精细，产业集群众多，基于地域协作网、家族关系网、乡土合作网的协同更为有效。

伴随着分工体系的发展，工业分工越来越细化。分工细化可以明显提升专业水平和制造效率，但同时带来了一个负面效应——不同企业/专业/岗位之间工作协同困难，散布在企业内外部的各种事务和"终端"越来越多，"终端"之间隔着各种形式的"墙"，信息割裂现象和信息孤岛也越来越多。

在工业高速发展、专业高度细分的今天，需要协同的资源越来越多，协同的频次越来越高，协同的关系越来越复杂，协同的"终端"越来越分散，协同的范围越来越大，需要穿透的"墙"也越来越多，这是当今企业普遍面临的问题。

如何应对各种管理上的不协同，对企业的分工、协同技术和管理手段提出了新挑战。面对细分工、远距离、多角色、大数据、超复杂的工作场景，让企业管理中频繁出现的不协同回归协同，已经成为管理内容的重中之重。协同需要决策，决策需要获得足够的信息和数据，因此必须要有足够的"穿墙而过"的联接。企业联接各种工业终端、协同各种事务的内生需求越来越强烈。

纵观历次工业革命的发展，分工管理从协同到不协同，经过自我修正再达到新的协同，反复迭代，螺旋上升。这是分工管理进化的趋势。

作者认为：今天的工业发展与管理，需要一种全国大范围、全社会大尺度、跨行业大协作、跨终端大信息级别的新型工业协同能力，工业互联网恰好能提供这种"四大"级别协同能力。

需求驱动促成产品互联

基于需求驱动和问题导向，21世纪初，一些企业希望通过联接已经出厂的产品而知悉产品的工作状态，获取实时工作数据，进而有效地管控和改进产品。这不仅包括已经出厂的产品，对于本企业内和企业间分布范围尺度较大的装备和设施，也出现了越来越多的远程管控场景，如设备远程巡检与维护、企业内分布式装备的联接与协同、整机品牌厂商与供应商之间的协同等。

Telematics 是最早的"车联网"，车辆通过无线网络接入互联网络的电脑类系统，是无线通信技术、卫星导航系统、网络通信技术和车载电脑的综合产物。在20世纪90年代中期，卡特彼勒通过在出厂设备上安装传感器并建立 Telematics（即今天的 CAT Connect 系统）实现了设备联网。该系统通过采集设备数据，帮助客户智能地管控施工现场设备的运行状况。

2001年罗罗公司在航空发动机上加入传感器，收集工况数据，有了数据之后，开始提供安全控件、航管控件、飞航信息等软件服务，从卖发动机转向兼卖航空管理。

2002年陕鼓开始开发"远程监测系统"。该系统能够发现并记录人眼难以察觉的微小变化，以防患于未然。在陕鼓控制车间的电脑终端上轻点鼠标，就可以看到全球使用陕鼓旋转机械设备的运行情况。

2002年起，约翰迪尔开始为农机设备安装 GPS、单色显示屏和多种传感器，在大量作业数据支持下，农机的现场操控与性能管理逐渐进入到数字化助力机械化的新阶段。

天远科技公司自2003年起通过设备物联网为全国各地30多万台工程机械设备的客户提供个性化远程运维服务，将传感器采集的作业现场40个机器关键工作参数加工成4000种数据，提供给不同客户，用于工程机械的使用、制造、维修、销售等不同用途，受到客户欢迎。

2005年，GE 公司在意大利航空的每架飞机上安装了数百个传感器，它们可以实时采集发动机的运转情况、温度和耗油量等许多数据。通过这些数据，GE 公司可以提前预测发动机故障的可能，避免因为机器故障造成航班延误、成本增加，甚至是更大的安全事故。

2005年起，中联重科开始在工程机械上加装多种传感器，通过网络把泵车、起重机等设备的 GPS 定位信息、开关机、泵压、油温等关键信息从作业现场发回总部，掌握设备使用情况。

2007年三一集团开始在挖掘机等工程机械上加入 GPS、开关机传感器、力学传感器等多种传感器，凭借它们锁定工作位置，回传工作数据，改进设备运行效率。

上述联接产品的解决方案就是典型的工业物联网，即工业互联网的最大子集。只不过彼时尚未明确提出工业互联网的概念。在需求驱动、问题导向下，国内外先行企业本着能联尽联、无障碍获取信息、传递数据、以数据促进企业协同的原则，开始了联接在用品的艰苦进程，播撒了工业互联网种子。

业务创新产生结果经济

工业互联网的产生与发展有着深刻的社会背景和工业基因传承。总体上说，工业互联网是"结果经济（Outcome-based Economy）"的重要产物。"结果经济"属于数字经济，由世界经济论坛（WEF）和埃森哲公司共同提出，特指在工业互联网发展的第三阶段出现的一种从知识经济到数字经济的过渡现象。

"规模经济"是很早出现的经济概念，指在一定科技水平下生产能力的提升使长期平均成本下降。但是，当生产规模扩大到一定程度时，就会出现产能过剩和产品积压，表现为"规模不经济"。例如在经济大环境不好时，在卖方和买方采取传统交易模式（签署合同后按照指定时间分期付款）的情况下，各自的资金流、回款账期和业务开展等问题的掣肘，会造成双方各种担心与顾忌：生产机床/工程机械设备的卖方设备积压卖不出，作为中小微企业/施工队的买方也因为缺少足够的开工订单而不敢轻易下单购买，双方无法达成交易，都无法进行良性的生产与扩大再生产。这种"共输"情况长期僵持下去，对整个制造业都非常不利。因此，买卖双方企业在相互理解和合理妥协的情况下，在实操中摸索出了一种新的"基于生产状态的设备租赁"共赢模式，即卖方企业只收10%～20%首付款甚至免费，为买方提供产品，买方无需按照传统合同中"规定时间"付款，而是按照实际开机使用设备时的有效结果来付费。从道理上说，设备开机了才证明买方有活干，有活干才会有收入，稍后买方就可以给卖方支付一笔设备分期付款，如果开工次数多，作业时间长，买方就会很快付清设备款。这种付款模式既适用于设备销售场景，也适用于设备租赁场景。通过设备开关机传感器来获取企业的机器实际运行情况，并由此评估企业的生产情况并推算资金支付能力，现在已经成为工业互联网可以提供的一个重要生产力信用指标。金融信贷机构对获取这些数据很感兴趣。

用了设备才收费，不用不收费，通过以"结果经济"为导向的新模式鼓励企业使用和购买设备，这是企业家的智慧，是交易模式的创新。它不仅彻底改变了原有的卖产品的商业模式，也倒逼卖方必须在设备上添加必要的技术手段来进行确切的设备状态判定，如用LBS（位置服务）或GPS来锁定设备位置，用传感器感知设备的开机时间和载荷状态，用工业软件来计算工况和应收费用等。设备就必须从买方现场联网到卖方企业，卖方必须无遗漏地采集关键运行数据，将这些数据与其他数据相互关联，做出恰当的决策/预测。

时空限制叠加不确定性

世界发展，社会进步，技术提升，人类演进，皆拜不确定性所赐。

现实世界永远在运动和变化中，不确定性随机产生并永恒存在。以人类有限的五官和五觉所获取的信息量，我们现在还无法预测何时发生地震，无法知道宇宙尺度有多大，无法准确描述暗物质和暗能量，无法知道气候变化和经济发展演变规律，无法知道人类大脑如何思考，无法知道哪一个国家的哪一位政治家会在哪一天因为哪一个事件而发动一场形式未知的战争，无法预知某场战争对企业供应链的影响程度。不确定性始终伴随在人类左右，存在无数事物和活动中，在你无法获取足够信息的场景中，与你打一个猝不及防的照面。

在工业界和经济界，无论在系统内部还是外部，不确定性无处不在。但是工业界最不喜欢不确定性，这是由工业的基本特征和逻辑决定的。工业生产过程需要准确反映生产过程的机理模型、数据模型。机理模型表达的是强因果关系，数据模型表达的是强关联关系，它们的最终目的都是希望获得确定、精准和稳定的预设结果。没有确定性，就没有工业的存在。

不确定性的产生，源于在缺乏足够信息支撑情境下的认知限制，对人和机器来说都是如此。无论是人还是机器都需要决策，决策需要知识，知识需要信息，信息需要有效地采集、处理和相互关联。一旦在及时获取信息方面出现问题（无信息、信息量不够、信息种类不全、虚假信息、信息严重滞后等），就会出现不确定性，就会影响决策。从古至今，从工业到经济，从工作到生活，从人到机器，从软件到硬件，各行各业、方方面面，都需要利用清晰明确、类多量足、实时敏捷的信息来支持决策，控制各类人造系统完成预设功能，甚至分析和认识科技、工业、经济和社会发展演变规律，对未来趋势做出正确预测。

远古时期，信息获取能力受到时空限制，人类掌握的知识极其有限，有时只能过度演绎，连蒙带猜，甚至问神卜卦，由所谓的"天意"决定。当人类掌握了大量科学技术知识，发现了很多第一性原理，洞察了某些科技、工业、经济和社会发展演变规律，尤其是获取信息能力和手段极大地增强，预测和决策就变得日趋准确了。

当工业进入第三次革命时期，数字化、网络化、智能化等数智化技术开始进入工业领域，人类获取数据能力逐渐增强，数据中所包含的信息、知识密度不断增加。特别是进入第四次工业革命初期，IT、CT、ET、OT技术都已经成熟，多层互联网络叠加融合频繁发生，CPS在工业领域应用越来越多，越来越彼此互联。

用先进的数智化技术对人和机器的五官和五觉进行补充、扩展、放大、创新、优化，打破时空限制，通过工业互联网最大程度地获取工业场景中订单进度、获知企业"产品－人－机－料－法－环－测"等信息，是消除不确定性的有效方式。

工业互联网发展背景与意义

工业互联网是未来工业大国/强国在工业领域竞争的制高点。工业互联网正在而且必将推动中国企业的技术/管理创新模式、生产方式、组织形式和商业模式的深刻变革，推动工业全要素、全产业链、全价值链的重构与再造。

国情驱动工业转型升级

《中国制造2025》指出："制造业是国民经济的主体，是立国之本、兴国之器、强国之基。十八世纪中叶开启工业文明以来，世界强国的兴衰史和中华民族的奋斗史一再证明，没有强大的制造业，就没有国家和民族的强盛。"

中国制造，是中国经济发展的主要载体和重要引擎。建设"强大的制造业"是中国工业发展的巨大内在动力，中国现有工业基础必须赶上甚至超越国际一流水平，必须要找到新型生产要素来形成一种促进工业发展的新动能。

中国与发达国家相比，社会生产力水平还有差距，工业亟待转型升级，国家科学技术水平、民族文化素质还不够高，人口基数大，人均资源占有量少，老龄化、少子化苗头已经显现，人口红利逐年消减。在工业发展上，中国处于工业化后期阶段，尚未完成工业化进程，在百年交汇历史新发展时期，工业面临必须尽快转型升级的重大课题。

基于新兴技术，解决实际问题，强化工业基础能力，促进制造业创新发展，这是各国政府、广大制造企业不遗余力推进本国工业转型升级的内在动力。

《中国制造 2025》提出中国工业转型升级总体思想："坚持走中国特色新型工业化道路，以促进制造业创新发展为主题，以提质增效为中心，以加快新一代信息技术与制造业深度融合为主线，以推进智能制造为主攻方向，以满足经济社会发展和国防建设对重大技术装备的需求为目标，强化工业基础能力，提高综合集成水平，完善多层次多类型人才培养体系，促进产业转型升级，培育有中国特色的制造文化，实现制造业由大变强的历史跨越。"

2017 年 11 月 27 日国务院发布《关于深化"互联网 + 先进制造业"发展工业互联网的指导意见》，工业互联网开始加速发展，时至今日，热度不减。

工业互联网自 2018 年开始连续五年被写入政府工作报告。近年来工业和信息化部也密集出台了一系列鼓励、推动、指导我国工业互联网发展的政策，逐渐搭建了顶层设计框架，形成了相对完备的政策支撑体系。

2020 年习近平总书记对工业互联网做出了 7 次重要批示指示，党中央国务院对工业互联网进行了 8 次战略部署，其中 4 次被写进每年的政府工作报告中。"十四五"规划涉及 3 方面重点布局工业互联网任务。工业和信息化部发布了工业互联网第二个三年行动计划和"工业互联网 + 安全生产"三年行动计划。2022 年 3 月 5 号《政府工作报告》再次强调了"加快发展工业互联网"。

习近平总书记强调指出："工业互联网正在赋能千行百业的数字化转型，推动我国数字经济进入全面发展的新时代，并成为高质量发展的重要引擎。"这是对工业互联网准确而又前所未有的定位，工业互联网也必将肩负其应有的历史使命，助力中国工业转型升级，推动中国制造走向中国智造。

全球竞争 + 疫情 + 双碳

企业"四难"长存

作者所著《机·智》一书将智能制造、工业互联网产生的主因归结为全球制造企业面临的"四难"，即：难以提升的经济增长，难以消化的全球产能，难以逆转的老龄化，难觅世外的全球化竞争。

从近十年全球工业发展形势来看，全球制造企业所面临的上述"四难"，不仅没有减缓，而且还在逐年加剧，无法用产业调整或激励政策在短时间内消除。于是，全球很多工业国家不得不制订工业转型升级战略来做长期应对的准备。工业 4.0、智能制造、工业互联网、工业价值链等都是在该背景下提出的。

为企业解难纾困，更新现有工业基础设施，寻找工业新发展动能，是历史赋予工业互联网的艰巨任务和伟大目标。

疫情叠加"断供"

在过去几年全球化竞争中，中国参与的国际供应链一直受到西方工业强国的严重干扰，它们动辄以"断供"相要挟，打压中国企业，使得中国企业的外部发展环境日趋恶劣。国际供应链变化莫测，企业面临着高度不确定性。俄罗斯遭到西方联手全方位制裁，显示了"断供"已经成为一种常态化无限制打压手段。新冠肺炎疫情加剧了生产节奏迟滞、原材料涨价和用工短缺，造成了国内供应链紧张。中国内外部发展环境已经发生了不可逆转的巨大变化。

为中国工业打造一件坚韧、强大的超级铠甲，让中国工业在全球化发展与竞争中游刃有余且安全自主，是工业互联网必须承担的功能之一。

"双碳"是必然选择

2021 年 10 月 24 日，中共中央、国务院印发《关于完整准确全面贯彻新发展理念做好碳达峰碳中和工作的意见》，明确了我国在 2030 年前实现碳达峰、2060 年前实现碳中和的目标。

中国工业互联网研究院院长鲁春丛撰文指出："工业互联网 + 双碳"已经在主要行业应用并取得显著成效。钢铁、化工、建材等高耗能行业通过"工业互联网 + 双碳"场景化应用，实现关键生产工艺能耗和碳排放的数字化、透明化，建立从生产、存储、运输、接收、利用处置、环境容纳的全流程闭环监管。未来我国将做好监测、管理、调控、评估等联动协同工作，提升跨部门、跨层级的"工业互联网 + 双碳"协同治理能力，如期实现"双碳"目标。

新型工业基础设施

对于工业互联网的发展，在《关于深化"互联网 + 先进制造企业"发展工业互联网的指导意见》中有着明确的长远规划：

"到 2035 年，建成国际领先的工业互联网网络基础设施和平台，形成国际先进的技术与产业体系，工业互联网全面深度应用并在优势行业形成创新引领能力，安全保障能力全面提升，重点领域实现国际领先。到本世纪中叶，工业互联网网络基础设施全面支撑经济社会发展，工业互联网创新发展能力、技术产业体系以及融合应用等全面达到国际先进水平，综合实力进入世界前列。"

工业互联网已经纳入国家长期发展纲领性文件，被定义为提升与保障中国综合国力、支撑经济社会发展的新型工业基础设施，成为"新基建"重点建设任务之一。

数字化和信息化集成协同

提及企业数字化和信息化建设，几乎所有企业都在强调"一体化系统集成解决方案"，希望实现企业级、集团级信息集成，做到数据共享和知识顺畅传递，但世界上没有任何一个工业软件厂商能够提供覆盖所有专业领域的解决方案，能够集成所有数字化和信息化系统。企业里运行的各种数字化和信息化系统，大都是"千岛湖"状态——处处是信息孤岛、数据深坑或数据烟囱，知识碎片散落，数据无法利用，设备"聋哑瞎傻"。

传感器、5G、软件、大数据、AI 等正在快速融入工业实体，多样化、碎片化、歧义化、孤岛化的"解决方案"充斥业界。几十个术语形成的"概念雾霾"模糊视线，"集成"与"协同"轮番亮眼，难有定论。

从早年"863 计划"的"计算机集成制造系统"到互联网泡沫时期的"协同产品商务"，从德国工业 4.0 的"三个集成"到工业互联网的"网络化协同"，业界目光一直聚焦在"集成"与"协同"，它们如同两个超大质量黑洞一样，相互旋绕并彼此靠近，终究会融合在一起，声震银河，光耀琼宇，绵延时空涟漪。

作者认为，"集成"与"协同"词义关联但是并不相同。企业内集成，企业间协同，是对两个术语的恰当理解。工业 4.0 和智能制造，偏重"集成"，而工业互联网则偏重"协同"。工业互联网不仅联接在研品、在制品，还要联接在用品，不仅联接本企业各种资源与供应链，还要联接其他企业实体与合作伙伴。多实体、多资源之间协同，是工业互联网主基调和大方向，亦是本书写作主旨之一。

中国工业互联网，是一张巨大无比、极度包容的网。企业工作场景中待解决的问题、既有的 IT、CT、OT、ET 解决方案、创新中的智能系统、其他行业先进技术等，都在工业互联网语境下，在要素协同链网中，找到了最大交汇点，融合为面向"六化"应用模式和几十个细分业务应用场景的解决方案。如表 1-3 所示。

表1-3 工业互联网的应用模式和应用场景

六化应用模式	细分业务应用场景
数字化管理	战略决策、运营决策、组织管理、数/物/知/财/资产管理……
平台化设计	数字化产品定义（研发）、产品仿真、工艺设计、数字孪生……
智能化制造	订单管理、制造运营管理、生产计划与排产、生产物流、物料及仓储管理、质量管理、用工管理、能源管理、安环管理……
网络化协同	企业实体协同、资源协同、供应链协同、集群协同、区域协同、业务协同、技术协同、应用协同、数据协同……
个性化定制	需求获取、客户画像、个性化设计、柔性生产、精准交付……
服务化延伸	智能产品、设备运维服务、租赁服务、知识服务、情报服务……

上述"六化"模式和几十个细分业务应用场景，是本书重点论述内容。

中国独创兼顾引进吸收

业界多年流行着"2012年GE公司首次提出工业互联网"的说法，意指工业互联网是舶来品。目前不少图文资料均指向一个事实：工业互联网等中文术语由中国人首先提出。

中文术语独创

从2006年到2010年，上海可鲁电气、研华科技、迈迪信息等中资企业，在不同行业，以不同视角，先后提出了"工业互联网""工业物联网"的中文术语。

关于国内工业互联网术语的提出，中国信息通信研究院（信通院）余晓晖院长提供了很有价值的参考意见和背景资料：

1）"我国工业互联网不是模仿GE而来。实际上，比较早国内就思考互联网技术与工业的融合问题（我们的理解是互联网包含物联网，ITU[一]的定义中也是这样认为），2013年工业和信息化部曾经发布过《信息化和工业化深度融合专项行动计划》，其中行动7是互联网与工业融合创新行动计划，包含工业物联网、网络制造、工业电子商务、工业大数据四个方面，当时有些环节还没有完全想清楚，因此将这个行动作为探索性的。"

[一] International Telecommunication Union，国际电信联盟。

2)"可以肯定地说,中国推动工业互联网是基于自身的考量,而非是模仿哪一个国家或企业,但 GE 的实践给了中国产业界很多启发,这也是肯定的。"

上海可鲁电气公司官网在 2007 年同时使用"工业互联网""工业物联网"术语。参加 IAC2008 展览会时,工控网(www.gkong.com)的报道是:"可鲁首次出席 IAC 展会并推出全球首创的工业互联网核心技术。"如图 1-7 所示。

图 1-7　上海可鲁电气公司 2008 年展位

研华科技公司在 2010 年"研华技术应用创新论坛"上,首次举办"中国物联网发展趋势论坛",开始讨论"工业物联网"的应用,如图 1-8 所示。

上述事实证明,中国人在工业实践中,首先创立并使用了"工业互联网""工业物联网"等术语。随后,中国人受到了国外"工业物联网"的启发,在不断学习、反复思考和实践应用中,逐渐摆脱了西方语境和原有定义框架,大规模推广中国特色的工业互联网,探索自主技术路线。

图 1-8　研华科技首届中国物联网发展趋势论坛

技术路线独创

2020 年，信通院与工业互联网产业联盟（AII）联合发布了《工业互联网体系架构 2.0》等 9 本白皮书，内容涵盖工业互联网顶层设计、园区、网络、标识解析、边缘计算、信息模型、工业智能、数字孪生等内容，对工业互联网技术路线进行了研究与披露。《工业互联网体系架构 2.0》设计了本土化工业互联网技术路线。

国家工业信息安全发展研究中心以工业和信息化部信息技术发展司近几年征集的一千多个工业互联网平台及解决方案实例为样本，2020 年发布工业互联网解决方案应用创新报告《数联物智 风劲扬帆》，2021 年发布工业互联网平台应用案例分析报告《数聚六化 领航未来》，展现了当前平台服务供需、平台体系赋能和模式创新应用的总体情况。

2020 年～2021 年，赛迪研究院陆续发布了多个工业互联网应用模式白皮书，如"平台+垂直行业""平台+新技术""平台+新模式新业态""平台+数字仿真""平台+工业设备上云""平台+园区"等，显示工业互联网平台在技术路线上的中国特色。

2020 年～2021 年，中国工业互联网研究院陆续发布《工业互联网发展应用指数白皮书（2020 年）》《工业互联网人才白皮书（2020）》《中国工业互联网产业经济发展白皮书（2021）》等研究成果。

2021 年工信部电子五所与工业技术软件化产业联盟发布了《工业 App 白皮

书（2020）》《中国工业软件产业白皮书（2020）》。

2022年3月，由中国电子标准技术研究院主导的《工业互联网平台选型指南》已经形成征求意见稿，未来将成为国家标准。

推广模式独创

从2017年至今，国家相关机构密集发布文件，突出强调做好工业互联网"新基建"。大约有31个省市自治区和众多地级市发布了近两百份发展工业互联网指导意见、实施方案或扶持政策。很多省市的工信厅/委/局成立了工业互联网处，在生产关系上实现了快速调整。

国家级研究院所一马当先，各个企业、协会、民间智库等研究机构积极跟进，不断发布白皮书、指南、研究报告等，同时举办形式多样、规模宏大的工业互联网赛事。

生态体系独创

工业互联网参与者众多，在多年快速发展中，形成了一种良好生态系统效应，越来越多的市场主体作为生态成员加入了工业互联网大家族。

从工业互联网需求与供给视角来看，工业互联网具有生产者（供给侧）、消费者（需求侧）和参与者三个群体，类似于生态系统三种主要角色，共同构成了工业互联网生态系统。

供给侧是工业互联网（含平台、工业App、基础设施、物理资产）的生产者；需求侧是各类大中小微企业，是工业互联网解决方案的消费者（有些企业也会以用户身份参与开发，同时成为工业互联网生产者）；参与者是政府、高校、研究院所、金融机构、线上社区、联盟、智库、商业交易平台等合作伙伴。

网起，自然天成；网兴，智在人工。
工业，吐故纳新；融合，生态建功。

本章参考资料

[1] 赵敏. 数字虚体，智能革命的助推器——解读《三体智能革命》[J]. 中国机械工程，2018, 29(1)：110-119.

[2] 朱铎先，赵敏. 机·智：从数字化车间走向智能制造 [M]. 北京：机械工业出版社，2018.

[3] 赵敏，宁振波. 铸魂：软件定义制造 [M]. 北京：机械工业出版社，2020.

[4] 工业互联网专项工作组. 关于印发《工业互联网创新发展行动计划（2021-2023年）》的通知 [EB/OL].（2020-12-22）[2022-05-20]. http://www.gov.cn/zhengce/zhengceku/2021-01/13/content_5579519.htm.

[5] 周其仁. 佛山制造"草灌乔"品质革命再攀登 [EB/OL].（2021-11-24）[2022-05-20]. https://yl.zznews.gov.cn/content/2021-11/24/005194.html.

[6] 林雪萍. 丛林法则：重塑产业集群 [EB/OL].（2020-11-24）[2022-05-20]. https://mp.weixin.qq.com/s/EyU_fQwZ7Wkip_dkEOue-g.

[7] 周宏仁. 企业需分步推进实现工业互联网的过程 [EB/OL].（2020-10-29）[2022-05-20]. http://finance.people.com.cn/n1/2020/1029/c1004-31911551.html.

[8] 鲁春丛. 迈向"工业互联网+双碳"新征程 [EB/OL].（2022-02-15）[2020-05-20]. https://www.bjnews.com.cn/detail/164491518914535.html.

[9] 金烨."纯生产制造业"告危：陕鼓借物联网成功转型之谜 [J]. 中国经济和信息化，2011（1）：72-73.

[10] 安宁. 北京大学牵头完成全球首次数联网星地链路验证 [EB/OL].（2022-03-29）[2022-05-20]. https://news.pku.edu.cn/xwzh/4e0e460b6c2a4540be03fe6abf2a0899.htm.

第二章

People Oriented

披沙拣金：工业互联网生态模型

本章将聚焦于"工业互联网生态系统模型（IIEM）"的建立与释义，通过比较国内外常见工业互联网定义与模型，根据作者在工业互联网领域的长期观察与实践，提出了独创的IIEM，给出了基于IIEM的技术路线和实施步骤。第三章至第九章内容，均沿着IIEM三个维度展开论述。

工业互联网模型的定义与比较

由于国情、发展阶段及目标不同，各国对工业互联网的定义和理解有所不同，抽象出来的模型也各自不同。

工业互联网定义之四国演义

中国工业互联网产业联盟（AII）的定义

1）从宏观层面看，工业互联网通过工业全要素、全产业链、全价值链的全面联接，支撑制造业数字化、网络化、智能化转型，不断催生新模式、新业态、新产业，重塑工业生产制造和服务体系，实现工业经济高质量发展。

2）从技术层面看，工业互联网是新型网络、先进计算、大数据、人工智能等新一代信息通信技术与制造技术融合的新型工业数字化系统，它广泛连接人、机、物等各类生产要素，构建支撑海量工业数据管理、建模与分析的数字化平台，提供端到端的安全保障，以此驱动制造业的智能化发展，引发制造模式、服务模式与商业模式的创新变革。

德国物联网创新联盟（AIOTI）的定义

"物联网（IoT）"是一种能够连接嵌有芯片、软件、传感器、执行器和网络连接的物理对象、设备、车辆、建筑物及其他物体，并使得这些不同对象能够收集和交换数据的网络。

在制造业领域，物联网、工业物联网及工业互联网是同义词，即基于互联网技术和标准将具有计算能力的物理实体相互连接的网络。

德国工业 4.0 主推手孔翰宁（Henning Kagermann）等人在 2011 年发表的《工业 4.0：依靠物联网走向第四次工业革命》文章中指明物联网是工业 4.0 基础。

美国通用电气公司（GE）的定义

工业互联网通过传感器、大数据和云平台，把机器、人、业务活动和数据连接起来，通过实时数据分析使得企业可以更好利用机器的性能，以实现资产优化、运营优化的目的并最终提高生产率。

GE 提出的工业互联网定义包含了"工控网+物联网+互联网+智能设备+智能系统+智能决策"等重要内容。

日本价值链促进会（IVI）的定义

工业价值链通过智能制造单元（SMU），基于资产维度（设备、产品、流程、人员）、管理维度（质量、成本、交付、环境）、活动维度（计划、执行、检查、行动），建立顶层框架模型（IVRA），让不同规模的企业通过接口，在"松耦合"条件下实现相互联接，形成一个日本工厂的生态格局（注：该定义为作者根据不同资料综合而成）。

由中德美日四种定义可以看出，国情、发展阶段及目标、工业基础条件不同，各国对工业互联网的定义与内涵也有所不同。

常用的工业互联网参考模型

国际标准化组织将智能制造、工业互联网、工业 4.0、工业价值链等划归为同一种事物，通常把德国 RAMI4.0、美国 SMS、IIRA、日本 IVRA 等放在一起来对比研究。常见工业互联网参考模型及其制定组织有 13 种，如表 2-1 所示。

表 2-1 工业互联网参考模型及其制定组织

	模型名称	制定组织
1	工业 4.0 参考架构模型（RAMI4.0）	德国工业 4.0 平台
2	智能制造生态系统（SMS）	美国国家标准与技术研究院（NIST）
3	工业互联网参考架构（IIRA）	工业互联网联盟（IIC）
4	智能制造系统架构（IMSA）	中国国家智能制造标准化总体组
5	物联网概念模型	ISO/IEC JTC1/WG10 物联网工作组
6	IEEE 物联网参考模型	IEEE P2413 物联网工作组
7	ITU 物联网参考模型	ITU-T SG20 物联网及其应用
8	物联网架构参考模型	oneM2M 物联网协议联盟
9	全局三维图	ISO/TC184
10	智能制造标准路线图框架	法国国家制造创新网络（AIF）
11	工业价值链参考架构（IVRA）	日本价值链促进会（IVI）
12	智能制造总体架构（IMGA）	中国工程院
13	工业互联网体系架构 2.0	中国信息通信研究院

德美日的工业互联网模型，其模型构建思想和严格按照标准来约束技术路径等做法，值得中国企业借鉴参考，但是限于国情、企情种种差异，很多国外模型并不能完全适用于中国企业。

工业互联网模型应该具有良好普适性，应该是一个能体现工业主体的基本属性，能涵盖工业现场的绝大多数场景，能解构和重构工业互联网生态系统的相关产品和服务，能指导工业互联网相关技术系统的构建、开发、集成和运行的总体框架。

机械工业仪器仪表综合技术经济研究所副总工王春喜认为，从现有参考模型的结构特点和有关国际标准来看，一个参考模型应该具有以下特征：

- ▶ 提供对所关注问题可以达成共识的、一致的、通用的模型。
- ▶ 以抽象的、与实现具体应用无关的通用方式进行描述。
- ▶ 建立参考模型的目的是促进相互理解和沟通。
- ▶ 通常会确定参考模型所需术语及其定义，以方便理解与交流。

作者依据自己在企业的实施经验，认为在强调参考模型通用性的同时，还应该再加上一条适应本地化的特征，即参考模型要符合企业本地的工作语境。

之所以强调这个特征，是因为工业互联网必须要在企业特定工作环境中落地，必须要让广大中小微企业能够听懂和实现模型中的内容。

德美日中参考模型之分析比较

德国 RAMI4.0 是以数字化工厂为核心的模型，有着严谨的分层管理结构，以强大的装备技术水平为工业基础条件，以工业 3.0 左右的数字化水平、较多标准（约 700 项）约束为实施起点，从车间层面强调物件联通与数据交互。对尚未完成工业化、数字化水平参差不齐、质量意识普遍不强的中国企业来说，该模型并不具备普适性。

美国模型从企业运营层面阐述了工业互联网对企业效率提升、收益扩大的作用。例如 NIST 推出智能制造生态系统模型，使产品、生产系统、订单（供应链）三个生命周期（以下简称"三个生命周期"）交汇在符合 ISA95 结构的"制造金字塔"上，强调基于标准来建立"智能制造生态系统"。该模型适用于标准较为完备的大型企业，要求企业具有较好的生命周期管理类工业软件基础。中国很多企业尤其是中小企业没有相关标准或不遵循相关标准，且 IT 基础薄弱，很难套用该模型。IIC（工业互联网联盟）则提出了 IIRA 模型，并将该模型与 RAMI 4.0 进行对标。IIRA 比较强调架构，适用于 IIC 成员和 IIoT 社区架构师进行操作，在实施落地上，要求企业具备良好的标准和 IT 基础，同样也不适用于绝大多数国内企业。

日本 IVRA 是唯一一个把人作为特殊资源纳入资产维度的模型，并且加入了戴明环[⊖]。这样做的前提是日企长期形成的以人为本的雇佣文化、对人机关系的深入理解和无处不在的精益思想。中国企业普遍存在的管理短板和粗放式经营，导致其无法直接套用该模型。

中国信息通信研究院发布的《工业互联网体系架构 2.0》，给出了工业互联网功能框架、技术体系及实施框架，从技术角度详细解构工业互联网体系架构。该架构对于大型企业来说，理解起来尚不容易，对于普遍缺乏架构概念的中小微企业来说，理解起来难度较大。中小微企业的诉求是：不谈架构，但是可以

⊖ 又称 PDCA 循环 (PDCA cycle)，是管理学中质量管理的一个通用模型，指按照计划（plan）、执行（do）、检查（check）、调整（action）的顺序进行质量管理，并且循环不止地进行下去的科学程序。由美国著名的质量管理专家爱德华兹·戴明（W. Edwards Deming）博士提出。——编辑注

按照架构思想来实施工业互联网，工业互联网的解决方案最好能体现模型与架构，无需去关注。

中国目前的国情是，以庞大的中小微企业劳动力基数、较好的工业经济规模化发展作为工业基础条件，以数字产业化、产业数字化填平数字鸿沟，以数字化转型引领和包容数字化水平较低的中小微企业，在宏观经济层面基于工业互联网技术来重点实现生产要素的相互融通和优化配置，从而使中小微企业迈过模型与架构的门槛，快速"入网"，这是中国工业互联网发展壮大的重要抓手。

德美日中参考模型对比见表2-2。

表 2-2 德美日中参考模型对比

	模型	特点	中国企情
1	工业4.0组件参考架构模型（RAMI4.0）	三维模型，以数字工厂为基本单元，以管理壳为赋能工具，实现纵向、端到端、横向三个集成，要求较强工业基础，较好数字化和标准基础	绝大多数企业不具备较好的数字化和标准基础，端到端普遍做得不好，纵向集成有待完善，横向集成因缺乏统一规则而极难促成
2	智能制造生态系统（SMS）	三维模型，聚焦三个生命周期的数字化管理，基于ISA95构建"制造金字塔"，要求较高的管理标准化水平，强调制造生态	绝大多数企业不具备较高的管理标准化水平，对产品、生产、业务三个生命周期普遍管理不到位
3	工业互联网参考架构（IIRA）	三维模型，以企业为单元，要求企业具备良好的标准和IT基础，平台具有跨行业能力	绝大多数企业的管理标准化水平和IT水平欠佳，企业平台不具备跨行业能力，甚至尚未建立平台
4	工业价值链参考架构（IVRA）	三维模型，倡导以人为本和精益管理的思想，强调工厂生态	绝大多数企业的工业工程管理技术薄弱，精益管理尚未普及
5	工业互联网体系架构2.0	三维模型，要求企业具备良好的功能架构能力与技术体系，积累较多数据，有较强数据建模能力	绝大多数企业没有企业架构概念，技术体系十分薄弱甚至尚未建立，缺乏数据及数据建模能力

构建自主模型的几个出发点

学习和借鉴德美日工业互联网模型的优秀顶层设计思想，取其技术精华（三维模型、强调生态等），剔除不适用部分，是构建自主工业互联网模型的出发点和立足点。

去除晦涩难懂的外来术语

对于国外模型中诸如"Administrative shell（管理壳）""Type（样件）""Layer（层）""Hierarchy Levels（级）"等让人难以区分和理解的外来术语，在吸收其内涵的基础上，舍弃晦涩难懂的术语，以免这些外来术语在中国企业的语境中水土不服。此即作者强调"参考模型要符合企业本地的工作语境"之本意。

一个适用于国情、企情的工业互联网模型，应该能符合中国企业的语境，能指导各种类型企业（"草灌乔林"）的工业互联网构建、开发和运行，具有良好的工业现场普适性。

用模型于"无模型"境界中

中国工业互联网发展的特点之一是：大企业自建平台，中小企业上云用数。作者经过研究，认为除了上述两条路径之外，企业还可以有更多路径走向工业互联网，至少可以有适用于中小微企业的第三条路径，即在工业互联网模型指导下，开发一个产品化的工业互联网解决方案，3～5天上线，甚至无需现场服务，通过远程电话指导或视频指导就可以安装运行。基本做法是：给企业需要联网的物理系统加上一个类似于可穿戴设备（传感器+天线+边缘计算+网口等）的盒子，接入既有的可用网络，在后台服务器安装软件平台，给现场员工的PC、平板或者手机上安装工业App，构成一套低成本、快部署、易维护、轻量化、产品化的工业互联网解决方案。

模型对于中小微企业来说，是一个必须要过，但是很不容易过的高门槛。降低或绕过这个门槛，具有重要的现实意义。

手中无剑，心中有剑。实施不讲模型，软件自带模型，用模型于"无模型"之中，是工业互联网模型的上佳境界。

明确模型作用机理与价值

以订单为起点，以契约为准则，以盈利为动能，以工艺为约束，以数智为决策，强力驱动企业资源的流动和属性转变，让原材料一步步地变成在研品、在制品、产成品和在用品。其间，产品价值一直动态提升，直至最后交付变现。

企业实体共建生态，需求订单驱动资源，资源汇聚数智决策，数据赋能价值流动，产品企业共升价值，是工业互联网形成和运营的内在机理。

定义工业互联网生态系统

前述所有模型几乎都是从企业视角而不是生态视角来思考和建设工业互联网。作者认为，应该建立一个统一的、贯穿工业全要素的、促进工业互联网生态系统建设的新模型。

工业互联网生态系统是指与工业相关领域所有工业要素（工业实体、资源、数据、知识等）相互作用所形成的新工业网络，以及在其价值链上诸多利益攸关方，基于数智化技术，按照共融、共生、共赢的规则所形成的动态有机整体。

为了更好地定义和建设这个动态有机整体，作者在本书首创提出了指导工业互联网生态系统建设与发展的模型——"工业互联网生态系统模型（IIEM）"。

IIEM 三维四流基本构成

工业实体网络和实体流

工业实体由企业实体、产品实体构成，是工业互联网生态系统第一类核心要素。工业实体以独立的企业实体形态存在于市场经济运行的实体网络体系中，以交付满足市场需求的优质产品体现企业价值。无形且刚性的产品制造需求，以订单形式驱动并串联了上下游企业实体，形成实体流，以实体维予以描述。

在工业实践中实体网络体系往往由供应链、价值链和产业链等构成。

供应链是一个以主机厂商或品牌企业为核心的链网，在企业实体上联接了供应商、制造商、物流商、销售商、维修商和用户，在产品实体上联接了原材料、配套零部件、半成品、维修件和产品（在研品、在制品、在售品、在用品等）。

供应链，名为链，实为网。从工业实体角度看，供应链是一张巨大且高度复杂的、由订单和契约打造的企业协作网络，众多企业资源实时且精确地运行于其上。供应链的运行往往是脆弱的，例如一个芯片环节出了问题，那么下游所有与芯片有关的供应链环节都会受到严重冲击。

价值链由一系列形式多样的业务/辅助活动来实现。业务活动包括产品研发、生产作业、市场和销售、内外部后勤、服务等。辅助活动包括采购、人力资源管理、品牌建设和企业基建等。这些互不相同但又彼此关联且同时在数物空间开展的业务活动与辅助活动，构成了企业创造价值的动态过程。

产业链是一个由供应链、价值链、企业实体链和空间链这四个维度构成的经济学概念。企业实体链是中小微企业、家族式作坊、地域性专业群体、产业集群等实体成员之间存在的形式多样的合作关系的实体网络。空间链是指产业链在国际、国内两大空间进行总体布局的地域性部署状态。这四个维度在相互对接、均衡匹配过程中形成了产业链。

企业实体需要对接/协同，产品实体需要流转/交付。企业需求牵引，订单契约驱动，形成了企业实体之间市场化的对接机制，迸发出了工业发展的强大内生动力。所有上述实体因需求和订单驱动而产生的工业实体活动，构成了实体流，我们在模型中用一个专用维度（实体维）进行描述。

实体维是一个复合维度，因此实体流也是一个复合流，即企业实体和产品实体叠加在一起的一种特殊流。作者曾将二者分开考虑，但是在研究中发现二者是紧密结合的，具有相同的工业属性，故将其作为同一类对象合并研究。

实体维上的实体流，在工业互联网实践中一直是客观存在的，但是在工业互联网理论研究和模型抽象中长期被忽视。如果秉持"工业是主体，产品是核心"指导思想，那么这种由企业实体、产品实体组成的工业实体是不应该也不可能被忽视的。

企业资源网络及资源流

资源是工业互联网生态系统不可缺失的第二类核心要素。"产品－人－机－料－法－环－测"构成了企业的资源网络体系。产品的优质高效完成过程是资源汇聚、工艺实现、产品价值持续提升乃至企业价值提升的过程。其间，资源不断动态流动、被利用和改变属性，形成了资源流，以资源维予以描述。

产品资源入网

产品是所有人造系统/人造物的泛称。产品具有多种属性：它既是上游企业实体交付的产品实体，也是本企业的生产资源（如原材料、半成品等），还是本企业交付给下游企业/客户的产成品。产品属性一直在原材料、半成品、产成品、商品之间来回变化。IIEM 将产品归入资源维。

观察产品有以下六个视角：

- 生命周期视角：产品生命周期隐含了时间维度，产品在时序上按照"设计→制造→使用"次序发展，不同阶段的产品具有不同的形、态和属性。
- 映射空间视角：物理空间的产品生命周期可以精确映射到数字空间，映射的数字孪生体在生命周期的不同阶段也会对应呈现出不同的形、态和属性。
- 企业资产视角：物理空间的产品属于物理资产，数字空间的数字孪生体、数据和软件等属于数字资产，两类资产都是极其重要的企业资产。
- 数物融合视角：同时对产品进行三方面思考，既考虑物理产品，也考虑数字产品，更要考虑数物融合之后的新产品、新技术、新模式、新业态。
- 企业边界视角：在企业内部，产品分为在研品、在制品等；在企业外部，产品分为在售品、在用品等。企业内外部产品所属权截然不同。
- 产品组成视角：产品正在向"机电软网"平台化发展，在软件定义下，产品零部件趋向于不固定，即更换软件可以改变产品功能，产品更靠近资源，逐渐失去"最终产品"的内涵。

制造资源入网

企业现场最常见的"机－料－法－环－测"（"人"资源稍后单独论述），可以称之为工业（或制造）资源。在工业现场，"机－料－法－环－测"是动态流动的、属性不断变化的，是产品研发、生产乃至维修/运营不可或缺的。对于其中每一项资源，都必须单独做定义、解读与思考，根据该资源的特点和属性，来制定将该项资源联入工业互联网的有效方法和运行机制。

人智资源入网

人作为一种特殊资源，如何联入工业互联网？有些读者以为，人已经通过电脑、手机等数字终端设备联接到社交/消费互联网了。

前已述及，社交/消费互联网与工业互联网有很大不同。在社交/消费互联网上，人们日常交流的数字信息具有以下限制：①内容相对碎片化，需要依赖人来解读和理解；②不涉及人的操作技能和思考水平改善；③不直接作用于工业终端。

如何把"人智"转化为可以在工业互联网上流通、可以为人和机器赋能的"机智"，以及如何以人为本、利人赋能、释放人性，是本书阐述的重点。

赛博数据网络及数智流

数据是工业互联网生态构成的第三类核心要素。产品作为价值载体，其增值过程以数据的形式与企业实体网络、资源网络进行交互，映射了工业实体，融合了资源加载下的产品（和企业）价值流，在其不同生命周期阶段、不同层级精确映射、流转、应用，构成了赛博空间的数据网络体系，形成数智流，以数智维予以描述。

碳基数据升维与降维

碳基数据是报纸、账本、图纸、人记忆中的各种数字或字词。碳基数据深受时空限制。

心智认知 DIKW 模型是典型的碳基模式。人类将从客观世界观察到的自然信息转化为语言、图、文、符号等表述信息，并且把这些信息中的"数值"抽象为碳基数据，发现了基于碳基载体（人脑、纸等）在"数据（D）↔信息（I）↔知识（K）↔智慧（W）"之间，存在着通过关联，向上重构升维、向下解构降维的语义操作关系。这种关系便于人和组织利用碳基数据/信息/知识（DIK），做出恰当决策/预测（W）。

硅基数据升维与降维

作者在《三体智》中提出为心智认知 DIKW 模型加上一个比特底层作为"数字化底座"，将其转化为赛博空间的数字化 BDIKW 模型，即基于二进制比特解构和重构 DIK，把碳基数据/信息/知识，变成硅基（数字化）数据/信息/知识，并利用数字化知识关联做出数字化决策/预测。数字化的"比特（B）↔数据（D）↔信息（I）↔知识（K）↔智慧（W）"之间，存在同样的语义操作关系：通过关联，向上重构升维、向下解构降维。

数字化 BDIKW 模型奠定了信息技术发展逻辑和数字化知识体系，适用于工业互联网、智能制造和工业软件等数字化转型解决方案。心智认知 DIKW 模型与数字化 BDIKW 模型对比如图 2-1 所示。

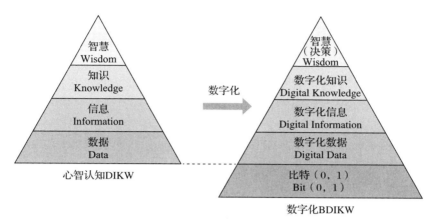

图 2-1　心智认知 DIKW 模型与数字化 BDIKW 模型对比

数字化数据表达 DIK

比特（Bit）表示"位"，Byte 表示"字节"，8 Bit=1Byte。比特是最小信息单元，1 和 0 是数字基因。磁盘存储以 Byte 为基本单位，如 KB、MB、TB，其中 B 指 Byte；网络传输速率用 KB、MB 来表示，其中 B 指 Bit。两个 B 单位不同。

不同排序、字节组合、打包/压缩/编码的比特数据，可以表达不同含义和内容。本书所说数据，指在电脑和网络中运算、存储、传输的表达 DIK 的数据。在不影响理解前提下，交替使用比特数据、硅基数据、数字化数据，意思相同。

数智流穿透企业壁垒

知识是构成工业互联网生态系统的第四类核心要素，是"人智"的沉淀。20 世纪 90 年代全球进入知识经济时代，今天数字经济是知识经济的延续和深化。用知识构建机理模型和数据模型，支持人机决策，解决特定问题，是人与客观世界相互作用的基本逻辑和方法。蕴含"人智"的数字化数据/信息/知识（DIK）汇聚成为数智流。

数智流穿透企业实体壁垒，快速、高频、不限时空大范围传递，通过控制器、执行器作用于物理系统，指导人和机器正确做事。

IIEM 模型构造若干要点

工业上下游企业实体间业务往来、需求传递、订单驱动、供应链互动，形成实体流，以实体维表达；承载了市场需求的产品，以订单积聚和驱动"产品－

人-机-料-法-环-测"资源流,以资源维表达;穿透企业实体壁垒的数字化数据/信息/知识(DIK)汇聚成为数智流,以数智维表达;三流合一汇聚成动态价值流。

动态价值流映射了实体生态网络、资源网络和数据网络的运行逻辑,形成了工业互联网生态系统模型(IIEM),如图2-2所示。

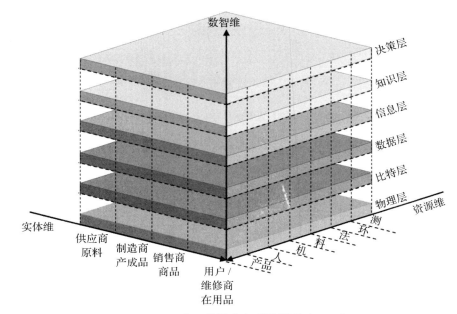

图2-2 工业互联网生态系统模型(IIEM)

IIEM由"三维四流六层"构成,强调以工业实体为核心来表达工业互联网生态系统的规划、建立与运行。

三维:实体维,资源维,数智维;这三个维度解析工业互联网的实体网络体系、资源网络体系及数据网络体系所叠加形成的生态系统。其中,用实体维表述企业实体与产品实体,是根据企业内生产运行和企业间业务合作实际情况,以及企业所具有的多种属性得出的结论。实体维箭头方向表示实体流向产品交付方向流动。产品既是实体维上的实体要素,也是资源维上的实体资源,跨了两个维度,也是根据产品本身所具有的多种属性得出的结论。

四流:实体流,资源流,数智流,动态价值流;四种流的流动体现各个维度上价值流动的机理。资源要素用工业现场最常见的"产品-人-机-料-法-环-测"(可含资金等)来表达,适合企业语境。资源维的箭头表示资源流向产品交付方向流动。按照制造的基本逻辑，实体流和资源流应该汇聚在产品上。

六层：物理层、比特层、数据层、信息层、知识层、决策层；六个层面剖析数智流在不同层级的价值形态，以重构升维、解构降维的方式，揭示了企业数字转型的本质与路径，也构成了作者版 CPS。

IIEM 运行机理分析与解读

实体维映射需求由订单驱动

无形且刚性的需求，以订单形式串联供应链，凸显企业内外部实体之间的合作关系，构成了实体之间"产业数字化"的内容之一，由实体维描述。

实体一词有双意，一指供应链上企业实体，二指供应链上产品实体，如图 2-3 所示。因此实体流是一种复合流。从企业实体角度看，以供应商、制造商、销售商、用户/维修商为典型代表，在数字产业化技术的支撑下，企业实体之间形成了丰富多元的合作生态，构成相互融合、共生共赢的"供应链网"体系，包含了各种形式和级别的供应链。

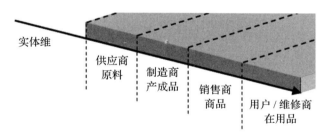

图 2-3　实体维上的企业实体和产品实体

从产品实体角度看，以原材料、在研品、在制品、产成品、商品、在用品为产品实体的不同形态，表达了产品、生产系统、订单（供应链）三个生命周期。产品实体从原材料开始，按照工艺要求一步步被加工成产成品，经由销售网络交付给最终用户，最后成为在用品，进入日常使用和维护阶段。无论是企业实体的不同代表，还是产品实体的不同形态，这四类企业代表连同多种产品形态，贯穿了产品、生产系统、订单（供应链）三个生命周期，这是所有企业实体所必备的基本生产过程和产品实体的流转增值过程。企业实体之间的协作关系、人际关系等，在其间起到了关键的承载作用。

在实体维上，各企业实体之间供需关系的准确衔接，产品实体形态的增值变化和顺畅流动，企业实体对供应链网的控制驾驭，构成了企业实体和产品实体的未来核心竞争能力。以往的工业互联网研究更多地把研究重点放在了对"机－料－法－环－测"的联接上，对人的联接需要加强以下三方面：一是如何联接人的操作技能；二是如何联接对人的管理；三是如何联接由人形成的企业实体协作关系。作者亲历实践证明，把工业互联网与企业实体关系相叠加，实施效果好而快。无论是大企业，还是中小微企业，都有自己成熟的实体关系协作网，中小微企业自身所具备的地域协作网、家族关系网、乡土合作网等，具有决策快、链路短、易部署的优势。加强对实体维的研究，有利于工业互联网的健康发展和推广普及。

在 IIEM 中，工业主体是由实体维（企业实体和产品实体）和资源维（"产品－人－机－料－法－环－测"）共同组成的物理层。物理层是工业基本盘，是最需要提质增效、绿色发展、转型升级的主体，所有工业互联网需要联接的工业实体、企业资源都源自该层。加强对工业主体的映射和优化，是新工业革命的核心任务。

第五章将重点讨论实体维上的实体流和多个"链"内容。

资源维汇聚资源加载价值

资源维描述企业研发、生产、运营和管理所需的"产品－人－机－料－法－环－测"资源的流动状态。

企业不同层面的人对资源的称呼和关注点有所不同。企业家习惯将资源简明地称作"人、财、物"，因为他们要看这三个关键指标，尤其是"财"作为现金流，是企业生存现状的重要指标；企业中层通常关注的重点不是"财"，而是"人、机、物"，一字之差，表明中层更加聚焦生产资源管理；企业基层则习惯讲"人－机－料－法－环－测"，这是他们日常工作所必备的条件。资源维上的企业资源如图 2-4 所示。

产品实体，不管其处于原材

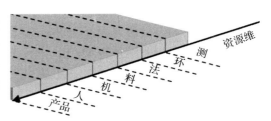

图 2-4　资源维上的企业资源

料、在研品、在制品、产成品、商品还是在用品阶段，都需要由其所有者（供应商、制造商、销售商、用户/维修商）来配置各种资源，支持该产品的研发、生产、销售、使用与维护。产品本身具有多种属性，有些产品属性伴随交易和归属变化而发生改变，例如上游企业实体的原材料产成品，具有商品属性，经过交易之后，流转到其下游企业实体，变成了下游企业生产过程中的零件，具有了生产资料的资源属性，成为制造更复杂产品的组成部分，故将"产品"划归为资源更为合理，统称为"产品－人－机－料－法－环－测"。

人指参与生产（或维修）产品的人员，机指生产（或维修）产品所用的各种机器设备，料指生产（或维修）产品所用到的各种原材料或辅料，法指生产产品（或维修）所使用的方法、工艺和标准，环指生产（或维修）产品所处的环境，测指检测和监测产品质量的测量仪器。技术含量和管理水平越来越高的"产品－人－机－料－法－环－测"构成了支持企业生产、确保产品质量、配置各种资源的强大资源流。

对于"人"这种特殊资源，我们应从"人体""人脑""人智"三个层面（人类三资源）进行理解和贯通，将其融入工业互联网生态系统。"人体"作为生产力，是完成产品工艺过程的劳力载体，目前与机器进行协作，未来将从人机协作中完全解放出来。"人脑"与人体精密配合，判断、优化体力劳动与人机协同劳动成果，未来也将像人体一样实现完全解放。"人智"是可以从人脑中分离出来的智力思考过程和结果，以知识形式融入 IIEM 数智维的知识层，通过知识关联与复用支持数字化决策/预测；"人智"还会产生人与人协作、组织化的"群智"协同作用，即把实现产品增值的生产组织、协作团队及相应的管理制度和协同标准，精确映射到工业互联网生态网络中，既发挥工业互联网的精准对接和调控力，又充分释放人的协同创造力。

第三章将重点讨论资源维度上的"机－料－法－环－测"资源如何联入工业互联网；第四章将重点讨论如何把"产品"资源，以合适方式联入工业互联网；第八章将论述由"人智"与"机智"形成的四个智能范式；第九章论述以人为本、利人赋能、适用于 IIEM 的新型管理模式。

数智维基于 BDIKW 升降维

DIKW 模型由哈蓝·克利夫兰（Harlan Cleveland）所开创，后由罗素·艾可夫（Russell L.Ackoff）予以完善。艾可夫把人的认知心智分为数据（D）、信息（I）、知识（K）、智慧（W）四个层次。数据是未经组织和处理的离散观察结果或信号，语义上表现为字词或抽象为数值。

DIKW 作为心智认知模型，是一个人类通过语言获得智慧/智能结果的基本模式，可称为语言智能。从人类学会用语言表达思想以来，该模式已经存在了七万年。人运用语言的能力是一种高级智能。计算机编程语言直接模仿了人类语言和思考逻辑，产生了用软件程序定义的软件语言智能。软件语言智能与 AI 是并列关系。今天绝大多数人造系统智能是由软件语言智能展现的。

以 ASCII 码为依据，以比特层（B）作为"数字化底座"来解构和重构碳基 DIKW，形成了"万物源自比特""数字化一切可以数字化事物"的数字化方法论。BDIKW 由比特层、数字化数据层、数字化信息层、数字化知识层、数字化决策层共五层构成——其中，数字化决策层是由类人的机器智能做决策/预测，或者人机共同做决策/预测。物理层由实体维和资源维组成，表示工业主体，工业主体映射到 BDIKW 中，形成作者版 CPS，BDIKW 为工业主体赋能，如图 2-5 所示。

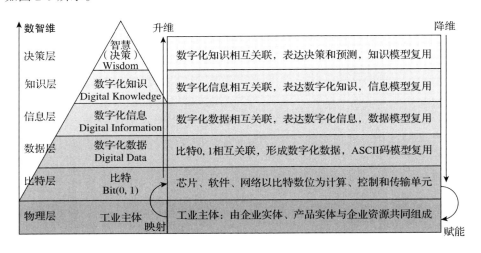

图 2-5　数智维上 BDIKW 模型映射工业主体

我国工业和信息化部原副部长杨学山教授指出："机械传动过程、数控机床、自动化生产线，从感知到处理、反馈、控制都是语义的"。过去人类语义遵循生物空间的碳基 DIKW 模型，构成人类交流媒介和智慧思考载体；今天软件语义遵循赛博空间的硅基 BDIKW 模型运行，构成人造系统中"软零件""软装备"的交流媒介和智能思考载体，推动人造系统逐渐走向智能。

比特筑基，语义关联，模型复用，聚知成智。从符号到语义，从知识到智能，BDIKW 中诸要素遵循"比特↔数据↔信息↔知识↔决策"数字化认知过程，不断自底向上重构/升维，实现价值升级，或者自顶向下解构/降维，实现广义检索，升降之间形成数智流。BDIKW 解析并阐明了数字化转型的基本工作原理。工业软件、网络、大数据、数字孪生等 ICT 要素遵循 BDIKW 模型运行。

第六章将重点讨论数智维上 BDIKW 升维/降维规律以及模型、算法等内容。第七章将延续讨论数智维中网络、标识解析体系、安全、工业软件等内容。

三流合一汇聚动态价值流

在 IIEM 模型中上下穿梭、跨层流动、跨域流动的数智流，其本质是订单驱动实体与资源所产生的"动态价值流"，在不同层级、不同维度的流动、交互与赋能，如图 2-6 所示。动态价值流是由数智流、实体流、资源流所形成的"三流合一"的综合流，是工业互联网需要管控、配置和优化的关键对象。对动态价值流的掌控，是工业实体融入数字经济的重要能力。

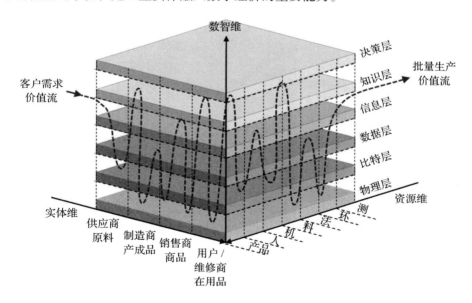

图 2-6　动态价值流的流动机理

动态价值流是作者在实践中独创的 IIEM 中的一个动态要素。前三个流（实体流、资源流、数智流）都是兼具动态和静态要素，只有动态价值流是时刻处于运动状态的一种流,因为价值体现在订单所驱动的供应链上,不同实体之间资源的流动、价值的交换形成产品增值,不流动、不交换就没有交易,也就失去了价值。如果没有动态价值流,企业就失去了存在意义。因此 IIEM 的一个重要特点就是用动态价值流来定义和观察工业互联网生态系统为企业带来的价值。

动态价值流由流动速度、频度及范围来表征。伴随着互联网络、大数据、AI、5G、标识解析体系等数字化技术飞速发展,动态价值流在数智流赋能下,能够在企业内外部快速、智能地流动与传递。动态价值流以数据形式穿透了企业内外部的边界,联接了企业内外部的在研品、在制品和在用品等,汇聚了更多的企业实体,融合了不同生命周期,拓宽了价值覆盖范围,加快了决策迭代频率,以个性化、短交期、高价值的产品交付,提升企业实体在全供应链、全价值链、全产业链("三链")上的核心竞争力。

图 2-7 中,0 和 1 组成智能流动的数智流,供应商、制造商、销售商、物流商、维修商、客户等组成企业实体流,在研品、在制品、在用品等以及隐藏的"人-机-料-法-环-测"组成资源流。在订单驱动下,在工业互联网平台软件的定义下,三流合一,以动态价值流的形式在企业内外部,循"三链"而动,绕"三个生命周期"而流,不断提升工业互联网的价值。

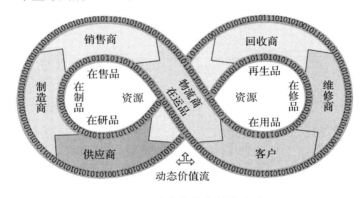

图 2-7　动态价值流循的流动

工互网明确主体重在实施

工互网建设围绕工业主体

工业互联网由工业、互联网两个关键词组成,其核心内涵到底是"工业"

还是"互联网",还是"互联网+工业",抑或是"工业+互联网"?二者之间,孰体孰用,孰主孰辅?业内讨论和争议较多。下面摘取三方面专家观点。

工业为本,互联为用

湖南省工业和信息化厅副厅长颜琰看到作者所写《工业互联网:高歌猛进为哪般?》后,发表了《我对工业互联网的再认识》,阐述如下观点:

"工业互联网概念包含四部分内容:工业是主体,互联是表现方式,网络是技术手段,本质是协同。工业互联网是以网络为技术手段,通过对工业要素(如人-机-料-法-环-测、生产者与消费者、企业上下游等)的互联互通,实现相关要素的深度协同,从而达到智能化、社会化的生产与服务模式,而绝非是单纯的互联网在制造业的应用。"

"我认为,赵敏和朱铎先两位专家的最新诠释既是对工业互联网认识的深化和完善,也是最通俗、最现实的诠释,具有理论的完整性和实践的指导性。在他们的基础上,我认为最基本的含义是'工业为本,互联为用'"。

"工业为本有两层含义:一是指工业互联网的应用和发展目的是服务于工业的转型升级和产业变革;二是指工业互联网的应用和发展服从于工业经济的基本逻辑和基本原理。"

人机物共存复杂大系统

在 2020 年 10 月 21 日,原国家信息化专家咨询委员会常务副主任周宏仁先生在苏州举办的"两化融合暨工业互联网平台大会"上发表了题为《企业视角下的工业互联网》的演讲。周宏仁指出,工业 4.0 和工业互联网的原创思想,反映了企业界充分利用数字化、网络化、智能化的技术进展,体现了企业大集成、发展全球大系统的总趋势。

周宏仁表示,从企业的角度看,工业 4.0 的目标是构造企业级的智能物理系统(Cyber-Physical Systems),即一个智能化、自动化、人机物一体化的大系统,使其成为更加全面完整的端到端的企业信息系统解决方案。工业互联网是一个以企业为中心,包括人、(计算)机、物在内的复杂的大系统,计算机、网络、物理装备无一不统一于其中。从工业互联网的发展我们可以看到企业信息系统正在逐渐走向大集成。在人机物一体化的情况下,智能物理系统带来了很多理论上需要研究的问题,也带来许多实践中创新的机会,特别是如何增强这类系统的适应性、自主性、功能性、可靠性、安全性、可用性和效率,实现反馈控制系统的一体化和优化设计。企业一定要从自身的紧迫需求和实际效益出发，分步推进实现工业互联网的过程，切不可一蹴而就。

显然，周宏仁先生认为工业互联网不仅仅是一种基于 ICT 组成的信息基础设施，而是一个基于 CPS 的复杂大系统。"计算机、网络、物理装备无一不统一于其中"。

工业主体，包容万物

"网络是基础，平台是核心，安全是保障"已经成为不少人对工业互联网三个功能体系的习惯性解读。在 2020 年 4 月，国家有关文件首次将数据定义为新型生产要素之后，又补充了"数据是要素"作为第四个功能体系。

作者认为上述四个功能体系，或者说网络、平台、安全、数据这四个术语，具有典型的 ICT 属性，其基本内涵本是"工业的网络、平台、安全、数据"。四个功能体系应该围绕工业主体来规划、建设、应用和评价。缺失工业主体，工业互联网将会降维、退化成为电信/社交/消费互联网。网络、平台、安全、数据四个功能体系必须服务于工业创新发展。

作者秉持如下观点：工业是主体，网络是基础，平台是核心，安全是保障，数据是要素。五个内容要点和排列顺序，较为准确地表达了工业互联网内涵。

工业主体，包容万物，常融常新。工业特性决定了 ICT 融入工业后变成了新工业要素，工业变成了新工业，而不是工业融入 ICT 后变成新 ICT 要素。

工业为主，ICT 为辅，工业为体，ICT 为用，是上述三方面专家的共识。

工互网三个判断题辨析

结合 IIEM 模型，讨论与辨析工业互联网的三个常见"判断题"。

工业互联网并非仅是信息基础设施

工业互联网不仅是"产品－人－机－料－法－环－测"等工业端的技术联接，也不仅是其运行机理的映射，还包含了这些工业端的管理关系、工艺关系、生产组织、上下游实体供应链等关系网络的映射。工业现场数据一直与其所依附的工业端发生着密不可分的高频互动，以复杂的数据种类映射着更为复杂的工业现场关系网络。数据按照所映射的工业现场关系网络进行传递、穿透和加载，工业软件按照给定的工业机理模型和算法进行计算、分析和推理，才能做出解决工业现场实际问题的业务决策和预测。

从工业互联网所具有的上述工业属性来看，不能仅仅把工业互联网看作是与大数据、AI、5G等新一代ICT同类的新型"信息基础设施"或者是"罩"在工业端上的电信网络，而是应该同时把工业互联网看作是新型"工业基础设施"。

工业互联网并非仅是物联网

进入21世纪以来，芯片、传感器、移动互联网等ICT进入了高速发展期，万物互联理念深入人心，物联网产业蓬勃兴起，形成了让所有能行使独立功能的普通物体实现互联互通的网络。

工业互联网是基于工业以太网/工控网、工业物联网而建立的工业原生互联网络。工业现场+工业端，既是产生问题的本体和土壤，也是解决问题的资源和抓手。工业物联网聚焦工业领域，以工业现场的"产品－人－机－料－法－环－测"等工业端为基本资源，联接和赋能对象，与广泛联接非工业端的物联网有较大区别。

工业互联网并非仅是技术网络

技术是一种人造产物。原生互联网络是一种超越技术的客观存在，如星球之间存在引力网，生物之间存在生态网，人际之间存在关系网，企业与企业之间存在协作网等，这些网络不是模仿技术网络而来的，而恰恰是技术网络不断学习、模仿客观存在的原生互联网络，并且与既有网络不断叠加、融合，才发展到了今天的技术高度。

工业互联网不仅是技术层面的网络，它还包含企业之间的实体关系网络。研究工业互联网模型不能只谈技术网络，中小微企业所具有的地域协作网、家族关系网、乡土合作网等实体关系网络，也应该是研究重点。类似于人际关系强力助推了微信和领英的推广普及，企业实体关系在工业互联网的推广应用中起着独特的"助推"作用。

工互网实施咨询与步骤

IIEM具有高度普适性，满足企业根据企情选择个性化的工业互联网实施路径的需求。工业互联网的实施往往涉及企业战略变革，需要企业家和高管亲身参与。只有企业家和高管才能定夺企业战略，才能有效地解决推进过程中遇到的组织、文化、管理等问题。实施工业互联网不是企业老板一个人的事情，也不是某一两个部门的事情，甚至更不是企业一家的事情。必须全员参与。没有旁观者，只有掉队者。建议企业实施前做好前期咨询工作。

实施前期咨询与准备

1）系统建设，思想先行。企业需要邀请专业咨询专家团队进行包括但不限于工业互联网生态系统、数字化转型等方面的调研、宣讲、培训、高层对话、方案研讨，逐渐对工业互联网建设形成较为清晰、一致的认识。

2）学习标杆，定位差距。在调研对标分析阶段，企业决策人员要对工业互联网先进示范企业进行现场考察、对标分析、行业标杆研究，高质量完成企业内外部调研报告；在现状分析及咨询阶段，企业要完成行业对标资料收集整理，业务亮点提炼总结，公司概况资料准备，调研评估问卷表填写反馈，项目详细推进计划表制定并沟通确认。

3）现场诊断，制定报告。企业需要制定调研提纲，以座谈与深入现场的形式走访企业的相关业务部门、工作现场和问题场所，将调研结果以量化、可视化的形式进行分析与展现；基于本企业工业互联网现状、存在的问题、能力的短板、业务痛点、业务需求、合作伙伴，结合企业组织架构、业务流程、管理模式、运营模式、信息系统等各方面情况进行系统梳理、分析和总结；结合行业内先进企业的对标分析和研究，编制本企业的《工业互联网现状分析和评估报告》。

4）顶层设计，分步实施。工业互联网的顶层设计是制定企业数字化转型的总体框架与发展路标，包括了商业模式、经营战略、组织管理、技术手段、实现路径、人才培养、企业文化等内容。顶层设计可以明确长期目标，实现战略解码，在组织内统一思想、目标、语言和行动。企业需要量力而行，分步实施。

以 IIEM 指导实施步骤

企业可按照 IIEM 三个维度的指引，结合自身情况，遵循以下五个步骤构建工业互联网生态：

1）生态定位，选择合作伙伴。辨识企业、上下游实体、最终用户和产品维修服务商在实体维上的位置，根据企业运营与发展需求选择可以互信互利、共享数据的合作伙伴；根据订单流动与产品增值路径，确定彼此之间准确对接的产品研制、生产与服务规划，打造韧性供应链网；与供应链上下游企业能够互融共生，协同发展。合作伙伴关系映射于实体维中，将决定企业工业互联网生态系统的基本构成。

2）盘点资源，增"优"补"短"。按照资源维引导，分析企业现有资源的优势与短板，尽可能将企业的"产品－人－机－料－法－环－测"等资源接入工业互联网，明确现有资源的时空位置、可用性和安全性，判断哪些资源能够映射到数字空间，从而制定分阶段、分目标的企业数字化内容，更好地统筹、优化和配置资源。

3）数据穿透，碳基转硅基。传统企业记录数据的载体往往是"生物脑记忆＋纸质载体"的碳基形式，但是碳基数据的传播性、复用性均受到时空严苛限制，生产过程经常出错。唯有将碳基数据转换成硅基数据传播，才能让数据穿透原有的企业或业务壁垒，才能沿着"比特→数据→信息→知识→决策"的数智化维度，不断解构、重构原有业务模式，夯实适于工业互联网发展的数字化基础。

为了提高数据质量，加速数据价值变现，该阶段企业需培养员工用数据说话的职业素养，不仅要做好技术方面的工业端数据化，还做好管理方面的数据化，如用数字化技术优化组织结构，打造组织管理耐性与韧性。

4）知识驱动，机智人智齐升。在系统化的工业知识基础上，利用数据进行建模，在智能流动的数据支持下，形成基于数据的知识决策和前瞻性预测。不仅要让系统化的工业知识提升机器智能（机智），还要反哺企业员工，提升员工智能（人智）。具备新型人智的员工数量和质量将成为企业全新的竞争优势。

5）管理升级，商业模式变革。以数字化知识/数据为生产要素，带动企业管理升级，促进商业模式变革，在逐渐成形的工业互联网生态模式下，变"硬装备"为"软装备"，变产品为服务，变对手为合作伙伴，找到新盈利点，形成新业态。

至此，企业工业互联网的建设目标已经基本完成，可以在步骤4）或5）时，返回步骤1）进行迭代择优：选择更广泛的生态合作伙伴，以共同富裕、包容性发展为原则，在本企业既有建设成果的基础上，帮助、带动合作伙伴一起建设工业互联网"族群"，向着工业互联网生态扎实迈进。

工业互联网四阶段演进

罗马不是一天建成的，工业互联网的发展也不可一蹴而就。发端于1969

年，经过了几十年技术酝酿，涓涓技术小溪汇成了滔滔技术洪流，终于酝酿出了工业互联网这样一种伟大的新工业革命活动形式与载体。

工业互联网目前处于初级成长阶段，远未发展到成熟阶段，距高阶水平还任重道远。渐次进阶，扎实而快速成长，是其应有之发展路径。

基于中国传统文化，借鉴国外先进理念，作者提出了工业互联网四层进阶模型。该模型由多个大小不同的圆圈叠加在一起，形状上像一个洋葱横切面，因此又称之为"四层洋葱模型"，如图2-8所示。

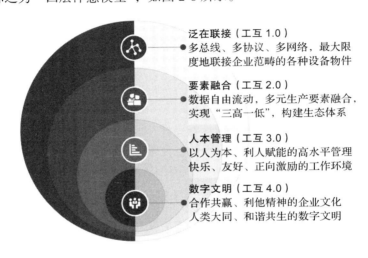

图 2-8　工业互联网四层进阶模型

对于供给侧和需求侧的广大企业实体，该进阶模型目的在于，工业互联网是一项长期、复杂、动态、层层进阶的系统工程，而非简单的技术实现过程。

该模型第一层是泛在联接，联接是工业互联网的"第一性原理"，企业要以多总线、多协议、多网络、多场景、多产品，最大限度地联接企业内外部的各种产品实体和"机-料-法-环-测"。工业因分工而专业，又因互联而协同，因协同而创造价值。第一层是开展工业互联网建设的必备条件和基础性工作，为机器赋能，简称"工互1.0"。请参阅本书第二篇"泛在联接篇"。

第二层是要素融合，指基于工业软件实现两个深度融合：融合企业内无处不在的知识、信息、数据等多元生产要素；融合IT与OT两大系统。以比特数据流承载业务数据，表达业务信息，提供决策知识，驱动动态价值流高速流动，实现高质量、高效率、高客户满意度、低成本（"三高一低"）的生产与服务，构建企业生态体系。第二层为业务活动赋能，简称"工互 2.0"。请参阅本书第三篇"要素融合篇"

第三层为人本管理。在企业内部，基于与工业互联网生态系统理念相匹配的思想、战略、组织、流程、人才队伍，建立以人为本、利人赋能的高水平管理模式，塑造快乐、友好、正向激励的工作环境；在企业实体之间，基于诚信合作的契约精神，与客户、上下游合作伙伴建立合作共赢的高阶生态模式。第三层为企业管理赋能，简称"工互 3.0"。请参阅本书第四篇"人本管理篇"

第四层是数字文明。从企业视角，打造利他、创新、开放、合作的企业文化，基于数字文化进行科学管理与运营；从社会视角，基于工业互联网协同合作的原生精神，以及其数字化、网络化、智能化的技术手段，在全国大范围、全社会大尺度、跨行业大协作、跨终端大信息视角下，建设一种泛在联接、利他共赢、深度协同的社会化合作体系；从国际视角，构建和谐共生的人类命运共同体，携手奔向具有数字文明特征的未来人类大同社会。第四层为社会文明赋能，简称"工互 4.0"。请参阅本书第五篇"数字文明篇"

在该模型中，针对每层当前的状态工业互联网都可完成一定功能，实现该层价值。四层之间层层递进，相互支撑。

在推进工业互联网进程中，既要看到工业互联网的技术属性，还要看到工业互联网利人利他的社会属性，更要看到工业互联网在建设数字文明社会过程中的文明属性和新动能属性。工业互联网四层进阶模型不仅体现了这些重要属性，还为工业互联网的实施规划了进阶步骤与发展路径。

从"工互 1.0"发展到"工互 4.0"，形成了一条联接要素越来越多、技术底蕴越来越深、智能范式不断升级、以人为本不断改善、社会效益不断提升、数字文明不断发展的漫长进化道路。

工业互联网，顺天时，逢地利，促人和。破奇点，克关隘，砥中流。

披沙拣金，铸就模型，亿企开动，世纪爆发。

本章参考资料

[1] 朱铎先，赵敏. 基于四层进阶模型 打造有灵魂的中国工业互联网 [J]. 卫星与网络，2021(10): 50-56.

[2] 智能制造合作企业对话工作组（AGU）专家组. 工业 4.0 X 工业互联网：

实践与启示 [R]. 北京：中国信息通信研究院，2020.
[3] LU Y, MORRIS K C, FRECHETTE S. Current standards landscape for smart manufacturing systems[R]. Gaithersburg, MD.: National Institute of Standards and Technology, 2016.
[4] 刘俊艳. 传统外贸型中小企业数字化转型升级的障碍与对策——以 OEM 型青岛家居纺织业为例 [J]. 科技导报，2020, 38(14): 126-133.
[5] HENNING KAGERMANN，WOLF-DIETER LUKAS，WOLFGANG WAHLSTER.Industrie 4.0: Mit dem Internet der Dinge auf dem Weg zur 4. industriellen Revolution[EB/OL]. (2011-04-01) [2022-05-20]. https://www.ingenieur.de/technik/fachbereiche/produktion/industrie-40-mit-internet-dinge-weg-4-industriellen-revolution/.
[6] 王春喜，王成城，汪烁. 智能制造参考模型对比研究 [J]. 仪器仪表标准化与计量，2017(4): 17，42.
[7] 颜琰. 我对工业互联网的再认识 [EB/OL].（2021-01-27）[2022-05-20]. https://baijiahao.baidu.com/s?id=16900296049312121 69&wfr=spider&for=pc.
[8] 周宏仁. 企业需分步推进实现工业互联网的过程 [EB/OL].（2020-10-29）[2022-05-20]. http://finance.people.com.cn/n1/2020/1029/c1004-31911551.html.
[9] 刘俊艳. 工业互联网是大型企业特权么？ [EB/OL].（2022-03-23）[2022-05-20]. https://mp.weixin.qq.com/s/ePOZFBvYkXS8v-lCvZLRbQ.
[10] 赵敏，刘俊艳，朱铎先. 工业互联网生态系统模型研究与应用 [J]. 中国工程科学，2022，24(4): 53-61.

Part
泛在联接篇

无联接，不成网。无网络，不协同。无协同，不创新。

联接，是一个系统发展演变、转型升级的基本方法论，是工业互联网的"第一性原理"。企业迈入工业互联网门槛所遇到的第一个问题，就是如何以多总线、多协议、多网络的形式，最大限度地把工业现场的"产品－人－机－料－法－环－测"等各种要素作为终端联入工业互联网，以及如何将这些要素纳入标识解析体系。

在本篇，第三章重点阐述如何联接"机－料－法－环－测"，第四章重点阐述如何联接各种形式的"产品"。对"人"的联接将在人本管理篇中予以专门阐述。

第三章

People Oriented

资源网络：企业资源的优化配置

本章将聚焦于IIEM资源维的"产品－人－机－料－法－环－测"中的"机－料－法－环－测"五种资源进行论述，重点描述"机－料－法－环－测"如何联入工业互联网以及如何优化配置这些资源。

机器设备联入工业互联网

工业互联网产生效益的起点是联接工业设备和工业系统，产生效益的终点是把赛博系统中生成的控制指令送入机器设备的控制器，精准地控制设备运行，由此构成"机"类资源联接。

联接机器设备的几大要点

工业互联网的入门方式是：从车间机器设备的物联网做起，采集机器工作数据，让数据按照正确的时序和指定目的地，高速奔跑在工业互联网上。

把各种机器设备作为终端有效地联接起来，会遇到各种各样的问题，有以下难点需要攻克。

设备先天"聋哑瞎"

某些早期的机器设备，如大到工业锅炉、港机等，小到缝纫机、轴承等，这些设备中既没有传感器，也没有计算内核（芯片、软件），先天的"聋哑瞎"，无法产生数据。如果想加装传感器、芯片等数字化模块，则会有很多不可预知的难点。

数字模块不开放

某些机器设备本身有数字化模块，但是这个模块不开放，其产生的数据只是封闭、隐藏在设备内部使用，没有可以读取内部数据的物理接口。暴力拆解、改装有可能损坏该模块或设备其他功能。

数字模块被做手脚

某些机器设备本身有数字化模块，也有可以读取内部数据的接口，但是被原设备厂商做了手脚（如多台设备设置成同一个ID），事实上封死了多台设备同时联网的可能性，造成无法有效读取设备数据。

数字模块被加密

某些机器设备本身有数字化模块，也有可以读取内部数据的接口，但是数据被加密处理，如果没有解密模块，根本无法识别数据的格式。例如，某企业购买了600台先进的横织机，每台机器90多万元人民币，但是这些花费巨资的设备都被加密了，每年每台要缴纳1万元的"通信服务费"（数据解密模块使用费）。

总线和协议繁杂

即使没有上述难点，不同的总线和协议仍然是设备联网的拦路虎。众所周知，自改革开放以来，因为历史原因，中国的工业设备是"万国牌"，品牌各异的存量设备很多，形成了与欧、美、日截然不同的基本国情（它们的设备集中使用一两种总线，遵循几种常见协议）。

国际上曾经形成了工业以太网技术的四大阵营，主要用于离散制造控制系统的是Modbus-IDA工业以太网、Ethernet/IP工业以太网、PROFINET工业以太网，主要用于流程制造控制系统的是Foundation Fieldbus HSE工业以太网。

不同国家的不同公司，基于自身利益的考虑，并不愿意完全遵从某种工业以太网协议，而是从有利于自己产品的立场出发，对现有协议进行某种改进，形成各自的现场总线技术。截至目前，在工控领域到底有多少种现场总线，谁也无法说得非常准确。一种说法是，目前全球工业界大约存在40余种现场总线，还有人说是70多种。但是根据北京亚控科技公司郑炳权总经理的介绍，以他20多年设备联网经验来看，全球"万国牌"存量设备在中国都出现过，现场总线的各种变种已经接近200个，不同设备驱动协议超过了5000种。

尽管各国的主流厂商也一直呼吁统一现场总线和设备驱动协议，例如OPC基金会提出了OPC UA协议，而美国机械制造技术协会（AMT）提出了MTConnect协议，统一之路早已经开始走，但是在各方利益的角力下，这条道路注定很漫长。因此，面对中国国情，手头不掌握上千个设备驱动协议的"金刚钻"，做不好机器设备联网的"瓷器活"。

工业系统联网难点与痛点

机器联网只是走出了工业互联网万里长征的前几步。联网的目的是采集数据和让数据在工业互联网上高速奔跑，为工厂监控中心（SCADA/HMI）、能源管理系统（EMS）、制造执行系统（MES）、企业资源计划系统（ERP）等各种数字化业务系统提供数据支撑。

数据必须是工业现场有明确时空背景的数据，是真实的工作信息（工业大数据）的流动。

工业数据的采集、管理、转发与共享，一直是行业难题。在实际操作中，面对机床、特种设备、机器人、子系统、特殊模块、控制器、仪表、板卡及电力、楼宇等不同终端，会遇到数据接口种类多、协议难以统一、缺乏有通用性的架构设计等技术性或非技术性问题。通常在机器联网和采集数据时会遇到以下三大痛点。

数据采集问题

数据采集地点往往在设备工作现场。因为不能影响工业现场的生产进度，通常现场经常遇到调研进展慢、开发难度大、验证维护周期长等问题，严重影响了数据采集项目的开发与实施进度，特别是在验证与维护方面还存在很多的隐性成本，在意想不到的地方还会冒出问题。工业现场设备联网中的数据采集问题如图 3-1 所示。

调研	开发	验证与维护
• 设备是否有通信接口 • 是否要购买协议格式 • 是否需要增加硬件 ……	• 熟悉设备、软件配置方法 • 问答/主动上发/调库 • 解析、组帧 • 打包长度、采集频率 • 实时、按需、定时采集 • 冗余机制 • 断线缓存、续传 ……	• 调试与生产如何协调 • 设备响应速度 • 采集频率是否满足要求 • 链路、进程如何分配 • 内存占用量，是否有内存泄露 • 验收过程中的新需求 ……

图 3-1 工业现场设备联网中的数据采集问题

软硬件适配问题

传统 DTU（data transfer unit，数据传输设备）只能实现串口数据的转发，且采集频率较低，主要应用于供水、供热等可以接受 1～2s 延时的低频数据采集场景。工业网关可以实现串口、以太网链路的数据转发，但所支持的协议有限，且很难形成完整的解决方案。传统 SCADA 软件支持的驱动程序多，可以对外转发，有完整的解决方案，但上位机的部署成本比较高。因此工业现场设备联网中还存在大量软硬件适配问题，如图 3-2 所示。

设备	接口	性能	传输途径	驱动
传统DTU	COM	秒级采集	3G/4G	—
工业网关	COM、TCP、CAN、蓝牙……	毫秒级采集	3G/4G、WAN、Wi-Fi	较少
上位机+组态软件	COM、TCP（+转换器）	毫秒级采集	WAN、Wi-Fi	全面

图 3-2　工业现场设备联网中的软硬件适配问题

采好用好数据

面对既有数据，如何实现设备物联网数据的共享、分发、分析与协同？如何挖掘海量实时/历史数据的价值？如何从远程监视、远程配置参数，提升到在较大范围内协调配置资源、改进制造工艺、优化排产计划、完善质量追溯体系等，并由此为企业创造价值？

以上三个痛点问题都严重制约着数据采集和处理的速度与质量。

为了克服以上痛点和难点，为了更好地联接各种机器设备，可开发一款通用软件，既要有深度——扎根于现场设备、生产工艺，又要有宽度——兼容各个子系统，提供整体的解决方案，还要有高度——基于采集的数据进行设备行为的洞察与预测。比如，北京亚控公司的工业数据采集平台，支持 1500 余个厂家、5000 余种设备驱动协议，支持所有标准协议和非标准协议，可以让各类企业的"万国牌"存量设备联网不再成为拦路虎，成为克服上述联网难点与痛点的领先解决方案。

工业大数据的种类与特点

当工业大数据在工业互联网上应采尽采、畅行无阻之后，工业大数据的种类与内涵遂成为重要研究对象。

工业大数据是指在工业领域中，在"三大生命周期"各个环节产生的各种数据及相关技术和应用的总称。

工业大数据的种类很多，广义上说，它涵盖了从市场调研、需求分析，到销售、订单、产品规划、产品研发、工艺制定、生产制造、原材料和零部件的采购、供应、库存、物流、交付、售后服务、运维、报废或回收等全价值链；从狭义上说，它是机器设备运行时由传感器所采集的实时数据或时序数据。

划分工业大数据的维度有很多，例如，可以用较少的维度将其划分为在研品（如产品结构）大数据、在制品（如生产测试）大数据、在用品（如运营维护）大数据，以及来自外部协作的业务数据；还可以按照采样频率将其划分为高频大数据、低频大数据、实时数据或时序数据等。

实时数据是指从工控系统中实时采集的数据、向过程控制系统实时发送的数据以及对实时数据进行各种实时计算直接产生的中间数据。实时数据具有时效性，必须在有效时间段内使用，错过有效时间段实时数据值就会失效。不过，即使是过时的实时数据，如果积累量很大，也能反映制造系统某些问题的发生和发展过程，对企业仍有分析和参考价值。

时序数据是带有时间戳的一系列时间序列数据，通常是采集周期大体固定的数据，例如数控机床每百毫秒采集的轴坐标、移动量、速度，无人机每秒采集的位置、高度、风力、风向，汽车每秒钟采集的位置、车速、转速、加速踏板行程，智能冰箱每小时采集的温度、湿度、耗电量，用户访问网站的点击事件流等。

以时序数据为例介绍其基本概念：

- ▶ 指标。指标是时序数据所表示的某种含义，通常是某种动态属性，譬如车间的温度、湿度、耗电量等。
- ▶ 标签。标签标记时序数据的静态属性，譬如数控机床的品牌、产地、所在厂区等。
- ▶ 时间戳。时间戳记录某一时刻的时间值。
- ▶ 时序数据。时序数据是指某个指标在不同时间点的数据序列。
- ▶ 设备。在工业场景中，时序数据源通常是设备，譬如数控机床、锅炉、压缩机、传送带等，故而通常把同一个设备的不同指标数据存储在一起以方便查询和分析。

以大家常见的冰箱为例,来说明设备的标签、指标、时间戳和时序数据,如图 3-3 所示。

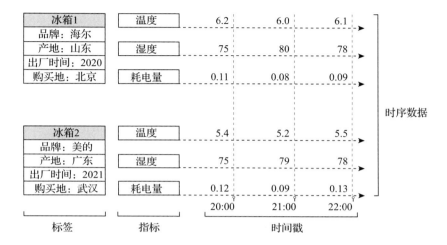

图 3-3　冰箱的标签、指标、时间戳和时序数据

时序数据具有以下特点:

- ▶ 时序场景写入操作占比最大,查询操作其次,更新或者删除操作较少。
- ▶ 指标数据通常周期性采集,可能乱序写入或者延迟写入。
- ▶ 标签信息重复度高,修改频次低。
- ▶ 时序数据的数据量比较大,对存储效率特别是压缩比敏感。
- ▶ 时序数据的查询和分析多样化,包括单指标最新值查询、单指标明细查询、单指标过滤聚集查询、多指标查询、降采样、滑动窗口查询、跳变检测、峰值检测、趋势预测、根因分析、阈值修正等。

时序数据库管理系统的能力

时序数据库管理系统是为处理时序数据而优化的数据库管理系统(常简称为时序数据库)。北京四维纵横公司认为,适应工业互联网的工业场景特点和巨大数据吞吐量的时序数据库应具备以下能力:

- ▶ 高吞吐的数据写入能力。工业设备数量多、采集指标多、采集频率高,数据量非常大,故而需要非常高的读写吞吐量。
- ▶ 高压缩比的存储能力。时序数据量非常大,且连续的指标值变化幅度比较小，对压缩比很敏感。譬如 10 万设备，每个设备 100 个指标，每秒采集一次，则一天产生 864 000 000 000 浮点数数据，占用存储空间 6.32TB，一个月需要 190TB 空间。如果压缩比为 10:1，则只需要 19TB 空间，可以大幅降低磁盘开销。

- 低延迟和高并发查询能力。时序数据的查询非常多样，对于单指标或多指标的最新值查询、聚集值查询和明细查询通常需要非常低的延迟和非常高的并发。
- 高级时序分析能力。时序数据除了支撑经典的运维监控业务，还需要支撑高级分析业务，故而需要强大的分析能力。
- 支持关系数据。时序数据通常上是一系列数值，需要结构化的关系数据才能充分发挥其价值，例如纯数字 36.5 本身没有意义，因为不知道它表示温度还是湿度，单位是摄氏度还是帕斯卡，数据来源是锅炉还是压缩机；只有结合结构化、模型化的关系数据（实际为信息），才能充分发挥数字 36.5 的信息价值。
- 云边一体。边缘计算是工业场景的典型需求，譬如有多个工厂的企业，通常每个工厂都会部署一套时序数据库，用以支持工厂内生产设备和制造流程的运维监控和分析，然后在集团总部私有云或者公有云环境中部署一套集群，用以支撑整个集团的运营管理和分析。工厂的边缘集群和总部的集群需要做到无缝数据同步。
- 稳定和成熟。工业环境对可靠性和成熟度的要求非常高，一旦发生故障会对生产安全和质量造成重大影响，故而工业场景通常选择可靠性高、成熟稳定的产品。

时序数据库广泛应用于工业互联网、物联网、车联网和智慧交通、智慧农业、智慧教育、智慧医疗等场景，用以实现各类设备和传感器数据的采集、存储、计算和分析。随着智能制造和工业互联网的快速发展，时序数据已经成为工业中体量最大的数据类型之一，而时序数据库也成为工业互联网的关键数据基础设施。

物料与仓储成为工业终端

物料和物料载体（货架、货箱等）通常没有自带的传感器和数字通信模块，往往通过在物理实体中嵌入这些模块后，以工业物联网终端的形式联入工业互联网，由此而构成"料"类资源联接。

智能货架联入工业互联网

为了配合工业互联网在 SMT（表面贴片）工作场景中的高效应用，中电凯杰公司研发了智能货架的软硬件成套产品，让原本在仓库中默默无闻的货架也跨入了智能装置的行列，成为了工业互联网的终端之一。

作者在中电凯杰公司调研时专门参观了该智能货架。物料和物料载体（货架/箱等）通常是物理实体装置，没有自带的传感器和数字通信模块。该智能货架在不锈钢制成的货架中嵌入了计算单元、传感器和工业物联网软件，变成了一种 CPS 装置，具有传统货架所不具备的多种功能。

智能货架可分为灯光引导智能料架、移动智能料架、感应智能料架等多种系列化标准产品。除了标准型货架之外，还可以根据用户应用场景及具体需求，以 20 灯珠 /400mm 为基本单元，进行层、宽、高的柔性定制。

智能货架的软硬件之间适配良好、无缝对接，大大提升了仓储物流效率，通过高效备料给仓储管理提供了极大便利，具有以下功能特点：

- ▶ 每个料架可无序存放 1400 盘物料，库存面积可节省 40%。
- ▶ 支持物料用尽系统自动预警。
- ▶ 可按先进先出（FIFO）模式、尾盘模式、拆盘优模式发料作业。
- ▶ 支持物料超日期自动预警提示。
- ▶ 支持工单一键生成发料单与亮灯发料。
- ▶ 可多人多工单同时发料。
- ▶ 支持分盘提醒。
- ▶ 支取物料指定到固定库位。
- ▶ 同一库位具有三种显示状态。
- ▶ 支持锁定物料。
- ▶ 支持工单合并。
- ▶ 支持欠料发单并显示工单未完成。
- ▶ 支持工单按生产时间排队。
- ▶ 备用区分发料。
- ▶ 系统可提前查询物料库存，提示数量。

- ▶ 支持数据导出。
- ▶ 支持动态盘点。
- ▶ 支持替代料管理。
- ▶ 开放 API 接口。
- ▶ 支持 PDA（掌上电脑）小程序操作。

灯光引导智能货架系统如图 3-4 所示。

图 3-4　灯光引导智能货架系统

　　智能货架让工业互联网的触角延伸到了仓库货架上的每一盘 / 盒 / 箱元器件与零件，所有元器件 / 零件的时空位置、数量和仓储状态都一清二楚，数据可查可追溯。智能货架系统与工业互联网平台相得益彰，在仓储物料和生产物流等方面正在发挥着重要作用。

仓储物料联入工业互联网

以数字化方式自动获取仓储物资/物料的各种时空状态数据，是衡量一个企业生产与管理能力的重要指标。在获取物资/物料数据方式上，如果企业的数字化水平较高，建有数字化仓储管理系统（WMS），或者企业是有较为完备的设备物联网系统的规上企业，那么企业既可以直接从数字化仓库的数字立库或智能货架上直接获取成品货物数据，也可以从机器设备上的数字化装置（如DCS、SCADA 等）中采集实时运行数据，或者直接从制造执行系统（MES）获取生产现场数据，或者从企业资源管理系统（ERP）中获取运营管理数据，由此而获得准确的物资/物料数据。数字化水平不足、无法直接从仓库自动获取物资/物料数据的中小微企业，可采用"二维码+扫码枪"的方式直接在物资仓储环节采集数据。

以中国航空工业昌河飞机工业（集团）有限责任公司（以下简称昌河飞机公司）直升机装配生产线为例，过去的生产模式是，装配现场的装配工人说需要哪些零部件，仓库的配送人员就给装配工人送哪些零件，是一种"拉动式"的零部件供给模式，由于装配人员的需求并不处于一种实时、规范的"物码相符"的数据呈报状态，经常出现信息延迟、需求疏漏、零部件不到位的现象。

昌河飞机公司利用数字技术打造了无人值守、高度自动化、全封闭的数字化综合立体存储系统，该系统由立体仓库、升降库、回转库、密集架和传统的平库组成。通过 RFID 射频识别、统一编码、智能传递等先进的"物流+标识"技术对零部件存货进行读取，实现了对仓储物资/物料/零部件的物联网联接和数字化物流管理，整体运作模式由"人找货"升级为"货到人"，实现人、机与信息指令的高效协同，颠覆了生产现场的工作模式。

基于该综合立体存储系统，昌河飞机公司开发了智能配送管理系统，所有零部件做到一物一码一标识，在存储与配送过程中，通过仓库货位、条码、流程三者间的数据关系交叉绑定，实现了构型管理和装配关系上的联接。

该智能配送管理系统的指导思想和技术路径是《三体智》中独创的"20字箴言"的具体体现："动态感知"零部件的位置与物流状态；通过自主开发的昌飞制造系统获取装配指令的需求状态和生产计划节点，在动态感知的数据基础上，实现生产需求及库存零部件的"实时分析"；融入工艺规范和管理要素的智能系统，对分析结果"自主决策"，形成准确度高、实施性强的作业指令；按照装配现场流水线式的物流工艺布局，人、工具、零部件和装配中的产品彼此协同,实现"精准执行"。

由此,生产模式从仓储立库到装配现场的零部件的"拉动式"的被动模式,变成了"推送式"的主动模式。智能配送管理系统根据数字化平台中的"构型管理"数据和现有库存零部件状态,主动按预测推送零部件,通常每天在 12 时至 14 时接收零部件配送指令,第二天早上 8 时前,产品总装线相关工位上就摆放着当天开工需要的零部件。当出现急件,从配件指令的接收、扫码、输送到工位接收,只需 5 分钟。由此每架直升机节省了 50% 以上的装配时间。

危化工品联入工业互联网

所有化工品、火工品、动力电池以及易燃易爆类物品都属于危险化学品。在《危险化学品目录》中列出了 2828 种危险化学品。产业规模总量大、监管难度大、安全生产形势严峻、一出事就是大事故等是危险化学品的行业特点。危险化学品事故的表现形式主要是泄露、污染、爆燃、爆炸等。

2021 年 4 月 7 日,国家应急管理部印发了《"工业互联网+危化安全生产"试点建设方案》文件,从制度上,开启了危险化学品纳入工业互联网体系的先河。该建设方案重点突出了场景、工业 App 和工业机理模型三方面内容。

从场景上来看,该建设方案中主要有企业应用场景、集团公司应用场景、化工园区及行业应用场景一共四级建设内容;

从技术上来说,该建设方案强调在危险化学品所在区域部署传感器系统、5G、数据采集系统、GIS 系统、危化品物联网系统、厂区应急消防平台、园区消防综合管理平台、危化品大数据平台,以及相关的工业 App,做到动态感知、超前预警、智能决策,精准实现消防自动化、安全联锁自动化、应急信息化等功能。

从工业 App 来看,该建设方案包含实时监控、生产报警系统、化学品安全数据说明书、危险有害因素识别、电子围栏、车辆定位、人员识别、安全管理预警、工艺设备安全预警、作业环境安全预警、有毒有害物质泄露扩散模拟评价、危险源区域巡检与监测、应急法律法规查询等功能与服务的工业 App。

从机理模型来看,该建设方案要求熟知危化品在事故"前、中、后"的所有机理模型，诸如计算事故概率、报警阈值、作业风险、瞬时或连续泄露量、气体流速、扩散范围或半径、爆炸能量、爆燃半径/高度、烟团弥漫尺度、腐蚀性、中和物查询、冲淋时间、蒸发时间、稀释量、损伤评估、事故等级、重大灾害评估等。

莆田是我国鞋业生产基地之一，有近 4200 家制鞋中小微企业组成了千亿级产业集群。几乎每家鞋企都有原材料仓库，制鞋原材料都是易燃物品，因此历年来鞋企火灾频发，企业损失严重。中电望辰公司基于中电云网 BachOS，建立了一个庞大的制鞋原材料库，把零散分布的各鞋企原材料进行集中管理，以工业物联网手段建立危化品安全管理体系，显著减少了鞋企火灾事故；同时建立大宗货物集中采购制度，降低了原材料采购成本，惠及当地鞋企。

把危险化学品联入工业互联网，通过传感器远程监控其时空位置、状态变化、危险程度等关键参数，并且做到事发前及时预警，事发中灵动应急，事发后精准估损，必将让危化品的管理水平上一个新台阶，极大地减少危化品带来的潜在危险，确保企业安全生产和城市的安全治理。

高新材料联入工业互联网

高新材料作为国民经济先导产业和高端制造及国防工业等的关键保障，是各国战略竞争的焦点。在新能源、半导体产业大力发展的情况下，叠加"碳中和"的产业背景，高新材料需求旺盛，国产高新材料在质量和产量方面都还不能满足市场的需求，有些高精尖材料还存在空白；目前，我国高新材料行业迎来了快速发展的风口期。

在诸如锂电磁材料、半导体材料、光伏材料、新型建筑材料、氟材料、高性能纤维等众多细分行业中，聚集了众多"专精特新"中小企业和隐形冠军。我国新材料产业产值从 2011 年的 0.8 万亿元增至 2019 年的 4.5 万亿元，年均复合增速超过 20%，预计在 2025 年将达到 10 万亿元。

俗话说，"一代材料，一代产品"，高新材料企业的核心竞争力是要对关键材料和器件进行前瞻性研究。高新材料行业大多属于相关产业链中高技术壁垒行业，企业长期聚焦在一个细分市场发力和投入，通过技术研究和预研，跟进国际领先技术，补齐关键技术短板。高新材料企业靠创新、靠质量、靠研发，在细分市场里面具有高度差异化。

综上所述，高新材料企业对工业互联网研发管理有着强烈的渴求，例如满足客户及订单需求的定制化产品开发，为下游行业提供创新的定制化解决方案，以创新的研发体系、有效的激励措施、先进的管理平台来进行研发管理落地（如企业面向市场管理、需求管理的集成产品研发体系，产品数据体系、研发的结构化流程，研产一体的平台的搭建），建立产品及技术创新机制，提高研发数据的标准化、核心配方的保密管理，规范研发过程管理，实现研发知识和成果的共享，等等，一个都不能少。

金蝶公司先后与50多家高新材料企业开展合作，针对高新材料行业的上述特点，持续构建基于金蝶云·星空的工业互联网解决方案，实现对高新材料行业解决方案的共性提炼、个性应变，惠及上述高新材料企业。例如，溢多利采用金蝶工业互联网解决方案，针对不同物料来定义其不同属性，方便物料检索及使用；金力永磁采用专门为其定制开发的移动工序报工应用软件，实时区分工序批次，实现工序级的生产质量追溯；坤彩科技通过对材料、产品批次和保质期的管理，可以实时查询到各批次材料保质期清单，及时发出保质期到期预警提醒，等等。

供应链、制造、财务等一体化管理模式，让企业在数字化管理和智能化制造上有了跃升；实现企业部门与组织间计划协同、物料协同、生产协同等，让企业在网络化协同上更加高效；建立统一流程平台、研产一体平台、业务预警平台及移动应用平台，让企业在平台化设计上衔接流畅；全面提升了企业交付力。

工艺与标准联入工业互联网

工艺、标准、方法、手册等制造产品所使用的方法与规范，是制造的核心内容之一，将其以终端形式联入工业物联网，由此而构成"法"类资源联接。

垂直细分场景工艺联万方

没有过硬的工艺，就没有过硬的产品。用工业互联网来提升工艺水平，是工业互联网应用中一块难啃的硬骨头，是真正将工业互联网用于工业转型升级的桥头堡。

复杂产品工艺相对较复杂，较具变数，改善空间也较大。例如当今制造芯片的工艺已经变得异常复杂，一条 5nm 芯片生产线大约涉及 50 多个行业、2000～5000 道工序，至少需要近千种工艺；一架民机大约有 300 万～600 万零件，至少需要几十万种工艺来完成全部制造过程。

在作业现场的"人－机－料－法－环－测"诸多要素中，工艺属于"法"的范畴，与作业现场其他要素都相关。客观上，工艺把操作人员、加工设备、材料（零件毛坯或半成品）、刀具、量仪、生产环境、传感器等有序地组合在一起，来完成既定的产品加工任务。

工艺不仅与车间的"人－机－料－法－环－测"诸多要素相关联，还关联到了更多的其他企业要素，如原材料采购体系、仓储管理体系、质量管理体系、安全生产体系、环保管理体系、风险控制体系、产品质量、企业声誉等。对于国防军工企业或承担军品任务的民营企业，工艺还与保密体系相关。因此工艺是企业优化配置资源的重要载体，而优化配置资源是工业互联网的天职。

工艺已经融入了工业软件和工业互联网，工艺与模型、数据达成了近乎完美的集成与统一，一张光顺的车身模具曲面，在数控系统中，最终以 G 代码数据的方式展现出来。工艺承载了数据，表现了数据，应用了数据，生成了数据。因此，在很多机械加工设备中，数控类的工业软件中就集成了常用工艺，驻留了最佳数据，附带了最适用的工艺包。用 EDA 软件设计芯片很难，但是更难的是制造芯片工艺包被掌控在几大 EDA 厂商手中，这些工艺包决定了制程工艺，决定了能否把设计结果变成实际产品。

蕴硕物联公司认为突破工艺障碍的关键是解读工艺机理并深挖过程细节。一个工艺可分解为多个工序和工步，每个工步对应多维度电信号的不同表现，在电信号的细节中，蕴含着工艺的秘籍，可以用来识别加工过程的合理性和结果的有效性。

船用发动机有大量焊接工作，传统质检方式是把焊后成品吊装至质检车间，采用各类无损检测技术进行事后检测，剔除和修复不合格品。当发现深层次焊接质量问题时，已经过去了 3 天甚至更久。安排修复后再重新检测，几个循环下来往往会导致 2～3 个月交货延误，造成较大损失。蕴硕物联工艺智能系统以超高频率采集焊机、机器人的各类关键工艺参数和行为数据，快速捕捉工艺参数变化的细微趋势和特征，结合材质变形特性，调用封装在工艺智能软件中的模型和算法进行高速同步分析,实时确定焊接缺陷的位置和类型,并给出根因关联的重要改进方案,让质量问题在焊接单元中得到即刻"一站式"解决,为企业节省大量人力物力。

动作知识库规范人机操作

在工业现场,人的绝大部分装配工艺动作是能够分解的。这种分解使得企业对工业现场的理解和管理能够上一个新台阶,对于工时管理会更清晰合理。

建立动作知识库的第一步是采集和分析人的工艺动作数据,把人的碳基知识转化为硅基知识,形成"工艺-动作-工时"数据库管理系统,沉淀工艺基础数据,使标准生产动作的工时可计算、调取、复用。

在工业工程(IE)中常用模特排时法(MOD法)作为制定动作的依据。

①所有由人进行的作业均由共通的基本动作组成,这些不可再分解的最小动作单元称为"动素"。

②不同人做同一动作(作业条件相同)所需时间基本相同(误差≤10%)。

③对于人身体相关联的不同部位,其动作所用时间值互成比例关系,如手的动作时间是手指动作的2倍。

以正常人的级次最低、速度最快、能量消耗最少的手指动作的时间消耗值,作为它的时间单位,1MOD=0.129s(正常理论值)。

MOD法将人在工作现场会用到的上肢、下肢、眼睛,以及弯腰、站起、坐下等动作分解为五类21个动素,如图3-5所示。

- 移动动作:M1、M2、M3、M4、M5(对应的反复多次的反射动作M1/2、M1、M2、M3)。
- 抓取动作:G0(无目的只有动作)、G1(有目的动作简单)、G3(有目的动作复杂)。
- 放置对准:P0(无目的随便放)、P2(有目的较容易放对准)、P5(有目的的难放对准)。
- 下肢动作:F3(脚踏)、W5(走路)。
- 其他动作:B17(弯腰蹲下)、S30(坐下站起)、E2(目视观察)、R2(矫正)、D3(判断)、A4(加压按下)、C4(圆周运动)、L1(重量修正)。

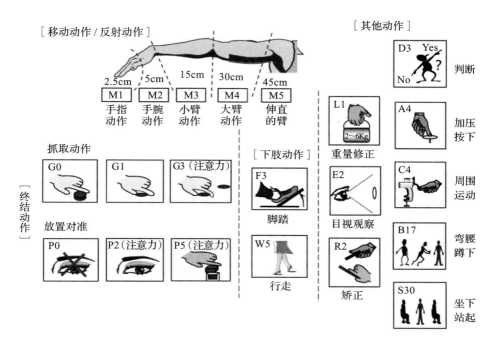

图 3-5　用 MOD 法定义人体基本动作（动素）

作者辅导的家纺企业基于上述 21 个动素建立了 52 个动作组合，涵盖了该企业人工操作（含人机配合）工序全部生产动作。作者自主研发的"工艺－动作－工时"数据库系统可以支撑业务并进行产品报价，成为该企业排产软件的工时数据来源，较好地支持了业务与生产决策。

构建"工艺－动作－工时"数据库的依据：产品生产在"产线"上完成，"产线"由"工序线"组成，工序线由"标准工序"和"标准工艺"排产而成，工序是工艺的载体，完成工艺则是需要现场人员操作设备或工具正确地完成"生产动作"，而生产动作皆由动素组成。

因此，以动素为基础，工业现场"标准工艺"与人的动作彼此对应，所有工艺动作都按照 1MOD 值等于 0.129s 的理论值进行计算，可计算出该动作所耗费工时。在"动素↔基础动作↔生产动作↔标准工艺↔标准工序↔工序线↔产线"之间，可以从右到左进行组合与重构，或从左到右进行拆解或解构。例如，由"手指动作""手腕动作"等动素组合成"抓取零件和工具后，或将其回转，或改变其方向"的基础动作，每动作一次计为 2MOD，该工艺动作时间为 2×0.129=0.258s。将类似的工艺动作不断组合，就形成了带有工时的基础动作数据库。由 52 个基础动作可以组合成生产现场所需的所有生产动作；再根据企业制造现场需求，生产动作组成标准工艺，标准工艺组合成为标准工序，标准工序串接成工序线，工序线组合成产线，最终产品生产在产线完成，如图 3-6 所示。

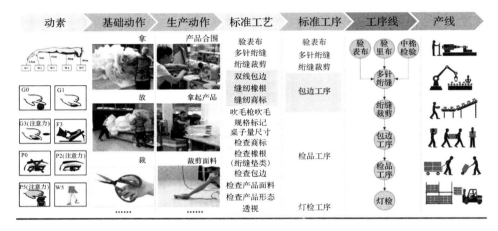

图 3-6　构建"工艺-动作-工时"数据库

"工艺-动作-工时"数据库的建立具有"一举多得"的效果：既为标准工时测算奠定了基础，也为计划排产制定了准则，还为标准工时成本核算给出了依据，我们由此获得了作业现场的工艺基础数据。工艺动作的标准化、数据化也为开发专用机械手动作库提供了动作模块算法。

标准和规范嵌入业务流程

标准是为了在一定的范围内获得最佳秩序，经业界协商一致制定并由公认机构批准发布，业界共同且重复使用的一种规范性文件，例如国际标准、国家标准、行业标准、团体标准等。规范在级别上低于标准，指由于对于某一行业行为或工程作业无法精准定量形成标准，从而做出的定性信息规定。

流程是企业业务活动的基本载体，强调如何在给定的约束条件下，把输入转化为输出。其关键要素有：输入、需要执行的活动（定性、定量描述）、各个活动之间的关系（时序、串行、并发、逻辑关系等）、约束条件、可用资源、输出、输出结果价值评估。企业里有很多流程，诸如研发流程、生产流程、设备维护流程、财务管理流程等。

作者在第二章中介绍多种工业互联网参考模型时已经指出，无论是德国 RAMI4.0 还是美国 SMS 模型，都强调基于标准来建立模型维度上的流程，例如 RAMI4.0 的"生命周期与价值流"维度需要遵从 IEC62890 标准。NIST 发布了《Current standards landscape for smart manufacturing systems》白皮书，论述标准对智能制造的重要性。

流程的着眼点是全局式思考，强调业务活动间系统性管理，通过各个活动的有效执行来为企业或客户带来业务价值。标准的着眼点是局部性思考，业务活动中的某个环节产生了问题，该用什么标准去约束和规范该环节的业务活动，采取什么样的预防措施，才能不再发生类似问题。只要严格遵守标准执行业务活动，都能在给定的业务流程下，通过输入得到相同的输出结果。

从包括 IIEM 在内的各种工业互联网模型的内涵来看，工业互联网是标准的集大成者，是流程的集大成者，是数据的集大成者，是知识的集大成者，是资源的集大成者。这个五个"集大成者"，决定了工业互联网随时都在遵循标准，执行流程，采算数据，活用知识，协调资源。

企业流程有大有小，标准规范有高有低。在企业不同的院厂所、不同的部门、不同地域，都在执行各种层次和覆盖范围的流程，都在试图应用各种级别的标准和规范，都在协调不同归属的资源。因此，自从企业建立了自己的工业互联网之后，标准和规范就已经深深地嵌入、包含在了工业互联网所承载、映射的各个企业流程之中。不仅企业的既有标准需要嵌入工业互联网，伴随着工业互联网的深化应用，还会有更多的专门适用于工业互联网场景的标准诞生，例如在"机器引导机器（M2M）"的场景中，就亟需制定很多全行业甚至是全国性的运载工具之间的交互通信标准，而目前在国内这类标准还是空缺的。

交互式电子手册联接入网

交互式电子手册（Interactive Electronic Technical Manual，IETM）是针对国防装备、重要设备或大型工程系统设计的交互式数字化技术手册系统，是典型的企业图文资料实现"碳基转硅基"的结果。IETM 可以有效访问和查询各种数字化技术文档，极大地提高装备正确使用率和维修保障效率，是装备保障的重要组成部分和关键技术手段。

IETM 是把技术手册转换为按照产品构型、配置和功能分类、上下文内容相互关联的数字化手册。在 IETM 中，把所有需要用到的信息对象之间建立基于本体关系和构型关系的超链接（每个信息对象由一个或多个信息要素单元构成，相互关联的信息要素单元按照构型关系和本体关系存储），通过极其便捷的人机交互方式，将正确且恰当的信息对象内容，展现给手册使用者。

"硅基"IETM 具有"碳基"手册所不具备的以下几方面优势：

- 以数字化手段，通过软件交互界面，采取最优的图文数据组织方式，可方便快捷地检索和查询设备功能、维保步骤和要点。
- 手册即软件，具有软件交互界面所赋予的页面缩放、跨页快切、动画、影像、声音等多媒体功能，能够形象地展示设备结构和维修过程。
- 图文信息、知识模块之间具有超链接关系，可以让使用者方便快捷地与技术手册内容进行交互。
- 没有传统纸介质手册的重量（有些潜艇的技术资料重达 20 吨以上）和易损性，在飞机、船舶等对手册重量相当敏感的使用场景中发挥着极其重要的作用。

由于开发 IETM 的组织或机构都按照自己的标准和使用习惯来进行开发，使得 IETM 在设计思路、内容结构、功能展现、显示方式、数据格式等方面存在着较大差异。为此，各国都试图规范 IETM 的内容和格式。欧洲和美国都提出了自己的 IETM 五级分类，其中使用最为广泛的是美国海军在 1994 年 4 月发布的《电子技术手册之国防部统一格式》白皮书中给出的五级分类，如表 3-1 所示。

表 3-1 IETM 五级分类表

IETM 类型	IETM 电子技术文件		IETM 交互式电子技术文件		
IETM 分级	1 级	2 级	3 级	4 级	5 级
IETM 特征	电子索引页面图像	电子滚动式文件	线性结构 IETM	层次数据库结构 IETM	综合数据库结构 IETM
数据格式	电子图像数据	ASCII 文本+图像数据	ASCII 文本+图像数据	ASCII 文本+多媒体数据	ASCII 文本+多媒体数据
数据模块	文件各页为一个模块	整个文件为一个模块	整个文件为一个模块	各信息单元为一个模块	各信息单元为一个模块
信息结构	线性结构 IETM		线性结构 IETM	数据库结构 IETM	
	线性结构			非线性结构	
	面向文件信息结构			面向对象信息结构	

IETM 中的海量图文内容联接成了一个局域数字化知识网络，既可以独立使用，也可以作为 MRO、PHM 的子系统使用，所以将其联入工业互联网是一个顺理成章的事情。事实上，国内已经有企业把 IETM 做成了某个工业互联网平台上的工业 App，参加了 2020 年的全国工业 App 及消费信息大赛。

作业环境联入工业互联网

　　无论是企业外部生态环境、内部生产环境还是局部设备环境，都是影响产品质量和企业运行乃至生存发展的重要因素，将环境以终端形式联入工业物联网，由此构成"环"类资源联接。

企业内设备生产局部环境

　　在很多产品生产环节中，根据工艺要求，需要在工艺实现的那一时刻，临时制造一个适合产品生产的最佳局部工艺环境，典型的场景是为了避免某些产品原材料或元器件接触空气而发生氧化。因此，为了确保产品生产质量，需要用惰性气体（如氮气、氩气等）把空气隔开。下面列举几个在生产工艺中设置局部惰性工艺环境的例子：

　　1）光学模具加工充氩气。用于非球面光学镜片热压成型的钨钢模具的表面需要溅镀硬膜保护层，以提高模具的光洁度和硬度，延长使用时间。溅镀工艺要求在高真空腔体中充满氩气后进行，以氧化硅（SiO_2）靶材作为阴极，在电场作用下，以靶材所形成的电离区内的正离子，高速轰击带负偏压的靶材，将靶材表面的原子溅射到模具表面沉积，形成硬膜保护层。氩气是惰性气体，保护了靶材不被空气氧化。

　　2）焊接充氩气。电弧焊是通过大电流使焊材在被焊基材上融化为液态，形成熔池，使被焊金属和焊材达到冶金结合的一种焊接技术。在高温熔融焊接中很容易发生焊材氧化问题，因此要防止焊材和空气中的氧气接触，即在焊接过程中给熔池四周不断输送氩气，形成一个惰性气体罩，有效地防止焊材氧化。

　　3）炼钢充氩气。炉外精炼法生产不锈钢的原理就是应用不同的一氧化碳（CO）分压下碳铬和温度之间的平衡关系，用"惰性气体＋氧气"进行精炼脱碳，可以降低碳氧反应中 CO 分压，在较低温度的条件下，碳含量降低而铬不被氧化。防止铬氧化的方法是向钢液中吹入氩气，这种惰性气体本身不参与冶金反应,但从钢水中上升的每个小氩气泡都相当于一个"小真空室"(气泡中 H_2、N_2、CO 的分压接近于零),具有"气洗"作用,从而达到精炼脱碳和防止铬氧化的效果。

在上述三个例子中,惰性气体氩气都是临时或局部参与生产过程的,对这些稀有气体的关键参数,如用量、流量、压力、作用时间、作用范围、组分、温度等,都需要精确掌握,因此,需要用到多种测量上述工作参数的传感器。传感器按照一定的时序和周期采集关键参数数据,让这些数据与其他资源数据相互关联,形成工业现场的工艺知识,协助我们做出最适用的决策或预测。

企业内车间生产整体环境

将某种特定的生产工艺环境,从机器局部环境扩大到整个车间或企业,就意味着更多的设备支持和更高的成本,例如无尘车间、负压车间、负压医院等。

无尘车间广泛应用于航天、航空、半导体、芯片、光电子、电子工程、数字载体、生物工程、精密制造、生物医药、汽车等诸多行业。所应用的行业不同,对精度和无尘等级的要求差异也很大。无论是在企业生产过程中,还是在对环境因素敏感的实验室中,都需要具备一定精度和水平的无尘条件。早期的实验室要求配备洁净室,提出了具体的无尘要求,后来为了让企业具备更好的实验、生产和检测条件,逐渐发展出来了洁净无尘车间。

与上一小节所讲的局部生产或实验条件不同,无尘车间要营造一个完整的、满足某种精度等级的整体生产环境,即有效地清除或隔离空气中不利于生产的各种有害颗粒物,例如每立方米空气中直径大于等于 0.5μm 的灰尘粒数量少于一千个,叫作 1K 级无尘车间。达到这种生产条件,必须具有专业的空气净化厂和各种配套设施,如净化空调系统、净化照明器具、净化板围护结构、净化水系统、净化防静电环氧自流平地面、净化设备等组成的能达到一定净化级别的整体。除了室内空气洁净度的高要求之外,室内温度、室内压力、气流速度与气流分布、噪声振动及照明、静电等也需要控制在满足生产要求的范围内。

在近两年抗击新冠肺炎疫情的过程中,有些城市新建了专门用于治疗新冠肺炎患者的医院。这些医院的空气系统在某些指标上要求更高,不仅要过滤各种灰尘颗粒,还要过滤尺度更小的病毒等微生物。更重要的是,为了防止病毒扩散,要求在整个医院空间内呈负压状态,空气气流只进不出,由此提出了更高的环境控制指标。

达到上述生产或运营条件，所需资源配置和成本都是较高的。作者四十年前在大学读书时，教学楼下有一个专用于高精度计量的恒温洁净实验室，里面全部是进口设备，恒温指标为 ±1℃，当时每天空调和过滤等成本就高达千元。

对于上面提到的用于营造无尘、无菌环境的各种设备的关键参数的控制，是非常严格的。过去都是采用分立的控制单元来控制温度、压力、过滤、气流、照明等设备，现在所有设备的 CU（Control Unit，控制单元）都联入工业互联网，可以在同一个控制软件界面下，实现联调联控、统一管理，以节能、环保的方式来营造一个整体上符合条件的生产环境。

企业外设备生产作业环境

上面两小节内容都是针对在研品、在制品的研发／生产环境的。很多产品出厂后成为在用品，其工作环境十分恶劣与艰苦，操作者往往难以与机器设备一起在现场环境中工作，或者在不得不参与时，必须穿戴特殊安全防护服。例如，带有放射性矿物的采掘现场、随时面临透水和瓦斯突出的煤矿掘进坑道、极寒的南极科考站，以及诸如外太空、火星表面、月球表面等环境中的人和各种设备，都不得不面对极端工作环境。应对上述恶劣工作环境的策略是，远程操控设备、给设备做特殊设计或让设备自主工作（人离开系统回路）。

1）延长人的视觉。在神华神东煤炭的上湾矿井，实现了煤炭生产场景的 5G 网络全覆盖。凭借 5G 高带宽、低时延的传输特性，井下无人机首次实现了跨省远程控制试航飞行成功。远在山东的煤矿技术人员通过控制摇杆可远程控制千里之外在榆林井下 500 多米深度飞行的无人机，通过无人机传输的井下高清图像不仅清晰，而且毫无延迟，实现了稳定的同步传输，将生产转型升级到无人的全智能开采。业内人形象地评价该案例："坐在地面空调房里，就把煤挖了。"

2）设计特殊装备。载人空间站的站体必须能够抵抗太空中的真空、与地面压差、高低温差、太阳辐射、宇宙射线辐射和微流星等环境因素对航天员的危害。航天员出舱维修空间站时，必须穿戴特制舱外宇航服，为航天员提供一个维持人生命状态的安全微环境。宇航服也被称为"穿在身上的小型飞船"，能为航天员提供多重保护。不仅如此，宇航服还可以与空间站和地面之间保持良好的通信，告知空间站内的接应航天员和地面协助人员出舱工作情况。

3）营造特殊环境。韦伯空间望远镜是工作在近红外和中红外波段的新一代大型空间望远镜，用于观测最遥远和最原始的恒星和星系。它被发射到距离地球 150 万公里的日地 L2 晕轨道上，规避了地球红外辐射和黄道光污染，确保在超低温条件下工作。其遮阳板展开后为 20.197m 长、14.162m 宽，相当于网球场大小，为光学系统和载荷遮挡来自太阳、地球、月球等天体的辐射。遮阳板朝着太阳的"阳面"温度为 85℃，背着太阳的"阴面"为 -233℃，遮阳板不仅挡住了阳光、天体热辐射等光污染，同时也克服了巨大的温差，为韦伯望远镜在恶劣的太空环境中营造了一个良好观测环境，确保了光学系统能在 -223℃ 的超低温环境中工作。

企业外部生态与发展环境

企业外部环境有两种含义，一种是人类生存的实体空间环境状况，一种是比喻为环境的外部条件，如社会环境、政治环境、技术环境、经济环境等。本书仅讨论实体空间环境。

环境由人类和自然界共同营造，自然规律所带来的自然灾害，目前人类无法避免。企业与环境之间的关系却可以调整和改善——企业既对环境贡献了各种排放，也深受这种排放所带来的对自身发展的深远影响。企业的节能减排和双碳工作，并非完全是社会责任，而是利己利他、绿色发展的共赢之举。未来的工厂必须是绿色环保的城市友好邻居，欧洲人提出的"未来工厂"计划反复提及资源效率、绿色、再制造等关键词，强调未来工厂的终极使命是服务于人与社会，为全社会成员提供关怀和宜居条件。

本着对发展环境的重视，"环保物联网"概念从 2010 年开始流行，并且借助工业物联网的热潮获得了巨大发展。在国家层面开始对重点河流断面进行水质监测工作，在省市/地市层面建立了空气质量自动监测系统、重点污染源监控系统等。"环保物联网"在结构和功能上与工业物联网相似，通常由三层结构组成：最底层是实现"状态感知"的传感层，由探测各种固液气物质属性的传感器或仪表等组成；中间层是由有线传输+无线传输组成的通信层，将传感层获取的现场数据传输到最上层；最上层由各种数据处理和分析软件构成，提供"实时分析、支持决策"功能，即通过实时分析数据后得出必要结论来辅助或自主支持环保管理决策，如果更进一步，还可以做到"精准执行"，即根据软件决策，远程控制造成污染的设备，或优化调节其运行参数。

2021 年优也公司发布的《燃煤发电系统性节能降碳实践探索》白皮书指出，中国现阶段发电、供热仍然以化石燃料为主，燃煤电厂、热电联产、铝业、化工业、造纸业、纺织业等企业自备电厂发电量占全球燃煤发电总量 52.2%，占全球发电总量 18.3%。为了在 2030 年实现碳达峰，国内以燃煤发电为代表的高能耗行业面临前所未有的生存困境和发展挑战。在双控、双碳和去产能构建的现实裹挟之下，如何在重组、调整、提升的困境中实现突破，是上述燃煤发电企业的重要课题。

优也公司基于 Thingswise iDOS 工业互联网打造的"燃煤发电工业能效智能应用系统"，可以帮助燃煤发电企业提高燃煤及锅炉管理效率，实现煤质及飞灰含碳量在线软测量、污染物排放实时排名推算等实用功能，构建智慧热电管理、锅炉燃烧运行及喷氨优化、磨煤机优化、汽轮机冷端优化、蒸汽管网智能平衡等系统，助力企业加速达成双碳目标。

传感仪表联入工业互联网

精准测量，状态感知，有了足量数据才能做后续计算、分析和决策。工业互联网对物理系统形与态的感知，需要用到各种计量仪器、仪表和传感器，由此而构成"测"类资源联接。

工业仪器仪表计量装置

在第一章提到《国民经济行业分类》（GB/T 4754—2017）标准中，位列第 40 大类的"仪器仪表制造业"，是保障工业设备运行的重要装置。

仪器仪表制造业共分为 6 个中类，分别是通用仪器仪表制造、专用仪器仪表制造、钟表与计时仪器制造、光学仪器制造、衡器制造、其他仪器仪表制造业。

通用仪器仪表制造是仪器仪表制造业中产业规模最大、应用最广泛的中类。我国从事通用仪器仪表制造的主要企业约有 1581 家。中国仪器仪表行业协会和中国仪器仪表行业学会主要涵盖了这类产品和技术。通用仪器仪表制造又分为 7 个小类：工业自动控制系统装置制造，电工仪器仪表制造，绘图、计算及测量仪器制造，实验分析仪器制造，试验机制造，供应用仪器仪表制造，其他通用仪器制造。

工业自动控制系统装置制造是通用仪器仪表制造中产业规模最大的小类，相关技术更新换代快，广泛应用于流程制造业和离散制造业。工业自动控制系统装置包括：

- 测量温度、压力、流量、物位等参数的检测仪表，以及测量距离、速度、加速度、力等参数的传感器。
- 分布式控制系统（DCS）、可编程逻辑控制器（PLC）和工业计算机控制系统（PCS）。
- 电动/气动执行机构、调节阀等执行部件。

读者可以看到，在仪器仪表制造业的第一中类的第一小类，内容就已经非常复杂了。我国有大约有 364 家主要企业从事这一小类产品的制造。

如果把所有的工业仪器仪表和计量装置都介绍一遍，可以单独写一两本书。因此本节只介绍常见常用的仪器仪表，即对工艺参数进行检测、显示、记录或控制的仪表，或工业过程检测控制仪表。

从原理上看，工业仪表的核心技术基本上沿着"固→液→气→场"的路径进化。20 世纪 30 年代的工业仪表以机械式或液动式为主，实现就地检测、记录和简单控制。30 年代末至 40 年代初工业仪表以气动仪表为主，使用统一压力信号，能远距离重现仪表读数，实现了集中检测、记录和控制。50 年代工业仪表以电动/电子式仪表为主。80 年代工业仪表以组装式电子综合控制装置为主，生产自动控制系统与仪表合为一体。

工业仪表在工业现场的使用量是巨大的，其通过传感器将某些被测量参数转换成数字电信号的基本功能，让工业仪表天生就具备接入工业互联网的能力，伴随着工业互联网和智能制造的不断发展，将会有海量工业仪表接入工业互联网。

作业现场的传感器介绍

国标 GB/T 7665—2005 对传感器的定义是"能感受被测量并按照一定的规律转换成可用输出信号的器件或装置，通常由敏感元件和转换元件组成。"其中的"可用输出信号"是指便于加工处理、便于传输利用的电信号。一般传感器都是由敏感元件、转换元件和转换电路三部分组成。目前已经有十大类、约 2.6 万种各式各样的传感器。

传感器分类及工作原理

传感器是一种检测装置，既可以感知、测量和转换信息，也可以对信息进行传输、处理、存储、显示、记录和控制等。

传感器可以根据技术原理、检测信息、使用材料、制造工艺或应用领域等不同维度来分类。例如按照检测信息来分类，有热敏传感器、光敏传感器、温敏传感器、力敏传感器、气敏传感器、湿敏传感器、声敏传感器、磁敏传感器、味敏传感器、放敏传感器共计十大类。不同种类传感器示例如图 3-7 所示。

图 3-7　不同种类传感器示例

从工作原理上看，传感器主要利用了各种科学效应：物理传感器利用了压电、磁致伸缩、离子化、极化、热电、光电、磁电等物理效应；化学传感器利用了酸碱中和、化学吸附、氧化 – 还原、电化学反应、爆炸等化学效应；生物传感器利用了光合效应、生物电效应、磁场生物效应、纳米生物效应、电流生物效应等生物效应，用以检测与识别生物体内的各种微观成分；其共同点是，把效应物质测量量的微小变化转换成可以被电脑读取的电信号。

无线类传感器 / 网

无线传感器网络（Wireless Sensor Network，WSN）是一种由大量小型传感器所组成的网络。这些小型传感器一般被称作传感器节点。大量传感器节点随机地部署在监测区域中，各个节点以自组织方式形成无线传感器网络。监测到的数据从某个传感器节点向其他传感器节点进行逐跳式传输（接收到监测数据的多个节点既可以处理数据，也可以传输发送这些数据），最后通过各种网络路由到达管理节点。用户可以在管理节点上对整个传感器网络进行管理和配置，收集监测数据或发布监测任务。

无线传感器网络的节点，如果进一步小型化和集成化，可以升级为智能微尘（Smart Dust，SD），它是集成了电脑、传感器、MEMS（微机电系统）、通信系统、电源等的一种超微型传感器，可以自动探测周围环境参数，大量收集环境检测数据，实时进行计算处理，然后利用双向无线通信装置将收集到的数据在相距 300m 的微尘器件之间往来传送。当个别微尘因故障失效后，其他正常微尘能跨过这些故障微尘自动连接。智能微尘体积大约在立方毫米级别，可以大量、随意布置到诸如探测人体生命体征、建筑受力、能源用量、土壤温度、交通地图等数据的现场环境中，形成一张智能无线传感网。

整机类巨型传感器

除了智能微尘和元器件级的传感器，还有很多具有"传感器"作用的大型整机类的设备，如雷达、照相机、望远镜、电子眼、导航设备、无人机、卫星等。

这类大型设备有侦察卫星／遥感卫星、路基／海基 X 波段雷达、哈勃望远镜、激光干涉引力波天文台（LIGO）、传感器飞机、500m 口径球面射电望远镜（中国天眼）、"空警 2000"预警机等，都是整机型的巨型传感器。这些巨型传感器都与元器件类型的传感器有着同样的用途，以极其敏感的感知能力、极高的感知精度来实现对观测目标的"状态感知"。

智能产品装置中的传感器

近十年来，机电软网一体化产品中加入了越来越多的传感器和智能硬件，功能日趋智能。

机床中的传感器

在数控机床上应用的传感器主要有电流传感器、电压传感器、压力传感器、液位传感器、旋转变压器、感应同步器、速度传感器、直线光栅、接近开关、温度传感器、霍尔传感器、光电编码器等，主要用来检测位置、直线位移、角位移、速度、压力和温度等。

电流传感器依据测量原理不同而分为：分流器、电磁式电流互感器、电子式电流互感器等。电子式电流互感器包括霍尔电流传感器、罗戈夫斯基电流传感器。光纤电流传感器是以法拉第磁光效应为基础、以光纤为介质的新型电流传感器。

电压传感器是一种利用霍尔效应，将被测电量参数转换成直流电流、直流电压并输出模拟信号或数字信号的装置。

压力传感器是以弹性元件的形变指示压力或者以半导体压敏元件指示压力的传感器。随着微机电系统（MEMS）技术的发展，半导体传感器正在向着微型化发展。

液位传感器是一种测量液位的压力传感器，静压液位计、液位变送器、液位传感器、水位传感器都属于此类。液位测量有接触式和非接触式两种方式。

旋转变压器是一种电磁式传感器，也称作同步分解器。它是一种测量角度用的小型交流电动机，用来测量旋转物体的转轴角位移和角速度。

感应同步器分为直线式和旋转式两种，是利用电磁原理将线位移和角位移转换成电信号，分别用于测量线位移和角位移的一种传感器。

速度传感器分为线速度传感器和角速度传感器，有接触和非接触之分，种类很多。

光栅尺位移传感器（光栅尺传感器），是利用光栅的光学原理来测量直线位移和角位移的反馈装置。

接近开关是一种当物体接近开关的感应面到动作距离时，不需要机械接触或施加任何压力即可使开关动作的传感装置。

温度传感器是一种将温度变量转换为可传送的标准化输出信号的传感器，分为接触式和非接触式两大类。

霍尔传感器是根据霍尔效应（电磁效应）制作的一种磁场传感器。

光电编码器是一种通过光电转换将输出轴上的机械几何位移量转换成脉冲或数字量的传感器。

飞机中的传感器

一百多年前，法国人发明了皮托管，后来演变成了飞机上的空速管，可以测量飞机相对于空气的飞行速度、气压高度（由空气压强计算飞行高度）。飞机的传感器还有：静压孔、陀螺仪、温度传感器、失速传感器、湿度传感器、迎角传感器、接地传感器、加速度传感器、结冰传感器、发动机振动量、刹车压力传感器等。现在一架民机上大约有数千个各类物理传感器和化学传感器。

人类已经不满足于仅仅开发飞机上的传感器，研发目标已经拓展到了专用"传感器飞机"，这是一个从元器件到整机的飞跃。美空军研究实验室（AFRL）正试图将传感器、数据链、关键部件和推进系统等组合成一种未来的无人机，专门在空中进行高空长航时侦察飞行。

汽车中的传感器

汽车应用了大量电子传感器，如空气流量传感器、里程表传感器、机油压力传感器、水温传感器、ABS 传感器、节气门位置传感器、曲轴位置传感器、发动机爆震传感器、碰撞传感器、倒车雷达、超声波探测器、红外探测器、排气管温度传感器和压力传感器等。

智能网联车配置了专用芯片（如 NVIDIA Drive PX 2），它相当于车载超级电脑，让车载计算能力有了数量级的提升，支持高端传感器的应用。例如特斯拉汽车普遍配置了具有"全自动驾驶"功能的 Autopilot 2.0 系统（8 台摄像机 +12 个超声波传感器 +1 个前向探测雷达）。其中摄像机可提供 360° 环绕视角，最大"状态感知"距离达到 250m，大大提高了汽车驾驶的自动性和安全性，但也因为这种较大范围感知能力而被禁止进入某些敏感区域。

手机中的传感器

虽然不属于工业设备，但是手机已经成为手持便携无线通信设备 + 个人数字中心，作为一种数字终端联入了工业互联网，成为审阅图纸、查看车间设备工作情况、甚至直接联接机器设备的可视化装置。智能手机一直通过内置多种传感器来扩展其"智能"。内置的传感器越多，手机的感知能力就越强，可以开发的应用也就越多。智能手机中的传感器有：

- 触屏传感器：2015 年出现的触屏压力感应技术，使得触摸屏技术由二维向三维方向发展。
- 三轴陀螺仪传感器：可感知角速度，即通过对角速度的计算感知运行方向的改变，从而自动旋转屏幕。
- 加速度传感器：能感知三维空间的加速度，即通过对加速度的计算感知运动的相对速度。
- 地磁传感器：能够感知地理方向，陀螺仪、加速度、地磁三类传感器综合在一起又叫作九轴传感器；有的加速度传感器中还配置了地磁传感器。
- GPS：是一种判断经纬度的位置传感器，与九轴传感器配合可以实现整个空间位置的定向、定位。
- 距离感应器：可用红外光判断物体位置。
- 气压传感器：能够对大气压变化进行检测。
- 光线感应器：用来调节手机屏幕本身的亮度，提升电池续航能力。
- 超声波传感器：用于识别和检测人或设备是否可以进入某一地区。
- 雷达传感器：谷歌"Project Soli"项目组研发出了以非接触式手势操控的手机。
- 指纹识别、虹膜识别、3D触控、光学防抖等新技术传感器已经应用于智能手机。

设施中的传感器

智能楼宇也称智能建筑，是将建筑技术、传感器技术、网络技术、软件技术、通信技术和控制技术等各方面的先进科学技术相互融合、合理集成为最优化的整体，以适应数字化社会发展需要的现代化新型建筑。

智能矿山是把数字化、网络化、智能化技术运用在矿山的生产和管理过程中，以合理的传感器分布来提高对作业现场的感知与掌控程度，并运用5G网络实现矿山各机械和平台之间的智能互联，从而使用软件建模及数据分析等技术来建设智能化的现代矿山。

智能交通是将先进的传感器技术、信息技术、数据通信传输技术、控制技术及软件技术等有效地集成，并运用于整个地面交通管理系统而建立的一种在大范围内、全方位发挥作用的，实时、准确、高效的综合交通运输管理系统。

无论是智能楼宇、智能矿山还是智能交通，首先要做的工作就是运用大量传感器来实现作业现场的"状态感知"。

数字检测系统标定数据

所有技术问题都要依靠准确数据来解决。比如，通过计量工具对一系列工艺进行计量检测，得到全面准确的数据，利用这些数据组成数据链，从而采取有效的改进措施，实现技术创新和产品进步。改进措施的效果如何，又要通过计量检测的数据来评判。

从测量构成来看，除了被测对象外，参与测量过程的还应有量具、使用量具的合格操作者和规定的操作程序,以及一些必要的设备和软件。它们组合起来完成赋值的功能,由此获得测量数据。这样的测量过程可以作为一个数据制造过程,产生的数据就是该制造过程的输出。这些由机电光软等装置和程序组合起来的测量设备与测量过程又被称为测量系统。

在测量系统的探索与创新上,广东清大菲恩工业数据技术有限公司(以下简称清大菲恩)开发的数字化检测系统和数字化实验室系统,已经在国内大中型工业企业、外商独资企业以及民营上市企业得到广泛应用。以清大菲恩开发的 SJ2000v3.6 全自动指示表检定仪为例,该检定仪引入了机器视觉技术和计算机模式识别技术,实现了全程自动检表,示值分辨率和重复性达到 0.01μm,示值误差小于国家规程的 50%,检定范围包括百分表、千分表、内径表、杠杆表、数显表、英制表等,如图 3-8 所示。它将长期以来依赖肉眼读表、手工记数的表类计量器具检定工作实现了数智化,从而使人们完全告别人工读数、手工记录的传统作业方式,做到了读表、记录、误差计算和生成报告的全程自动化。

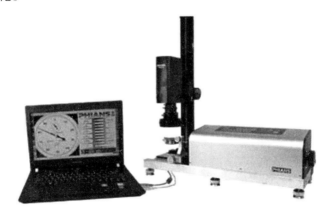

图 3-8　SJ2000 v3.6 全自动指示表检定仪(图片来自清大菲恩)

采用数字化检测系统可为企业带来诸多益处:不再需要肉眼读表,告别视觉疲劳;不再需要手工记录,避免人工笔误;不再需要人工计算,提高工作效率;不再需要牢记规程,降低学习成本;不再需要手工填表,自动打印报告;不再需要查找纸质档案,电脑海量存储;不再担心任务繁重,工作效率大增;不再有人编造数据,结果真实有效。

无感知,不智能。无计量,不精确。在万物互联、万物感知时代,与"测"

有关的装置和设备，已经成为人体五官感知之外最强大的感知与计量手段，成为工业互联网的"千里眼、顺风耳、百味鼻"。

本章参考资料

[1] 赵敏.工业互联网：生而联接工业要素[EB/OL].（2019-06-08）[2022-05-20]. https://mp.weixin.qq.com/s/WwFYyjezeO1hloccIbweGQ.

[2] 崔连军，万焕，罗贤明.航空工业昌飞：构建智能配送管理体系[EB/OL]. （2021-09-03）[2022-05-20]. http://www.cannews.com.cn/2021/09/03/99331745. html.

[3] 张雪松.韦伯望远镜的前世今生[EB/OL].（2022-02-19）[2022-05-20]. https://www.163.com/dy/article/H0JT3B4I05119RIN.html.

[4] 佚名.5G无人机飞入百米深煤矿井 无人采矿时代即将到来[EB/OL].（2020-09-30）[2022-05-22]. https://baijiahao.baidu.com/s?id=1679247544983395285&wfr=spider&for=pc.

[5] 贾孝芬.燃煤发电系统性节能降碳实践与探索[EB/OL].（2021-09-28） [2022-05-20]. https://mp.weixin.qq.com/s/ii_Oba8nOmxFdRu_wSeI4A.

[6] 佚名.交互式电子技术手册：IETM[EB/OL].（2018-10-14）[2022-05-20]. https://www.doc88.com/p-7488483871648.html.

[7] LU Y, MORRIS K C,FRECHETTE S.Current standards landscape for smart manufacturing systems[R].Gaithersburg, MD.:National Institute of Standards and Technology, 2016.

[8] 广东清大菲恩工业数据技术有限公司.全自动光栅式指示表检定仪[EB/OL]. [2022-05-20]. http://www.dfuses.com/pd.jsp?id=1601.

第四章

People Oriented

产品疆域：数物资源皆网络终端

本章将聚焦于IIEM资源维的"产品－人－机－料－法－环－测"中的"产品"内容进行论述，重点描述"产品"如何联入工业互联网，如何起到其特定的资源作用，以及工业互联网如何优化配置物理实体和数字虚体的产品资源。

在研品的平台化设计

在研品有两种，一种是各种形式的数字产品，一种是没有进入批产阶段的原材料、半成品等。数字产品总体上指基于比特数据建立的，可以在电脑存储、运算，可以在因特网上收发和传输的产品，包括数字孪生体。

数字产品与数字孪生体

各种数字图纸、设计/分析模型、试验/检测数据、最佳工艺包、质量归零报告、嵌入式软件、研制软件的软件平台等在研品，都是企业的数字产品。工业互联网的平台化设计模式主要体现在联接和应用数字产品上。

北京典道互联科技有限公司（以下简称典道互联）构建了基于工业互联网平台的产品全生命周期管理价值链，为离散制造业用户提供研发、制造、服务、管控等数字化转型解决方案。典道互联自主开发的三维结构化工艺管理系统，以制造BOM为核心联接了多个数字产品子系统，如三维MBD、模型自动识别、工艺仿真优化、工艺文件结构化、快速工艺和专家系统、现场AR智能工艺作业指导等，实现了对"产品－人－机－料－法－环－测"等企业资源的优化配置和动态管控（诸如工艺策划、工艺设计、工艺数据、工艺流程、工艺变更）等业务过程，为下游生产管理系统提供"单源产品数据"。

工业实体设备映射到数字空间中，形成可任意重复操作（修改、增减、可缩放、拆解、复制、转移、删除、变形、镜像等）的数字虚体（即数字孪生体），可以帮助企业直观、真实、精确地展示各种实体设备形、态及生产工艺的组织关系，探索实体设备演变规律，有效地增加企业数字资产的数量和价值。

数字孪生一词目前尚无业界公认的标准定义，其概念在不断发展与演变中。近些年，随着工业互联网、智能制造的推进，数字孪生已成为一种通用技术，在军工制造、高端装备等很多行业得到广泛应用。国内学者对数字孪生进行了深入研究，北京航空航天大学陶飞教授团队较早开展了对数字孪生的研究，在国际上首次提出了"数字孪生车间"概念，并在 Nature 杂志发表了题为"Make More Digital Twins"的评述文章。

作者在《三体智》《机·智》及多篇文章中对数字孪生进行了研究与解读：数字孪生是在"数字化一切可以数字化的事物"的大背景下，通过软件定义，在数字虚体空间中所创建的虚拟事物与物理实体空间中的现实事物形成的在形、态、质地、行为和发展规律上极为相似的虚实精确映射，让物理实体与数字孪生体具有了多元化映射关系，具备了不同的保真度（逼真、抽象等）。

数字孪生现象持续发生在物理实体全生命周期中，而且数字孪生体会超越物理实体生命周期，在赛博空间持久存在，永续传承。今天，数字孪生体在不同企业中已经或多或少地分布存在，将其作为一种数字产品联接入工业互联网，可以孕育出大量新模式和新业态。作为一种培育新型工业基础设施的通用技术，数字孪生体将在新工业革命中发挥重要作用。

数字孪生体之间的联接

数字孪生是在"三个生命周期"中每一个阶段都存在的普遍现象，海量的物理实体系统已经在数字空间有了数字孪生体的"伴生"。值得指出的是，数字孪生体是多维度发展的。

在生命周期的横向维度上，数字孪生体是按照产品研制过程的时序发展的，产品的研制过程有市场调研、需求分析、概念设计、方案设计、详细设计、试制、试验、设计定型、批量生产、交付、运行、维护、维修、报废、回收等。

在系统层次的纵向维度上，数字孪生体是按照产品的结构层次发展的。

复杂产品系统层级很多，可以在结构上把复杂产品分为全机、系统、子系统、部件、组件、元器件/零件、材料七个层级来逐级解耦。任何一个级别的产品的物理实体与其所对应的数字孪生体，都有一一对应的层级解耦与耦合关系。

从产品生命周期到复杂结构层级，一横一纵，两个维度上的数字孪生体一直在交织发展，动态演进，既与产品全生命周期相匹配，又与产品的系统层级相映射。如果再叠加上产品的生产系统、订单（供应链）生命周期两个维度，就会发现不同维度的数字孪生体之间呈现出复杂的网络关系。

目前，数字孪生体已经分布在企业各个角落，彼此独立，互不相关，各自孤寂于"数据孤岛"上，隐没在"数据深坑"中。这些数字孪生体是否应该联接，又该如何联接，绝大多数企业并没有考虑这个问题。少数先行企业一直试图以"数字主线"形式，将分立存在的数字孪生体串接起来、显现出来，通过数据集成、价值挖掘和有效利用给企业带来更多经济效益。

NIST认为，在智能制造系统中创建、扩展、实施和完成数字主线，需要遵从一系列的方法和协议，以便串接设计、制造和产品支持过程中的数字信息，将生命周期过程的各种"数据孤岛"联接起来，形成串接异构数据的"数字主线"，用于智巧制造系统的集成。

作者认为，把"各种'数据孤岛'联接起来，形成串接异构数据的'数字主线'"，已经是一种联接在研品的工业互联网了。

数字主线与数字孪生既相互关联又有所区别。数字孪生主要负责数物虚实映射，数字主线主要负责数字孪生的数据贯通。数字主线基于数字孪生体之间的标准接口，在所有的数字孪生体之间铺设了通畅的数据通道，让不同系统层级上的大大小小的数字孪生体中的数据都汇聚到数字主线上，让流经数字主线上的数据实现了"不落地"式的贯通性流动，消除了原有的"数据孤岛"，形成了产品研制过程中的数据在全系统层级、"三个生命周期""三链"上的自动流动，从而形成动态价值流。

数字虚体联接物理实体

物理世界与数字世界之间有一堵看不见、摸不着、通常难以跨越的"墙"。数字孪生已经成为穿透这堵墙的数字纽带。

物理世界有自己的实体、模型和行为规律，数字世界既有从物理世界人为设定、映射过来的模型和行为规律，也有自己特定的规律，长期以来，二者并行发展，鲜有交集。实现物理实体与数字虚体的融合，并且在二者之间自由交互与往复行走，一直是工业界的梦想。

近年来蓬勃兴起的物联网技术和日渐普及的传感器，使传感技术应用发展到了一个新阶段。传感器被安装在各种产品上，把物理世界正在发生而过去难以捕捉的各种工业现场信息，转化成为电脑可用的比特数据；系统仿真技术的升级换代，又不断优化了所生成的实时海量数据；工业互联网平台的出现，可支持将物理实体的实时操作数据与数字虚体中所有针对具体数字产品模型的数据进行有效整合，由此推动了数字孪生体的快速发展。

数字孪生建立了物理世界的物理实体与数字世界的数字虚体之间的双向反馈。物理世界正在发生的物理活动信息，以比特数据所承载的 DIK 的形式，实时传输到数字世界中，而数字世界的数字决策指令也可以随时发送到物理设备上。在产品 / 设备的全生命周期范围内，这种互联互通的机制确保了数字虚体与物理实体的协调一致。各种基于数字虚体系统开发的各类仿真分析、数据采集、知识挖掘、深度学习应用，都能适用于现实中的物理实体系统。

数字虚体与物理实体的联接与融合，构成 CPS。在系统仿真中，通过使用"硬件在环（HIL）"，以实时处理器运行仿真模型来模拟受控对象的运行状态，可以显著降低产品研制时间和成本。

随着数字空间不断与工业实体叠加交汇与深度融合，原本彼此独立的物理实物发生了根本性变化。数字空间赋予了工业实体设备很多新特点：

- ▶ 每一个物理设备都在数字空间中有了名称、位置、功能等基本数据，甚至在工业或管理软件中建立了精确映射物理设备形、态和演变规律的数字孪生体。
- ▶ 不仅数字孪生体之间是彼此互联互通的，基于 CPS 的数物融合特点，数字孪生体与其所映射的物理设备之间也是互联互通的。
- ▶ 工业互联网迅猛发展，让越来越多的企业实体、制造资源成为其终端。

当每一个物理实体都有了自己的数字孪生体之后，原本异地分布、互不相通、不相往来的物理实体藉由数字孪生体形成的网络通道，开始彼此互联。因此，无论是物理实体还是数字孪生体，都已经成为工业互联网的"终端"。

数字孪生生产线的研发

一条现代化生产线的资金投入是巨大的。在没有数字孪生技术之前，企业订购的生产线设备的形态，大都停留在图纸或照片上，即使买方到生产线运行现场进行了考察，也很难把一条生产线的所有情况都考察清楚。看得见的有形生产线还能理解记忆，看不见的管道物料流动、信息流动、数据处理、机理模型等，以及在实际运行状态中才有可能发现的子系统与子系统、子系统与环境之间的矛盾，是无法用"图纸+照片+考察"的形式完全解决的。

北京航空航天大学的陶飞教授在《数字孪生车间——一种未来车间运行新模式》文章中提出：数字孪生车间（Digital Twin Workshop）主要由物理车间（Physical Workshop）、虚拟车间（Cyber Workshop）、车间服务系统（Workshop Service System）、车间孪生数据（Workshop Digital Twin Data）四部分组成。其中，由几何模型、物理模型、行为模型、规则模型组成的虚拟车间，可以对生产计划/活动进行仿真、评估及优化，并对生产过程机械实施监控、预测和调控。

由于数字孪生体构成的生产线充分按照生产线运行条件进行了仿真、评估及优化，清晰地展现了所有环节的物质流、信息流、数据流的输入输出，提前预测实体生产线运行时可能产生的种种运行矛盾和环境问题，并予以解决和预防。因此，当实体生产线安装好时，可以做到一次运行和投产成功，给企业带来巨大效益。

华龙讯达公司以优化研发设计、生产制造、运营管理等资源配置的效率为目标，构建了一个以数字孪生体为特色，以数据为核心，以模型为驱动，将现实世界中的设备、人员、物料等实体通过传感器、控制器和工业App联接起来的工业互联网平台——木星数字孪生平台，实现了物理实体与数字孪生体之间的"虚实映射、以虚控实"。

欣旺达公司建立了电动汽车电池包领域完整的研发、制造体系，拥有电芯分选、模组成组和电池包装配全自动化生产线。华龙讯达与欣旺达开展了基于工业互联网平台的生产线数字孪生系统研究与应用，共同打造了欣旺达动力电池组装数字孪生生产线。

该数字孪生生产线的建设，体现了工业互联网对工业端的全面互联能力，充分发挥了数字孪生在工业机理模型、产线设计与运行仿真、产品质量管理、协同工艺规划、设备故障诊断与远程运维等方面的作用，有效突破了新能源装备制造企业在快速构建产线模型、加快产品投放速度、提高设备调试效率、提升产线自主决策能力方面的技术瓶颈，构建起动力电池组装全要素联接的新型工业生产制造和服务体系，对未来新能源装备制造企业数字化转型升级将产生全方位、深层次、革命性影响。

在制品的智能化制造

在制品指企业内部生产制造过程中的各种原材料、半成品、零件和部件等，它们在订单和生产计划驱动下流动，在企业管理能力和生产组织能力下不断改变形态，提升价值，优化自身。工业互联网协助企业实现在制品流转过程的全程追溯与跟踪。

零部件智能生产管控

零部件智能生产管控是指在企业生产车间内，以降本、提质、增效、快速响应市场为目的，基于数智化技术和对工艺设计、生产组织、精益生产等环节的优化管理，通过工业互联网的设备泛在连接与异构集成，对制造现场的数控机床、机器人、AGV、热处理炉、3D打印设备等"产品－人－机－料－法－环－测"资源进行联网、数据采集与分析，对在制品的生产过程进行精细、准确、灵活、高效的管理与控制。

智能化制造的生产模式，既可以通过经典的 MES、设备物联网、APS 高级排产系统等多个数字化系统深度集成、本地部署来实现，也可以通过产品化的工业互联网平台，将分散部署的设备通过同一平台的智能化管控系统来实现。工业互联网的产品化是特别适合于中小微企业的新型实施应用路径，一个低成本、快部署、易维护的互联网平台架构，如图 4-1 所示。

遵循图 4-1 架构，基于"容器＋微服务＋低代码"云原生技术开发的 WiseIIoT 平台，具有符合平台标准的边缘层、IaaS 层、PaaS 层和 SaaS 的工业互联网平台四层架构，适用于工业信息化部定义的"六化"应用模式。

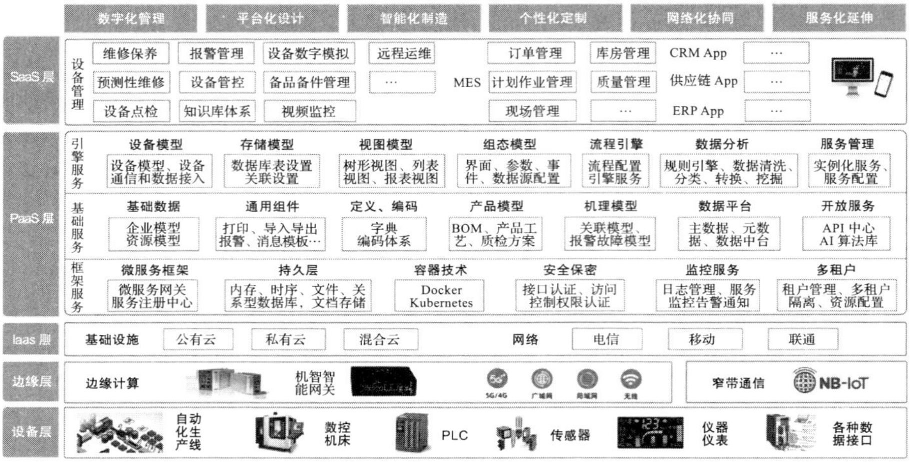

图 4-1　产品化工业互联网平台架构（图片来自机智互联）

通过工业级边缘计算网关，可将 95% 以上主流工业协议的现场设备、仪器仪表等物理对象经 TCP、MQTT、OPC—UA 等通信协议，安全连接至云端平台。在 IaaS 的支撑下，PaaS 平台以微服务形式基于丰富的机理模型、智能算法、规则引擎等对数据进行处理、分析、挖掘。在 SaaS 层，结合行业知识与客户需求，通过存储模型，数据视图，自定义页面，统计、监控和控制点等多种内容进行组合，形成各种工业 App，如车间订单、计划、派工、质量、设备、物料等不同的 App，相关的 App 组合成平台化的 MES（制造执行系统）、设备物联网、质量管理等不同的解决方案。这些方案又很好地支撑了企业智能化生产、个性化定制、网络化协同、服务化延伸等不同的业务模式。

这种普适性极强的低代码 PaaS 工业互联网平台，可称之为工业互联网平台的"母平台"，它可以基于行业知识，分门别类地衍生出跨行业、跨领域、具有不同行业应用模式的产品化工业互联网平台，支持多个行业进行智能化制造，提升客户市场竞争力，助力各行各业数字化转型。

零部件的定位与移动

在工业生产现场，零部件、半成品、物料等在制品的移动属于生产物流，是生产现场管理不可缺失的部分。

IIEM 资源维中资源增值的过程，包含在制品按照工艺要求，逐渐向产成品转变的产品价值增值过程。产品增值在时间上表现为产品在一个生产周期内快速进行价值加载，既要看生产周期是否足够短，又要看零部件的定位、移动和流转时间是否足够快，零部件在工序间的停滞反映了动态价值流的停滞。

企业的竞争力已经从过去局部工序加工能力，逐渐转变到今天的企业内部整体协同加工能力，并将进一步转变为企业内外部一体化快速协同能力。基于工业互联网的智能化制造能力，在保证质量的前提下，缩短所有的零部件定位与移动时间，是各个生产环节、各职能部门必须高效完成的协同目标；为实现该目标，生产管理者、协作企业、合作伙伴、客户等都希望能够"看透"产品生产过程，即在工业互联网上对零部件定位、数据移动可视、可察，使得全过程流转数据透明，实现全过程监管。

零部件在工序间的传统移动方式以手工小车推运或有人驾驶的电瓶车为主，数据信息记载以碳基的纸质记录卡/流转卡为主要载体，运输路线及运输数量具有较高的人为主观性。零部件反复搬上搬下的作业容易引起工人疲劳，降低作业效率；又由于工序节拍不平衡，零部件容易滞留在线边库，不能快速流转到后续工序；缺失定位管理信息时，零部件进入线边库后就进入了管理盲区，在作者辅导的企业中，经常出现工人花较长时间在不同的线边库中寻找在制品的现象，浪费了大量有效工时；生产管理者、协作企业、合作伙伴、客户等亦无法实时掌握零部件动态数据。

AGV/AMR（自主移动机器人）的出现代替了人工搬运或有人驾驶搬运，大幅度减少了人力资源损耗，有效提高了零部件定位与数据移动的可获得性、准确性，提高了管理效率。AGV/AMR小车的可组合性强，自动驾驶作业性能好，导引能力强，定位精度高，其行驶路径可以根据不同的需求，在电脑上通过点击菜单而灵活改变，极大地优化了制造现场的人员、时间、在制品等资源配置。

需要强调的是，AGV/AMR代替的是人工搬运作业，从而实现零部件的快速流转和追踪，但若想进一步缩短制造过程，还需要重新设计生产组织方式，从底层逻辑上消除生产瓶颈，例如优化生产物流路径，以灵活可控的小批量快速流转代替大批量加工流转；以现有资源配置下的瓶颈工序能力作为各工序能力限制，来有效控制在制品在其他工序的产出等。可以把这些效率更高的生产组织方式固化在AGV/AMR作业程序中，并且联入工业互联网，作为进一步优化的基础。

线边库支撑生产过程

线边库是用来存放半成品或原辅料的位于生产线边的临时仓库，其作用主要是用来支持生产线不间断生产。

半成品的生产工序，是车间"人－机－料－法－环－测"等资源综合利用的过程，是产品动态价值流不断流动和逐渐增值的过程，工序每前进一步，半成品就增值几分，动态价值流就顺畅流过该工序而进入下一工序；半成品在生产线上的流动速度，决定了整个产品实体的流动速度。

线边库中的半成品数量代表了动态价值流的停滞状态，其制造周期代表了动态价值流的运转周期，其质量指标代表了动态价值流的价值高低，这些数据映射到 IIEM 的数智维，以透明方式呈现在生产企业和客户面前，可以让客户、生产企业清楚知道动态价值流的现状，知道在某个制造环节是流动顺畅还是受阻，由此企业可以采取调节手段来加快动态价值流动，让在制品快速流转，降本增效。

尽管线边库中半成品代表了产品实体生产过程的某种停滞，但是它的存在并非完全有害。大家常说"库存"是万恶之源，这句话须客观看待。即便是"单件流"，工序与工序之间也需要有半成品，来起到稳定连续生产，减少产线停滞的作用。因此半成品数量具有两面性，可以反映企业管理能力和生产组织能力。中小企业的管理能力和生产组织能力往往较弱，对它们来说，线边库是支持制造产线不停产的方法，它像一个蓄水池，"水量"往往由不良品、设备和人员效率低下、节拍不平衡、计划不当等原因造成，企业可通过调整生产组织方式来降低蓄水量，加快价值流动。

作者曾经主导迦南美地家居用品有限公司的工业互联网顶层架构的设计及实施，在某个以半成品管控为目的的布局优化项目中，充分发挥线边库作用，调整生产计划下达方式，加快数据流、物料流、半成品流动，提高制造单元的协同效率，缩短制造周期，控制半成品存量。项目方案以成套库（线边库）为核心进行拉动式生产，让原先散乱、各自为政的零部件生产线车间成套流动，保证了后续组装车间不停产；同时要求现场各车间主任建立整体工序流程的全局观，基于穿透各车间的数据流而实现相互协同，打破各自为政的生产组织方式。线边库支撑制造产线示意图如图 4-2 所示。

图 4-2　线边库支撑制造产线示意图

目前作者已经将这种以半成品为对象的在制品生产组织方式，纳入迦南美地家居用品有限公司工业互联网中，以线边库为指令触发点，向产线各相关工序下达指令，也以线边库的日报数据为依据反馈给更高阶计划排产部门，建立围绕成套库的"计划－日报"控制体系。

上述生产组织方式缩短了生产制程周期，仅绗缝工序与缝制工序已减少 2 名搬运人员；车间面积利用率增加 13.33%；现场流转加快，粗略估算其整体产能提升约 20%；以线边库（成套库）为抓手建立了可视化信息协同，更降低了管理者现场协调难度。

复杂产品装配与调试

产品尤其是复杂产品装配与调试是生产过程中重要环节。将若干个零件结合成部件，再将若干个部件组合成最终产品的工艺过程，称为装配。通过装配，才能形成最终产品，并保证它具有规定的精度和设计所定的使用功能，满足质量要求。如果装配不当，零部件即使质量合格，也不能成为具有良好性能的在用品，复杂产品尤是如此。

复杂产品装配工作是非常细致的工作，基于工业互联网的数字装配技术在复杂产品装配规划、管理、操作等过程中综合应用，可以有效地克服传统装配模式的不足，提高装配效率，改进装配质量，缩短装配周期，降低装配成本。下面举几个例子。

①无线扭力扳手入网。飞机、风电扇叶装配，螺母锁紧有扭力要求，扭力扳手是常用装配工具。目前扭力扳手普遍由带有数显功能的普通扭力扳手，转换为无线扭力扳手。无线扭力扳手能够实时监控统计出各节点螺栓扭力值，在跟踪模式的工作状态下，可实时跟踪测试扭矩值；在峰值模式的工作状态下，可保持测试大扭矩值；在预置模式的工作状态下，可预置所需的扭矩值。若紧固力达到预设的紧固力数值时，无线扭力扳手的报警灯模块会发出报警信息提醒操作工人；操作工人亦可远程实时了解所有螺栓的紧固力情况，改进装配质

量。事实上，无线扭力扳手已经成为一种工业互联网的终端。

②装配操作过程入网。基于 MOD 法开发出来的工人动作分析监控系统，可以采集汽车总装厂车间工人的装配动作数据并实时传输到监控系统。通过对工人装配动作数据进行分析、识别，可对不规范动作进行报警，实现装配过程自动监测与记录，让工人准确有效地执行生产工艺，为生产管理者提供精准管理依据。

③"数字体验"虚拟验证。某型卫星构建了基于数字孪生的复杂产品装配系统平台，用"数字体验"方式替代传统的"实物验证"的装配模式，对虚拟现实过程中发现的产品装配干涉、操作空间可达性等问题进行分析并优化，最后在数字空间完成对装配工艺的验证，保证其合理性。该"数字体验"过程实际上是预组装过程，通过栩栩如生的虚拟验证可以有效提高产品的最终装配成功率，减少零部件之间干涉，优化装配顺序和装配路径，提前预判因安装空间狭小带来的各种操作不便，也为物理实体产品的组装、调试工作提供依据。

作者指导的数字工厂开发团队，结合在军工领域、医药、轻工等企业现场实施设备安装、调试的经验，面向车间场景开发了模块化数字产品虚拟装配调试环境，并实施云端部署，以先虚后实、先数后物的调试方式，使车间现场试机效率比传统方式提高 15%。

在用品的服务化延伸

已经售出或处于租赁状态、正在使用中的"四高"产品——高危险、高能耗、高价值、高通用装备，都属于需要接入工业互联网的在用品。

机器设备的健康管理

无论是企业内部在用的设备，还是由本企业生产但是在客户现场使用的在用品，都需要进行健康管理。

通常，按照为企业创造的价值，设备健康可划分为四级：①"健康"（设备功能无瑕疵，可创造全部所需价值）；②"亚健康"（设备有不影响设备功能的瑕疵，可创造全部所需价值）；③"带病作业"（作业不违反法规，能创造部分价值）；④"病重"（作业违反法规，不能创造所需的价值）。

以飞机为例，飞机是一类非常依赖设备维护和健康管理的装备。一架战机，如果不做日常维护和健康管理，在停机坪上放半年，基本上就不能飞了。

美国的 A-7 攻击机、F/A-18 战斗攻击机装备了发动机数字化监测系统。C-17 运输机的发动机具备了自测试、诊断、记忆等功能，可实施计算机辅助故障诊断。F-35 战斗机则开发了故障预测和健康管理系统，通过传感器全面监测飞机机体、发动机、机载设备、机电系统等，汇总诸如发动机吸入屑末、滑油状况、发动机应力、轴承健康、静电式滑油屑末等信息，进行综合分析和推理处理。飞机管理单元通过对所有系统的故障信息的相互关联，确认并隔离故障，最终形成维修信息和供飞机维修人员使用的知识信息，大大降低了维修费用和人工耗费。这种自带诊断装备、随时预测故障、保障飞机健康的系统，称作预测与健康管理（Prognostics and Health Management，PHM），与之相配的是 PHM 软件。

机器设备的健康管理是工业互联网最容易发挥作用的领域之一。对机器设备进行健康管理，可从对设备建立健康档案，对其运行数据进行采集与处理开始。

工业现场和用户现场的条件比较复杂，通常数据类型可以分为"产品－人－机－料－法－环－测"等几种类别。在采集方式上，可以分为手工采集、半自动方式采集和自动方式采集；在采集数据状态上，可以分为静态数据和动态数据两种状态；在采集周期上，可以分为一次性录入和按时间段周期性采集；在数据频率上，可以分为高频数据和低频数据，等等。

以数字化手段监测设备运行状态是实施健康管理的首要步骤。可以通过不同总线、不同驱动协议以及不同传感器的组合，来实现对在用设备运行数据的实时采集：如果设备较新，有数据对外输出接口，可以直接通过接口协议解析获取数据；如果设备老旧，没有数据输出接口，则可以通过工业物联网方式，加装外部传感器来采集相关数据；对于自带设备管理控制系统的设备，可以直接与系统集成来获取数据，也可从系统后台数据库中调取数据。所获取的多源异构数据主要包括设备开关机状态、设备参数信息、运行状态信息、故障信息、维修保养记录等，将这些数据输入工业互联网，调用工业 App 进行数据实时分析，得到可视化分析结果，从而指导或辅助设备健康管理，确保设备处于健康状态。

设备维护方式的变革

因各种原因而产生的设备故障与宕机，是典型的不确定性因素，严重影响生产。对设备进行预测式维护，是工业互联网最易上手的服务化延伸应用模式。

事后维护

事后维护（也称被动维护）是企业中最常见的维护方式，是在故障出现后用最短的时间快速完成对设备的维护，最大程度上减少停机时间。机床的主轴、丝杠等关键部件损坏所导致的故障维护时间较长。除了设备直接损失以外，设备故障也会对生产进度带来更为严重的影响。

与被动维护相对的就是主动维护，主动维护又分预防性维护与预测性维护。

预防性维护

预防性维护是指为避免突发和渐进性故障，延长设备寿命，按照经验、相关数据或设备用户手册等传统手段对设备定期或以一定工作量（如生产产品件数）为依据进行检查、测试和更换，可在一定程度上避免潜在故障带来的安全和停机等风险。但这种定期或者凭经验的维护存在不够准确、不够经济等缺点。有些设备可能并没有磨损或没有衰退到要维护的程度，提前的维护造成了人工和资源的浪费，影响了正常的生产。对衰退严重的设备按照固定时间去维护，又可能因为时机的延迟而造成设备的加速老化，影响产品质量，甚至带来严重的安全隐患。

预测性维护

预测性维护是利用传感器、数据采集、网络传输、大数据分析等技术，对正在运行的设备的关键部位进行实时监测，基于采集的数据预测设备发展趋势的先进维护模式。预测性维护集设备状态监测、故障诊断、故障（状态）预测、维护决策和维护活动（时间、内容、方式等）于一体，易于基于工业互联网实现。

由于设备关键参数可以一直被监测并能得到及时的维护与优化，预测性维护还能在产品质量、设备寿命、人机安全等方面发挥重要的作用，明显提升生产效率。

国内外的实践与统计表明，预测性维护技术可以降低设备25%～30%的维护成本，消除70%～75%的生产宕机现象，降低35%～45%的设备或流程的停机率，提高 20%～25% 的生产率。

三种维护方式比较

在事后维护、预防性维护、预测性维护三种维护方式中，事后维护是在设备出现问题后的被动维护，除设备自身维护成本以外，还会因设备停机而造成生产损失。预防性维护常常是在很多设备并不需要维护时或者超过最佳维护时间点后做的维护，容易造成维护成本增高和生产停滞。预测性维护是基于设备自身健康状况，在恰当的时机，比如生产任务不饱满时，进行相关维护，既保证了设备的正常维护，又将对生产的影响降到最低。

三种维护方式对不同设备、在不同场景下各有优势，还需要根据实际情况与性价比综合确定，制定适用的设备维护策略。比如，车间中一些常见的、低成本的设备就不可能采用预测性维护的方式去代替事后维护，从技术上与经济上都不划算。

从硬装备转向软装备

作者于 2009 年在国内首次提出了"软装备"概念，以发展建议的形式上报有关部门，获得认同。现在越来越多的人开始使用这个概念。

如果不加说明，"装备"通常指为企业配备的机电设备、器材和技术力量，如果加上不同形容词，可以表示不同用途装备，例如路桥装备、矿山装备、环保装备、武器装备、户外装备等。

作者认为装备有"硬软"之分。在传统释义上，装备指某种看得见、摸得着、有重量的硬产品（飞机、汽车、船舶、锅炉、机床等）。近三百年来，企业都是靠生产、销售硬产品来盈利生存的。

自从工业软件成为"数字工业母机"之后，软产品（"软装备""软零件"）开始登上企业产品销售榜。软装备既指研制复杂产品所必需的各种交互式软件工具，也指嵌入到产品实体中担当"软零件"的嵌入式软件。

嵌入式软件在"机电软网"一体化装备中起着极其重要的作用。以汽车为例，当前车载软件代码行数已经在几千万到 1.5 亿之间。汽车本身不仅是一个能奔跑的物理实体，还携带着一个数字虚体，即汇聚了各行各业知识的容器。软件代码行数越多，汽车功能越强。随着自动驾驶水平的提高，未来几年代码数量还会成倍增长。

未来给客户提供优质实体产品的同时，可能也会提供该产品的数字孪生体。例如，飞机制造商在提供一架物理实体飞机的同时，同时会给买方提供该飞机的数字孪生体。众所周知，构成数字孪生体的数据量是极其庞大的，所涉及的专业知识是非常多的，运行一个数字孪生体所需要的"数字化环境"的数据量也是惊人的。但是在业务需求驱动下，客户越来越需要知道一架飞机在人机交互飞行中，组成其结构的几百万零件中，究竟都发生了什么事情，有哪些运行数据可以指导下一代飞机的设计。飞机如此，其他装备亦是如此。因此，数字孪生体将成为工业软装备的一个爆发点，成为一门可盈利的业务。

在上述务实需求的牵引下，企业数字变革将会大致走向这条演进路径：有形有重产品→有形有重产品＋有形无重服务→有形有重产品＋无形无重服务→无形无重产品及服务→产品即服务。

当开始注重"无形无重"的软件产品及服务后，企业不仅以生产/销售/运维有重量的硬产品赚钱，同时以生产/销售/运维与硬产品精确映射的数字孪生体、硬产品的嵌入式软件、硬产品生成的运行数据等来赚钱。这些看不见、摸不着、无形无重但是可以通过显示屏间接观察到的软产品，可以通过OTA（over the air，空中下载）方式直达客户设备，成为工业互联网联接的工业端，以运营服务的方式为企业创造巨大利润。

空中下载设备软零件

百年以来，产品售出成为在用品，进入用户使用阶段后，除非改装，产品本身零部件配置和数量不再发生变化。如果产品某个零部件在使用中发生损坏，用户要么自己修理，要么去找原厂授权的维修商修理，要么请维修商上门修理，总之需要有人跑腿，在特定时间、特定地点提供面对面服务。

今天，产品基本构成已经发生了根本变化，物理实体产品中已经出现了大量"软零件""软装备"。产品开始具有这些以前不曾有的技术特征：①产品零部件数量不再固定，"软零件"数量、代码量可以随时增加或替换；②"软零件"维修、更新模式不再需要人跑腿和面对面服务；③"软零件"更新服务不限时空、全年无休；④卖物理实体产品的企业转行专卖"软零件"，形成全新商业模式；等等。

IIEM数智维详细描述了数据作为新型生产要素的运行机理。通过软件"赋值，赋能，赋智"，完成数据要素变现，促进数字经济发展，是工业互联网生态下一种新型商业模式。实现该商业模式的一种技术是 OTA，即通过移动通信的空中接口，对诸如手机、汽车等多种移动终端设备进行远程管理，把云端最新、最适用版本的"软零件"下载到移动终端上，实现软件升级。

OTA 早在 20 世纪 60 年代就已萌芽，当时仅用于人们熟知的阿波罗登月计划。在 1968 年圣诞节，阿波罗 8 号飞船进入第五天飞行，航天员吉姆·洛威尔（Jim Lovell）不小心在飞行中启动了 P01 程序，导致导航数据被全部清空，飞船电脑无法计算返回地球的导航数据。地面负责阿波罗机载软件程序员玛格丽特·汉密尔顿（Margaret Hamilton）和她的团队，花费 9 小时钻研程序列表后，重新上传一份新导航数据，并由飞船电脑成功接收。这应该算是最早的 OTA 实例。

汽车领域已经吹响了数字化变革的号角。很多车企从原有汽车供应链模式逐步转向统一电子电气架构，从开发/销售硬产品转向开发/销售"硬产品+软产品+数字服务"，车载软件的数量、体量都在呈指数级增长，这对软件迭代效率、软件版本管理、软件质量保障都带来了严峻挑战。

美国参数技术公司（PTC）提出了支持智能网联汽车软件开发与管理的两大方案：①支持嵌入式软件符合功能安全要求的瀑布开发流程，提供了 ECU 软件从需求定义、架构设计、代码管理、测试、发布和后期维护的解决方案，让整个开发过程可管理、可跟踪、可追溯，保障了软件开发的严谨性；②打通 OTA 场景下支持需求驱动的功能敏捷开发流程，通过数字主线技术贯通功能需求、软件代码、测试脚本、测试资源、缺陷库等业务对象，支持车载软件的敏捷集成、快速发布、空中下载与升级。

智能产品联入工互网

每年 8 万亿产值的中国汽车市场代表了工业发展趋势。智能网联汽车既是车联网终端，也是高价值日用品，还是软件定义的"平台+OTA"类产品，升级或更换几个车载软件，就可以改变汽车功能。

汽车逐渐成为网络终端

未来，一款优秀的机、电、软、网一体化产品应该是这样的：①终端化。

产品成为一种网络终端，与多种终端相联，数据互操作。②网络化。产品外、产品本身和子系统包含网络或被网络包含。③移动化。产品能随时移动，或便于人携带，或便于人乘坐。④平台化。产品由必备基本功能成为一种通用平台，平台硬零件基本不变，"软零件"随时增减。⑤功能软件化。产品的功能随着"软零件"的数量和版本不同而发生改变。⑥软件 OTA 化。以 OTA 方式不限时空地增加或升级软件。

这样的产品早已出现，比如手机、智能网联汽车，还有诸如智能手表、智能仪表、数控机床、无人机、导航仪等产品。

传感器、芯片、网络、云、软件、AI、大数据、物联网等不断融入汽车本体，让汽车行业出现许多新变化。在工业互联网分支——车联网的推动下，汽车成为智能网联汽车，成为一种新型智能"移动终端"。

如今汽车不再仅仅是代步工具，它正在以全新的人车交互界面、良好的交互体验，重新定义人与汽车之间的关系。如同数字化工厂的数字大屏幕一样，在汽车内搭载一个亮度随光线变化的具备语音识别、触摸控制、生物识别、手势交互等触屏功能的车载显示大屏，极大地丰富了人可获取的车内外信息，使人获得更好的驾驶体验感。例如拜腾在 CES 2018 上曾经展示过一款概念 SUV，采用京东方 49in（1in=25.4mm）大屏，横贯整个中控台，各种驾驶、娱乐信息一览无余，让驾乘过程变成一种轻松愉悦的享受，如图 4-3 所示。

图 4-3　拜腾车上 49in 大屏（图片来自拜腾官网）

第一章已经述及，联接是一种方法论，联接产生智能，因此，汽车联网是汽车走向智能化必不可少的步骤。车联网在十几年前就已经出现，最初用于汽车安全，即当汽车发生事故时，车联网可以在第一时间将汽车时空状态、受损位置、事故分析报告通过无线网络发送至汽车制造商或其授权服务商，以便让车主在第一时间获得救助。车联网还可以应用在车辆日常保养以及导航方面，联网的汽车可以自动检测汽车各项安全指标，并将报告上传至汽车服务中心，其内置地图还可以随时在线升级，确保地图数据和导航信息时刻保持最新状态，联网状态下显示实时路况也成为可能。

当汽车成为网络终端后，车载软件的角色在驾驶功能上呈现如下变化：辅助→必备→半自动控制→（有人监管）自动控制→全自动自主驾驶，即车载软件从被人管控的一种"客体"，逐渐进化为替代人来管控汽车的"主体"。软件定义的智能网联汽车，必将成为真正意义上的网络终端。

工业软件定义汽车

软件定义汽车首先源于汽车制造中大量电子元器件的使用。汽车电子是汽车电子化、自动化、数字化、网络化、智能化的发展基础。汽车电子从 20 世纪 90 年代的单电子系统发展到车内复杂的电子系统，再发展到"人、车、路"之间的复杂数字网络 V2X（Vehicle to everything）。在未来的汽车发展中，增加更多的汽车电子控制单元（ECU）已成为开发新车型、改进汽车性能的重要措施。尤其是在新能源汽车中，ECU 等汽车电子设备在汽车总成本中的比例越来越大，以丰田普锐斯为例，其混动汽车电子设备总成本占比达到 48%，纯电动汽车电子设备占比达到 65%。

ECU 就是车载电脑，与普通电脑一样，由微处理器（MCU）、存储器（ROM、RAM）、输入/输出接口（I/O）、模数转换器（ADC）以及整形、驱动等芯片组成，并与其所控制的实体零部件形成 CPS。在一辆汽车上，少则几十个 ECU，多则两百多个 ECU，相当于有两百多个杂牌电脑在各自工作，车规级芯片也达到 2000 多个。因此通常要用 CAN 总线把这些 ECU 联接起来，协同工作。车外有车联网和 BDS/GPS 等，车内有 CAN 总线联网，ECU 的芯片内部有由百亿根晶体管组成的联线网，因此汽车是典型的"网外有网，网内有网"的网络产品。

各种车载软件的定制开发已经成为汽车创新的关键，一辆中级汽车的程序已经超过了 1 亿行代码，增速远远高于其他人造系统。2030 年车载软件代码行数将会突破 10 亿，真正实现软件定义汽车——汽车物理实体成为一种标准化、模块化工作平台，车载软件作用占据主导地位，软件将决定汽车的参数配置、驾驶体验、移动工作、娱乐休闲等主要功能。例如用户购买了软件"加速包"

之后，电动汽车百公里加速时间会缩短 1s。

精准、智能的软件创新成为了汽车技术创新的主流与关键。优秀车载软件采用了先进的控制理论和 AI 算法，让汽车电子设备运行更加高效。上亿行软件代码定义了气囊系统、警报系统、巡航系统、电子稳定控制、电子座椅控制、动力转向系统、防震、刹车、车内气候控制、通信系统、发动机点火、娱乐系统、胎压监测、自动换挡、碰撞躲避、仪表、引擎控制、导航系统、雨刮器控制等。

近年推出的新车的分级牵引力调整控制模式，等红灯时减少喷油缸体数量的闭缸技术，电磁悬架的软硬程度自动调整等软件定义的自动驾驶模式、智能模式、运动模式、节能模式等，给驾驶者带来了全新驾驶感受。

智能网络汽车以丰富的"机智"底蕴，让人逐渐离开"驾驶系统回路"，把人从时常疏忽犯错的人工驾驶场景中彻底解放出来，从"驾驶员"转变为"指挥官"，从劳动者变成享受者，在出行中也能像在日常生活一样，随时接收信息，处理公务，观看风景，享受娱乐。

统一汽车电子电气架构

软件定义汽车的前提是具备统一的电子电气架构（Electrical/Electronic Architecture，EEA），即把汽车里的各类传感器、ECU、线束拓扑、电子电气分配系统整合在一起的一套集成方式，它可以实现整车的配置、运算和动力、能量的分配等功能。

专门开发一套电子电气架构的设想起源于梅赛德斯奔驰公司，因为原有的各系统开发方式，已经解决不了各子系统之间的交互影响所带来的质量和稳定性问题。该公司从 2000 年开始做电子电气总体设计，2001 发布了世界首款汽车电子电气架构。

随着汽车电子化、自动化程度提升，电子电气架构遇到了很多问题：①在一辆汽车上，少则几十个 ECU，多则两百多个 ECU。ECU 数量越多，各种导线的线束长度越长，相应地总线的线束重量也大大增加。2007 年上市的奥迪 Q7 和保时捷卡宴的总线长度已经超过 6 km，总重量超过 70 kg，相当于一个成人重量，是全车第二重的"部件"。②汽车不断增加的传感器数量，也使得车载内部网络通信的数据量呈几何级数激增，原有通信带宽已经不够。③每个 ECU

都与某个具体功能绑定，软件系统封闭，无法实现横跨多个 ECU/ 传感器的复杂功能，无法通过 OTA 方式更新汽车载软件，即无法实现软件定义汽车。

汽车电子电气架构一直在发展演变，技术演变路径如图 4-4 所示。

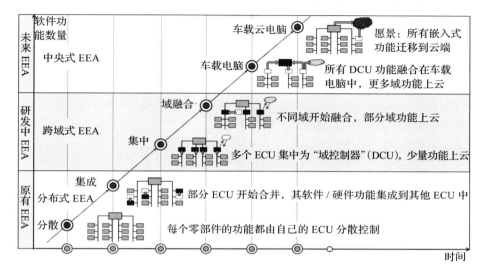

图 4-4　汽车电子电气架构技术演变路径（来自博世 EEA 技术战略图）

图 4-4 中的三种模式、六个阶段的 EEA 演变说明如下：

分布式 EEA

在分布式兼容 EEA 中，上百个分散的 ECU 通过 CAN 总线相连，网络结构复杂，信息孤岛林立，中央网关已成性能瓶颈；ECU 冗余，边缘算力浪费，无法形成协同；无法通过 OTA 形成软件升级。改进方式是将某些 ECU 原有（软硬件）功能集成到其他现有 ECU 上，减少 ECU 数量。

跨域式 EEA

使用传统分布式 EEA 的汽车主机厂，原本不需要而且自身也基本没有车载软件开发能力。核心软件功能通常由各个一级供应商完成，主机厂只做集成装配，缺乏软件主导权。

在软件定义汽车和汽车智能化、网联化的发展趋势下，基于 ECU 的分布式 EEA 日益暴露诸多问题，快速增长的 ECU 数量使得整个系统复杂度越来越高。于是主机厂开始倡导把一些功能相似的分散的 ECU 进行集中，形成若干个

"域",其功能集中到一个比 ECU 性能更强的处理器硬件平台上,形成"域控制器(Domain Control Unit,DCU)"。此后,不同的域控制器再度发生融合,域功能更加集中化,部分域功能开始上云。

中央式 EEA

如果所有域控制器功能都融入车载电脑,则形成了中央式 EEA。未来愿景是汽车装配车载云电脑,大部分 ECU 消失,各种传感器与执行器,被中央云电脑支配,所有功能迁移到云端。原本需要某个一级供应商开发的传感器可能已经合并到其他供应商甚至是主机厂的传感器中,大部分软件也改由主机厂开发并在云端部署,软件主导权回到主机厂手中。

汽车未来的发展演变

汽车由于其结构"机电软网"一体化、行为移动化、配置家庭化、影响社会化等基本属性,最先成为智能网联产品。未来其他"机电软网"一体化的产品,也会步汽车后尘,大举入网,以群智方式服务于社会。

未来技术发展趋势

1)真正无人驾驶:L4、L5 级别无人驾驶汽车出现后,人彻底离开汽车"驾驶系统回路",乘员完全不用监管车辆,汽车具备完全可信的行车安全性。

2)强人工智能:新一代 AI 算法不断进入车载软件,过去判断不了的极端场景消失殆尽,汽车驾驶体验感和安全性极大地增强。

3)群智互联:"人、车、路"甚至更多终端互联互通,以群智方式实时反馈"人、车、路"实况。"人、车、路"自动上传各自位置信息,协助路网系统实时调节和引导车流,最大限度优化交通通行能力,形成智能交通大系统。

4)车载云电脑:车载云电脑不仅能实现传统的上网、通信、多媒体等功能,还能让驾驶员随时获取车辆和乘员保险、乘员健康指标、乘车感受、满意度评估、周边地点等各类授权开放信息。

未来新场景

1)智能助人:无人驾驶车辆接送孩子们放学后去参加各种课外活动。车内、车外监控器可以让父母随时获知孩子们的状况。无人驾驶车辆可以自动接送行动不便的老年人和残疾人,通过车内实时监控器、语音辅助系统提供贴心助行服务。

2）车内生活：在 L5 级别自动驾驶车内，去掉方向盘、节气门、制动等部件后节省出来的空间，可以设计成存储空间或微型厨房，提供自制餐饮等服务。

3）城市配套：停车、行车的空间都将做出适应性调整，例如城市配套智能网联汽车的专用停车场，指定汽车在绕城高速路上的行驶时段和进出城专用车道等。

4）自动交易：智能网联汽车一旦生产完毕就自动进入网上工业电商交易场景。汽车交易代理商的数量会减少，甚至消失。

未来超级智能空间

如果用智能互联、自动驾驶、娱乐中心等来形容未来汽车，似乎还是不够的。回到本章主题，产品疆域无限拓展，数物资源皆成工业互联网的网络终端。

也许未来智能网联汽车的数字孪生体，能够如实反映其物理实体的真实运行状态，不管汽车走到哪里，在多个经过授权的屏幕上，始终栩栩如生地显示着这辆车的时空状态。车主可以随时随地随意与他想沟通的人进行交流。

也许未来智能网联汽车不需要销售，运营服务商成为"总车主"。在"结果经济"模式下，"开车"变成了用户购买"行驶服务"公里数。汽车停泊在规划好的城市专用停车场内，用户下单后，汽车自动上门服务，按行驶公里付费，用后自动回到最近或最空闲的停车场，极大地优化城市停车、用车资源。

也许未来汽车是一个超级工作生活空间，人们只需要购买一间相对固定的公寓，再租赁一辆智能网联房车。想停下脚步时，回到智能网联公寓；想出发看世界时，就开上智能网联房车，追逐着自己的心情和梦想，用车轮丈量世界。

因为智能网联，产品无疆，网络无疆，脚步无疆；数据无限，功能无限，快乐无限。汽车如此，其他智能网联产品亦是如此。

本章参考资料

[1] 陶飞，戚庆林，张萌，等.数字孪生及车间实践[M].北京：清华大学出版社，2021.

[2] 陶飞，张萌，程江峰，等.数字孪生车间：一种未来车间运行新模式[J].计算机集成制造系统，2017, 23(1)：1-9.

[3] 易扬，冯锦丹，刘金山，等.复杂产品数字孪生装配模型表达与精度预测[J].计算机集成制造系统,2021，27(2)：617-630.

[4] 刘俊艳,岳玲玲,张宇,等.标准作业下的 YK 公司作业空间布局改善 [J].技术与创新管理,2020, 41(6):602-607.

[5] 杨国朕,刘俊艳,赵宜政,等.基于布局优化的产能提升方案设计 [J].管理科学与工程,2021, 10(3):276-286.

[6] 胡薇.汽车可能变成下一个移动智能终端? [EB/OL].(2018-09-03)[2022-05-20]. https://www.elecfans.com/d/760360.html.

[7] NE 时代.博世:SiC 功率芯片和域控制器芯片,我们一个都不放过 [EB/OL].(2020-10-23)[2022-05-20].https://baijiahao.baidu.com/s?id=1681310120411186343&wfr=spider&for=pc.

[8] 宁川.PTC:"软件定义汽车"将重塑汽车行业数字化研发体系 [EB/OL].(2022-04-28)[2022-05-20]. https://baijiahao.baidu.com/s?id=1731354845997974780&wfr=spider&for=pc.

Part
要素融合篇

过去，土地、工厂、设备、劳力、资金是生产要素；今天，知识、数据是新生产要素。过去，IT、OT、ET等各自独立发展；今天，IT、OT、ET等必须融合发展，形成数物深度融合。过去，企业实体各自为战，企业内外高墙林立；今天，数据穿透和打破企业固有的边界和壁垒，实现数据和知识的智能流动。

穿透，是数字时代的现象；融合，是数字时代的特征。

无间协作的实体流、无处不在的资源流、自动流动的数智流，三流合一汇聚成为动态价值流，承载信息，表征知识，驱动实体，推动数字经济加速前行。

第五章

People Oriented

实体网络：需求驱动的企业协作

本章将聚焦于 IIEM 实体维上的供应商（原材料）、制造商（产成品）、销售商（商品）、客户/维修商（在用品）四种实体进行论述，重点描述上述四种实体所形成的实体流及其所对应的不同状态的产品如何联入工业互联网，以及工业互联网如何优化配置实体流。

工业实体上下游协同合作

前几年人们更多地把关注点放在了工业互联网联接"人、机、物"上，忽略了企业实体之间其实更需要联接。工业的分工协同，由不同企业实体所承担，制造过程的上下游对接，由订单和契约精神所驱动。

订单串接上下游企业实体

订单是企业实体的采购部门向上游供应商发出的订货凭据，采购范围包括实体产品类的产成品、原材料、零部件、辅助用品等，以及非实体类的咨询、广告、创意、软件等知识和数据服务。

订单化作企业运行驱动力

订单是企业实体运行管理和开展业务活动的关键驱动力，是企业存在的价值和理由，没有订单的企业无法在市场上生存。

不管是否可见，订单有自己流动的轨迹、过程和规律。订单串接了上下游合作的企业实体或客户，引导了供应链上的实体流，是实体维描述的关键要素之一。在三个生命周期中，第三个就是"订单（供应链）生命周期"。

企业一切活动都围绕上下游企业/客户的需求订单进行，形成了以订单驱动、串接实体流，同时带动资源流运行的管理机制。

工互网上的订单驱动逻辑

"工业互联网+业务关系网络"为企业在全球范围内获取订单提供了有利条件，传统的企业网页和 CRM 系统的原有功能，都可以融合到工业互联网中。无论是下游企业/客户根据企业市场口碑主动找上门来下订单，还是企业通过工业电商的展示窗口获取订单，抑或企业以动态短视频带货的形式获取订单，企业与客户都可以方便快捷地对接供需信息，完成垂询、报价、商务洽谈、规格确定、网上签约、订单生成、预付货款、通知发货等各项业务。一旦企业获得订单，相应的工业 App 就会按照预定规则自动排序订单，分解订单和规划订单，向采购、设计、生产、装配、检测、物流等各业务环节发出任务指令，启动该订单货物的生产制造过程，直到如期、保质、保量地完成交货。

订单协调实体流和资源流

传统上，在缺乏订单信息时，企业只能按照年度计划进行原材料采购和成品生产。由于市场竞争和外部环境的高度不确定性，企业无法确定到底该采购多少原材料，生产多少产品，把产品卖给谁，因此在企业资源配置上出现"松紧不一、饥饱不均"现象，不可避免地出现成品积压、货架占用、原材料和成品不断搬动腾地、仓储成本过高、资金周转不开等管理问题。

基于工业互联网的资源配置能力，以订单驱动产品实体流和生产资源流的模式可以解决这类问题。如果有了准确的上下游订单信息，就可以做到"看菜吃饭，量体裁衣"，向准时制（Just In Time，JIT）生产方式靠拢，实现一系列"准时（采购、运输、上架、配送、装配、入库）"，使生产周期最短，过程最优。

网络化协同消除供应链偏差

上下游企业实体之间的订单，在传统沟通方式下，会受到时间、空间、沟通效率等的影响而出现多种信息偏差，如数据差、时间差等。时至今日，在作者辅导过的企业供应链中，这种信息偏差普遍存在，如图 5-1 所示。

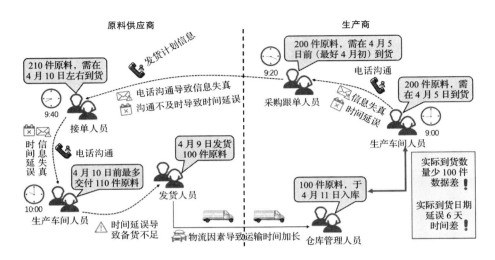

图 5-1 供应链中传统沟通方式产生信息偏差

在图 5-1 中，在某企业现场，生产车间人员根据产能"削峰填谷"原则将某客户订单安排生产，并将"4 月 5 日需 200 件原料"的需求信息传递给采购跟单人员。采购跟单人员并不完全掌握生产实况，按照以往经验，生产端提出需求时常会催料，而原料到货后又可能无法及时上线，导致原料在库内滞留，影响库存空间，因此他很负责任地花了 20 分钟打电话、查数据进行询问、确认，在给上游原料供应商接单人员传递信息时加上了自己的判断，发出了"200 件原料，需在 4 月 5 日前（最好 4 月初）到货"的需求信息。供应商接单人员收到需求信息后，将"4 月 5 日"时间信息弱化，重点捕捉了"4 月初"这个信息，与生产商采购人员达成了"在 4 月 10 日左右到货"的共识，并将该信息传递给自己的生产车间人员。生产车间人员经过测算，反馈为"4 月 10 日前最多交付 110 件原料"，完成生产后在 4 月 9 日发货 100 件。又因物流延时等不可控因素影响，最终这 100 件原料在 4 月 11 日到货，由生产商仓库管理人员入库。

上述沟通过程中，存在着常见的"信息传递障碍"，实际需求信息在每个环节都有可能被加上个人解读而造成"信息偏差"，这种偏差在供应链中一环一环地传递和放大，最终影响了产品交付。

当供应商、生产商等上下游企业实体之间，基于工业互联网平台建立了网络化协同模式，实现企业内外、部门之间的精准数据传递、复制与共享，达到供应商与生产商的生产计划数据同步，生产和库存数据同步，数据的快速传递将突破企业边界，保障数智流、实体流、资源流等快速流转，形成"三流合一",更好地响应终端客户需求,共同提升企业价值。基于工业互联网的供应链协同如图 5-2 所示。

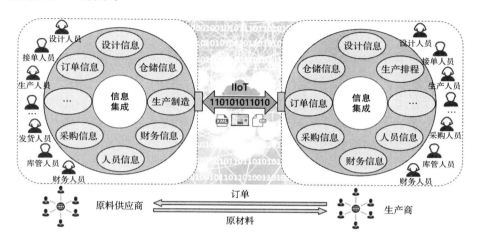

图 5-2 基于工业互联网的供应链协同

基于工业互联网的供应链协同类型很多:

1)优化自身,配置资源。例如,鄂尔多斯羊绒集团从绿色原材料供应入手打造绿色供应链,将可持续发展理念推广到上下游企业;泰德煤网构建以自身为核心的"端到端"的煤炭供应链网络结构,实现"数字化配煤";河马部落社区团购将供应链上游柔性提升作为建设重点,将需求信息快速传递至原料供应商,并要求其在一定时间内快速配给,为社区居民提供超高性价比的消费体验;等等。

2)整合数据,壮大供链。作者辅导的家纺企业将供应商管理模块纳入自身工业互联网建设范畴,将原料供应商、外协供应商全部纳入管理,以动态价值流打破传统数据孤岛,对供应商数据进行整合,统一管理规范,打通从订单发送到发货的数据流,缩短了原材料供货调度响应时间,提高了企业自身的生产柔性,发展壮大了供应商队伍,更能应对多样且迅速变化的客户需求变更,成为 OEM(原厂委托制造)外贸型家纺行业中的佼佼者。

3)承上启下,双向延伸。宁波亦云工业互联网平台上联供应商,下联客户。截至 2022 年 4 月 1 号,该平台入驻企业 3803 家,注册用户 270 401 个,接入设备 873 150 台,累计应用使用次数超过 29 亿次,开发者数量 44 个;平台上架应用数量 140 多个,积累工业数据 533TB,提供工业微服务 85 个,提供工业机理模型 13 个,较好地实现了"网络化协同、服务化延伸"。

个性化定制重新定义 QCD

在数字经济中，价值链增值的过程是订单在企业实体链上传递的过程：原材料→生产商→品牌商→分销渠道→门店零售→消费者（用户），同时伴随资源流和金融服务，这是当前绝大部分生产服装、电子产品、快消品的企业的运行逻辑。现在这个逻辑正在发生两大变化。

第一个变化是由"数字产业化"中的数字产品服务业、数字技术应用业所推动，通过销售手段、渠道与界面的创新，实现了"人、货、场"的重新组合——疫情期间直播带货等新型线上销售十分流行，极大地满足了客户需求。这种线上模式（包括微博营销，抖音带货，基于公有流量、私域流量的线上销售等）与原来线下门店模式的最大不同在于：用数字技术手段精准刻画用户，用数字内容建立与消费者的持续互动关系，用 AI 算法去挖掘消费者潜在需求等。

第二个变化是由"产业数字化"中的数字化效率提升业所推动，制造过程中质量 Q、成本 C、交期 D 三大指标的逻辑发生了改变。传统 QCD 逻辑是"标准品大批量长交期"，制造商做出数量较大的标准商品，以消费者不可见的"黑箱"过程供给卖场，消费者只能关注这些标准商品的质量和售价。今天供应链的信息流向完全不同于以往，"工业互联网＋社交/消费互联网"助力逆向创导机制，形成消费者对产品"个性化定制"的创新需求，推动制造商按需生产，因此新 QCD 内涵已经变成"多品种小批量短交期"，如图 5-3 所示。

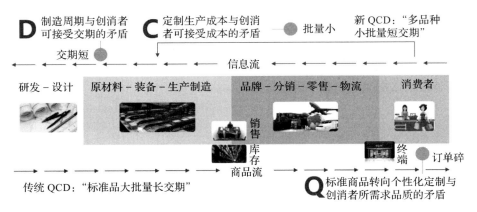

图 5-3 新 QCD 内涵"多品种小批量短交期"

从传统 QCD 逻辑发展到新 QCD 逻辑，给企业带来三大挑战：

1）订单碎片化——消费者与制造商进行互动，参与商品的策划、设计，成为追求个性化、多元化的"创消者（创新型消费者）"，订单趋于极小批量甚至单件。

2）成本飙升——消费者需求直达制造商，原有用于大规模定制的模板、模具和标准数据无法继续使用，生产成本大幅飙升。

3）交期难保——传统服装生产周期是6个月，而创消者在网上订购能够接受的服装交货期通常是2周，甚至是1周，交货周期大大缩短。

当传统QCD逻辑转变为新QCD逻辑时，企业试图以原有业务能力来满足创消者的需求，将会显得力不从心，技术缺口大，回旋余地小，企业要么无法接订单，要么接单后无法按时保质保量地交货。

打破这一瓶颈的思路是，企业引入工业互联网，通过数字技术赋能，来增加数字化业务管控节点，充分发挥和释放人的能动性和创造性，让业务数据多跑腿，让人和物料少跑路，让机器产线多干活，让企业业务能力最大程度满足"多品种小批量短交期"需求。

"服务化延伸"协助维修商巡检

我国设备存量及年新增规模巨大，每年设备维护费用达上万亿元，由于设备健康不佳和运行过程参数配置不合理导致的能效降低和排放增加问题非常严重。

第四章已经述及，工业设备维护和运行方式正在由计划性维护向预测性维护，以及智能化、最优化运行管理方向转变。设备预测性维护和智能化运行的前提是要用传感器实时监测设备运行状态，在线对设备健康状态和运维数据进行提取，并通过人工智能模型和数据统计模型准确分析设备状态变化趋势，提前发现早期故障征兆，同时优化设备的运行参数，实现节能减排，提升生产效率。

大量的设备健康问题，往往是由其运行声音表现出来的，例如运动副摩擦声音、加工声音、加油门声音、流体声音、放电声音等。但是，在工业现场噪声往往很大，上述设备的声音几乎被强大的背景噪声淹没，使得工作人员很难判断出来到底是哪个设备的哪个零部件在发出"不健康"的声音。

针对上述问题，华控智加公司依托清华大学的先进技术，率先在工业设备智能运维管理方向推出基于机器声纹的多维数据融合工业设备预测性维护和智能运维解决方案，构建了"服务化延伸"的工业互联网平台。平台以自主研发的同步多传感器信号采集智能边缘计算终端，实时采集设备核心部件的声音、振动、温度等信号，利用低资源非协作深度学习和细微特征提取技术对数据进行机理模型、数据模型分析，在杂乱的背景噪声中，准确地识别和提取设备零部件声纹信息，同时在线获取设备实时运行数据以构建知识图谱模型，对设备运行状态进行推理和决策分析，从而实现工业设备故障超早期诊断、预测性维护和智能化运行，帮助企业达到安全、节能、减排、增效，最大限度提高设备的生产力。

华控智加工业互联网平台在很多工业场景中得到应用与验证，为客户赢得较大经济效益。例如，在京能集团用 AI 模型对磨辊磨损度实现了不间断的准确定量测算和趋势预测，为智能化巡检工作的开展提供了更多针对性和关注点，有效降低设备维护成本，大幅提升巡检效率和质量；在雅砻江水电公司两河口水电站实现了国内外首套基于机器声纹技术的水轮发电机组故障预测和智能诊断系统建设，成功研发国内首款针对水轮发电机组的多传感融合一体式声纹采集设备；在国家能源集团下属洗煤厂实现了基于机器声纹的多传感信息融合方式，对洗煤厂筛机故障进行不间断诊断与预测性维护，可有效发现筛机侧壁裂纹、螺栓松动、弹簧失效、筛板开裂、横梁断裂等关键结构部件的早期故障征兆，实现对常见故障的超早期识别和预警；等等。

工业互联网兼收并蓄三链

工业互联网与供应链

供应链是一个以主机厂商或品牌企业为核心的完整链网结构。在企业实体上联接了供应商、制造商、物流商、销售商、维修商和用户，在产品实体上联接了原材料、配套零部件、半成品、维修件和产品（在研品、在制品、在售品、在用品等）。

供应链是一个跨企业的协作联合体，它并不是一个有确定机构、确定组织的集团企业。这种协作联合体为了一个共同的利益和目标，彼此上下游配合，优势互补，强强联手，组合在一起，依靠契约精神、业务协作关系以及数字化技术、网络技术的支撑，来协调运转。如今，数字虚体类的"软零件""软装备"也加入了供应链网，让供应链的组成变得更为复杂，例如 OTA 是基于网络通过空中下载方式来提供或更新"软零件"的。如何提高这种新型供应链的韧性和安全，成为新的研究方向。

供应链协作联合体的组成非常复杂，既可以是国内优势企业的联合体（例如国产大飞机运-20的开发，就涉及984个参研单位和3500家供应商），也可以是国际化的研/产/销联合体（例如某手机产品是"美国设计，中国制造，全球销售"，某汽车产品是"德国研制，捷克生产，中国销售"）。在全球化设计、全球化制造、全球化供应链、全球化销售的理念下，全球无数的供应商、次级组装商以及物流商等不得不一起合作，在"链主"的协调与指挥下，形成了一张覆盖全球的供应链网络。

供应链的精神是平等独立的跨企业合作，但是真正的平等往往是暂态，不平等是常态。某个掌握了供应链的核心价值，最有议价权或主导权的企业，在业界被称作"链主"。在不同时期或市场条件下，链主可能是客户，也可能是供应商，也可能是制造商。例如在手机供应链中，链主显然是手机公司；在用户与电力公司之间，链主是电力公司；当电煤供应紧张时，链主就从电力公司变成了煤炭销售商，甚至是煤矿。

在今天供应链全球化的时代，"链主"地位往往受到很多因素的影响。在极端条件下，"链主"地位往往会反复更迭，大起大落。例如，俄乌冲突导致俄罗斯受到西方国家近万项制裁，大量供应链被境外"链主"切断。几乎所有西方高科技公司都切断了芯片、电脑、软件、网件等产品供给，所有西方工业巨头都停止了与俄罗斯的项目合作及零部件供应，让俄罗斯境内的"链主"失去地位；反过来，俄罗斯也开始减少或部分切断对某些西方国家的天然气、原油、粮食、矿产的出口，让这些国家的某些"链主"丢掉市场。这场有史以来最复杂的全球供应链战争，让我们不得不重新思考该如何建设自主可控、具有高度韧性的供应链网络，工业互联网又应该在其中起到怎样的"定海神针"作用。

工业互联网与价值链

第一代线下价值链

哈佛大学商学院迈克尔·波特教授于1985年提出了"价值链"概念，他认为："每一个企业都是在设计、生产、销售、发送和辅助其产品的过程中进行种种活动的集合体。所有这些活动可以用一个价值链来表明。"

传统上，价值链由一系列形式多样的线下实体活动来实现，业务活动包括产品研发、生产作业、市场和销售、内外部后勤、服务等，辅助活动包括采购、人力资源管理、品牌建设和企业基础设施等。这些互不相同但又彼此关联的业务活动与辅助活动，构成了一个企业创造价值的动态过程。

第二代数物融合价值链

德、美、日企业倾向于把产品生命周期视作企业的价值流维度（例如RAMI4.0中的价值流）。美国NIST认为在企业生产制造过程中，产品、生产系统、订单（供应链）三个生命周期，共同交汇于企业智巧工厂中的"制造金字塔"，形成基于SMS模型的综合价值链。如果按照波特教授的定义，SMS就是数物融合的企业价值链。日本则干脆将其工业转型升级活动命名为"工业价值链"。

当工业互联网把更多企业实体、产品实体、业务活动映射到数字空间，让更多线下人员以线上角色出现，让更多线下活动以线上流程出现，让更多物理信息以数字信息出现，企业价值链将在数字和物理两个世界同时运行，交汇融合，而且因为数字要素的引领与赋能，物理世界的运行将更加便利和快捷。例如，以前做一个研发业务线下审批流程，要在不同时空中，经过多级业务领导线下审核，耗时费力周期长，而将该审批流程搬到线上后，业务领导可以充分利用碎片时间，几分钟就把需要审核的业务内容处理完毕，有效节省审核时间，极大提升审核效率，让企业价值链得到充分优化和增值。

动态价值流驱动新一代价值链

RAMI4.0提出了基于产品生命周期的单维度价值流；SMS模型强调了"三维合一"在智巧工厂产生了制造价值流，但未说明价值流的本质和作用机理；IVRA笼统地说"工业价值链"，也未阐述价值流，尤其是动态价值流。

按照作者提出的IIEM内涵，由工业互联网生态系统构成的价值链就是承载了"动态价值流"的新一代价值链。动态价值流是由数智流和其映射和驱动的实体流、资源流所形成的"三流合一"的综合流，是工业互联网生态系统中最重要、最活跃的"新动能"，它比SMS模型更能准确解释价值链和价值流的赋能作用。动态价值流是工业互联网需要管控、配置和优化的关键对象。对动态价值流的掌控，是工业企业实体融入数字经济的重要能力。

网络、5G、区块链、标识解析体系等数智化技术的快速融入，让工业互联网不仅拓宽企业实体在其产业生态中的企业交互边界，还可以加速产品和企业价值让动态价值流在企业内外部的快速、高频、大范围、智能地流动与传递。动态价值流以数据形式穿透了企业边界，交汇了不同生命周期，拓宽了价值覆盖范围，加快了决策迭代频度，提升了企业核心竞争力。

工业互联网与产业链

产业链是不同产业部门之间基于一定的技术经济关联，并依据行业的供需匹配关系、企业的产品对接关系和地域的企业实体空间关系，客观形成的链条式关联关系形态。通常认为，产业链是一个由供应链、价值链、企业实体链和空间链这四个维度构成的经济学概念。这四个维度在相互对接、均衡匹配过程中形成了产业链。

企业实体需要对接，产品实体需要流转、交付，企业需求牵引，订单契约驱动，形成了企业实体之间的"对接机制"，产业迸发出了强大的发展内在动力。这种内在动力以"无形之手"的方式，调控产业链的形成与发展，塑造了产业发展的经济规律。下面分别叙述产业链的四个组成部分，以及它们与工业互联网的关系。

供应链、价值链已经在前两小节阐述。企业实体链是本书提出的概念，在 IIEM 的实体维上得到展现。企业实体链包含了中小微企业、家族式作坊、地域性专业群体、产业集群等实体成员，以及彼此之间体现形式多样的合作关系的实体网络，强调企业的实体性和市场主体性。企业实体之间的合作形式多种多样，如优势互补开放合作的虚拟企业、非核心和非专长业务中的外包合作、多法人紧密协作的企业联合体、企业之间的供需链管理、通过某种契约或者部分股权关系而形成的战略联盟、通过组织间彼此协调来获取资源的企业合作网络等。

空间链是指产业链在国外、国内两大空间进行总体布局的地域性部署状态。国内布局要考虑诸如沿海与内地、南方与北方、本省市与外省市、本县与外县的经济差异等，国外布局要考虑文化差异、地缘政治、所在国经济情况甚至地区冲突等，以及由此而形成的物流、差旅、沟通成本及其他成本。

为了抓好、抓实以工业带动经济的高质量发展，现在各省/省会/地级市（甚至县镇）经过对当地产业链的梳理，都提出了自己的"强链、补链"计划。例如，泰安市人民政府在 2022 年 2 月 28 日印发了《泰安市重点产业链（集群）链长制工作方案》通知，在 3 月 9 日召开了"全市新型工业化强市建设动员大会"，由书记和市长亲自挂帅，精心梳理当地产业结构，组建了 13 条产业链，指定由各委/局级领导担任全部产业链"链长"，并由"泰安市新型工业化强市建设推进委员会办公室"协调推进相关工作。泰山智能制造产业研究院和泰安市人民政府智能制造专家委员会等专业部门，积极走访、汇聚供需方和专家资源，为链上企业开展工业互联网宣讲、"数字专员"培训和企业咨询等活动，有效促进产业结构调整。

对产业链的梳理和管理，需要按照产业链的四个主要构成来进行部署。很多产业集群符合企业实体链和空间链的基本规律。在本书第一章列举的禅城区张槎镇纺织产业集群和保定白沟箱包产业集群的例子，就是典型的"价值链+供应链+企业实体链+空间链"的例子。空间链越短，企业实体类型越趋同，则说明产业集群的本地化越强，培育孵化能力越强，隐形冠军越多，"草灌乔"生长为参天大树的希望越大，工业互联网落地的速度越快。

提质增强企业实体链，外拓内延空间链，补全强化供应链，放大调优价值链，让动态价值流奔腾在全产业链上。

多链跨平台配置资源

不同行业、不同平台的融通联接，是工业互联网发展的一个重要方向。例如，银行能不能给一些中小微企业贷款，关乎中小微企业的生存与发展，但是银行自己难以做出判断。工业互联网平台企业，可以提供来自平台的企业设备运营数据，数据帮助银行对企业进行信用评估，解决判断问题。

常州天正工业发展股份有限公司通过在设备上安装该公司开发的"电机上云传感器"和数据采集模块等，远程动态采集企业生产数据，形成面向中小微企业的跨地域、跨行业的工业互联网制造综合服务业平台。它能采集入网企业设备终端的开关机、用电、运行状态、无事故生产时间、数据波动等信息，通过持续采集，获得一定地域范围内的企业设备运行大数据，以"模型+数据"方式，推算出每个企业的"工业仪表盘"，形成通用型工业 App，如图 5-4 所示。

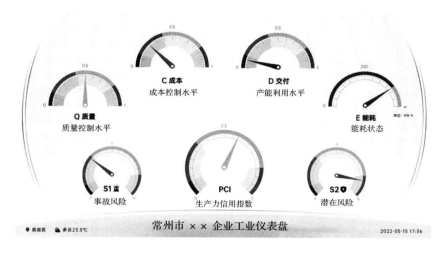

图 5-4 企业工业仪表盘（来自天正公司）

在图 5-4 中，上面四个数据是企业关键运营指标：质量 Q、成本 C、交付 D、能耗 E；Q 由企业填报，C、D、E 由工业互联网平台采集和计算获得。Q、C、D、E 综合在一起，体现了企业生产力水平，关乎企业运营成本，企业老板高度关注。企业生产力水平可直接换算为企业信用水平，银行可以据此发放贷款，政府可以据此定向提供信贷支持。

下面三个数据是企业宏观控制指标：事故 S1、生产力信用 PCI、潜在风险 S2。S1 用于判断企业的安全控制水平，是否需要做出预警；PCI 由 QCDE 计算得出，代表企业信用水平；S2 用于定向改善，降低企业潜在风险。这是政府、行业协会等有关部门高度关注的三个指标。

下面给出一组银行按照上述指标评估结果给企业发放企业信贷的实例。经过对溧阳市某公司、安徽某公司以及无锡某公司的设备保有价值、复合生产力水平、地区/行业加权生产力水平、信用评级等进行综合评估，三家企业分别获得 39 万、217 万和 346 万授信额度，并且贷款利率不同——根据信用评级，得分最高的企业贷款利率仅为 3.25%，得分较低的企业虽被评为 AA 级，但因设备保有值较低，贷款利率却高达 6.69% 如图 5-5 所示。银行的金融服务资源根据工业互联网平台上企业展示的 Q、D、C、E 等指标得到了优化配置。

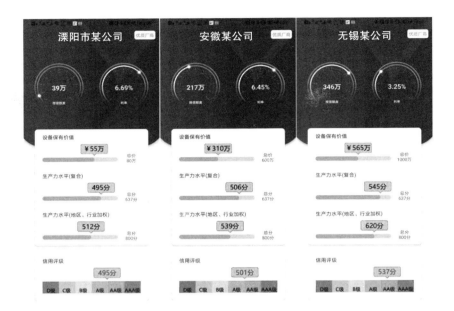

图 5-5 三家企业的生产力数据信用分析（来自天正公司）

让金融企业成为工业互联网生态系统合作伙伴，既是一种工业互联网业务模式创新，也是对企业价值链的服务化延伸。这种新模式将有效缓解中小微企业融资贵、融资难等问题。另外，工业互联网立足二产（如农机联网），向一产（如种子）、三产（如气象）融通发展，可以形成多链拉通、跨平台配置资源的良好生态。

企业和区域协同发展体系

园区内工业互联网协同

根据中国开发区网公布的数据，目前全国开发区总数为 2781 个，其中国家级 674 个，省级 2107 个。产业园区中企业所产生 GDP，在全国工业 GDP 中占有很大比重，已成为区域经济发展、产业调整和企业转型升级重要载体。

由工业信息化部倡导的"工业互联网平台＋园区"的新融合发展模式，已经成为地方政府拓展工业互联网应用的重要抓手，因为很多工业产值出自园区，很多产业链"根部"在园区，很多制造资源对接在园区，很多创新企业生长在园区。众多产业集群与园区之间也有着极其密切的关系，园区孵化产业集群，或者说产业集群就是一个同类企业汇聚的大园区。

从环境上说，园区是一个具有一定规模的生态系统。企业聚集在同一空间，需要使用土地、水、电、路、燃气、冷热量、网络、应急设备、专用库、安保、管理办等各种基础设施。打通"最后一公里"甚至"最后一百米"具有极其重要的意义。

从企业来说，园区内企业都是中小微企业，在数字化建设方面还较为落后，企业的"产品-人-机-料-法-环-测"大都尚未实现联接。工业互联网进园区，恰好可以作为实践IIEM的一个完整样本。

在实体维上，充分利用园区内企业在地理位置上的聚集所形成的空间链，梳理所有园区内企业之间和园区内企业与园区外企业的上下游合作关系，打破企业间壁垒，加快园区内外产业要素流动和优势资源互补，进一步提高整个园区的资源配置效率，实现供应链、价值链和产业链的有机融合。

在资源维上，梳理好企业的"产品-人-机-料-法-环-测"等资源，让车间的数控机床、热处理、机器人、测量仪等既有设备，实现网络通信，做到能联尽联。

在数智维上，实现设备数据远程采集，做好程序集中管理、大数据分析、可视化展现、数智化决策支持等，逐渐由智能单机工作模式，转变为数智化协同管理工作模式。

"工业互联网平台+园区"模式促进园区构建"四联（物联、企联、园联、区联）"价值网，形成园区内诸多要素精准对接和高效配置的重要平台。该平台既是本地制造业固链、强链、补链的特定路径，也是产业集群分工合作的空间载体，还是中小微企业整体"上云、用数、赋智"的超级接口，更是"专精特新"和隐形冠军企业的培育摇篮。

常州国佳云为公司以长三角区域一体化工业互联网公共服务平台为依托，面向区域政府、产业集群、企业客户、工业互联网园区，提供区域数字化转型、产业集群改造、企业智改数转、数字化营销、人才培训等公共服务。2022年，常州国佳云为面向白沟箱包产业集群建设箱包行业数字化转型赋能中心，提供公共服务平台、低代码平台、品牌服务中心、共享众创中心、解决方案资源池、数字化问诊平台、标识解析二级节点等公共服务模块；同时深入贯彻落实数字

"三品"战略,联合抖音、淘宝等平台,在帮助企业实现品牌数字化、扩大销售的同时,反向助推生产端智能制造转型升级。

中小微企业公共服务平台

中小微企业无论从资金上、人力上,都难以像大企业一样自建机房,自配服务器,自购成套系统软件和工业软件,很多企业根本没有 IT 部门或专员。统计数字表明,受限于高昂成本,90% 以上的中小微企业基本上都在数字化道路上步履艰难,具体情况在第十章阐述。

从形势上看,在三年疫情冲击下,在数字化转型大趋势下,中小微企业表现出强烈的通过数字化技术来实现求生存、求发展的意愿与诉求,这种意愿形成了软件工具和业务系统上云的巨大驱动力。

从法律上看,《中华人民共和国中小企业促进法》中第四十四条"县级以上地方各级人民政府应当根据实际需要建立和完善中小企业公共服务机构,为中小企业提供公益性服务。"说明地方政府有责任按照法律要求为中小微企业提供诸如云平台之类的各种公益性服务。

从工业转型看,大企业转型升级只是中国工业转型升级的一小部分,更大部分在于"草灌乔"类中小微企业的转型升级。只有大中小微企业都实现了工业转型升级,中国工业转型的升级伟大目标才算彻底完成。

提升中小微企业的数字化水平,帮助它们跨越数字化鸿沟,已经成为各地政府一直在认真思考和着力推动的重要事项。很多地方政府都建立了各种形式的工业云平台,例如,工业和信息化部在 2013 年确定了北京、天津、河北、内蒙古、黑龙江、上海、江苏、浙江、山东、河南、湖北、广东、重庆、贵州、青海、宁夏等 16 个省市开展首批工业云创新服务试点。

湖南省对中小微企业的数字化扶持政策思路非常清晰,在《湖南省中小企业"两上三化"三年行动计划(2021—2023 年)》中,开篇写明"全面落实《中华人民共和国中小企业促进法》及湖南省实施办法,加快推动新一代信息技术与制造业深度融合,促进中小企业高质量发展,特制定湖南省中小企业深化'上云上平台',实施数字化网络化智能化转型三年行动计划(2021—2023 年)"。该计划提出量化实施目标:每年推动 10 000 户以上企业深度"上云",推动 5000 户以上企业"上平台";每年组织实施中小企业 300 个数字化、200 个网络化、100 个智能化示范项目;每年重点培育和扶持 10 家云服务商、10 家省级工业互联网平台、10家"三化"核心服务机构、10家两化融合管理体系贯标咨询服务机构、10家工业控制系统信息安全服务支撑机构。

江苏省常州市结合本地制造业较为发达的市情，在2017年启动了"百企先行，千企上云"专项行动，通过产业基金、政府补贴以及星级评定相结合的方式，连年推动企业上云用云，2021年新增上云企业2000多家，上云企业总数1.1万余家，上云设备超过3万台。初步形成"一横多纵百云"的扎实工业云基础，为从工业云平台快速进化到工业互联网平台应用体系铺平了道路。

区域协同与一体化发展

区域协同具有明显的区域属性与地方特色。国内对区域协同的研究，主要着眼于区域利益、空间布局、产业链条、市场体系、地方品质等不同方面。每个地区的区域协同发展采用什么样的模式，与该区域的区域属性和地方特色有着较强的关系，与研究的着眼点有直接关系。在区域协同研究中，"区域"尺度到底设置为多大，是聚焦在城市、城乡，还是着眼于城市群、省际边界区、省际合作区或者是流域经济带？不同空间尺度研究，将会构建出不同的区域协同发展模式。

我国的区域协同有着较好的发展基础。国内两千多个各种形式的开发区可以作为区域协同的起点。从尺度上说，从园区到产业集群，从产业集群到区域，是一个协同区域的尺度从小到大的发展过程；从工业互联网的应用与覆盖来说，亦是如此，在一个区域内，基于工业互联网的协同范围从点到线，从线到面，从面到体，然后复制到更多的区域。

区域一体化是区域协同发展到一定程度后提出来的更高的区域发展目标。近年来国家以强有力的政策导向，加强了区域一体化的推进。区域一体化极大地推进了区域工业互联网的应用与发展。例如，2019年，国家发布了《长江三角洲区域一体化发展规划纲要》，规划范围包含沪、苏、浙、皖全域，面积35.8万平方公里，是国内首个，也是最大的区域一体化项目。类似的多省市区域一体化合作还有：川渝毗邻地区一体化发展合作（成渝地区双城经济圈建设）、京津冀区域合作与区域经济一体化合作、珠三角核心区深度一体化合作、粤港澳区域合作、东北老工业基地区域合作等。

一体化策略通常包含六个方面：区域规划一体化，产业布局一体化，基础设施一体化，公共服务一体化，生态环境一体化，创新机制一体化。但是在新冠疫情期间，多地健康码互不通用的情况，说明区域一体化还有很多地方需要"查缺补漏"，升级更新。

从政策上说，支撑区域一体化政策的不断出台和落地，为工业互联网的生态建设打下了良好的基础，为基于区域一体化的工业互联网公共服务平台的建设铺平了道路。

从技术上说，实现"六个一体化"，除了传统的线下面对面协调和线上协同之外，现在最有效的技术手段是建设新型数字化基础设施，应用工业互联网平台，来对接各方需求和规范，传递各地工业状态数据，协调管理指令和洞察区域性的企业发展规律，在整体上促进地方/企业的数字化转型。

从潜力上说，以"长三角"为例，其GDP产出占全国四分之一，其制造业规模占全国30%左右，培养隐形单项冠军企业超过2000家，省市级专精特新"小巨人"企业累计3万余家，行业门类分布广泛，是公认的工业与数字化资源高密度聚集区，也是工业互联网发端区和先行区。近年来，三省一市政府共发布工业互联网相关政策百余份，大力支持企业上云，汇聚了全国28%的工业互联网解决方案提供商，长三角地区成为了工业互联网创新发展重点区域。

广域资源协同优化配置

集中力量办大事，是中国举国体制特征之一。"力量"泛指各种资源。在大范围、大尺度、大协作、大信息（"四大"）条件下，形成社会化资源优化配置，是工业互联网重要应用之一。

抗击疫情显身手

在抗击新冠肺炎疫情的两年多中，工业互联网在方便企业实体协同对接、优化配置全国性资源方面，发挥了巨大的协调作用。国内一些知名工业互联网企业，例如航天云网、徐工信息、用友网络、浪潮集团、中电互联等，充分利用工业互联网所具有的信息汇聚、优化调度、异地协同、远程服务等具有"四大"特征的技术优势，纷纷开放平台、云服务及工业App，在企业复工复产、抗疫物资对接、医疗设施建设、疫情监测防控等方面发挥了积极作用，最大程度降低疫情对企业造成的冲击与带来的损失。

全国算力一张网

2022年3月，国家正式启动"东数西算"工程。"数"指数据，"算"指算力,通俗理解,即形成一种把东部数据放到西部去计算处理的国家级能力。该工程是一项典型的"集中力量办大事",在全国范围内优化配置资源的战略工程,它对形成统一算力资源空间布局,加快打造构架在工业互联网上的"全国算力一张网",积蓄数字经济发展新动能,具有重要意义。

西部大部分地区年平均温度较低,而且水电、火电、风电、光电等电力资源充足,适于建立支持"全国算力一张网"的大数据中心。以西部低温资源、充沛电力,安置大数据中心物理系统,以云服务等算力资源支撑东部经济发达地区计算、存储服务,"电力工业互联网+一体化国家大数据中心",是全国资源配置的优秀案例。

全球资源大对接

两年多新冠肺炎疫情以及各种地缘政治、军事冲突的叠加影响,让工业品生产供应链遭受重创,呈现高度不确定性,频发"过山车"现象。以外贸出口订单为例,长三角外贸企业在 2022 年面临着"订单陷阱":

海外疫情让中国以外的很多国家产能断档→海外订单争先恐后涌入中国→原材料价格暴涨→工厂火力全开→出货量激增→刺激企业主扩大产能→机器设备涨价→疫情导致全球物流循环卡壳→集装箱货柜一柜难求→货物出不去→企业收不回来货款……然后,开始考验企业自身抗打击韧性。

企业如果针对上述供应链中每个环节的困难都有应急措施,或者通过有效的信息获取而看清"订单陷阱"做出正确决策的话,就能渡过难关,甚至能"刀尖上舞蹈",继续盈利;但是如果企业没有应急措施或不能知难而退,资金链断裂几乎成为必然。

共赢共生理念普适,契约精神永续坚守,通过工业互联网优化配置全球资源,并利用广域超级供应链网覆盖全球,则上述困难将迎刃而解。

工业互联网生态系统精髓

工互网生态系统若干特性

工业互联网生态系统是指与工业相关领域所有工业要素(企业、产品、制造资源、数据/知识）相互作用所形成的新工业网络，以及在其价值链上诸多利益攸关方，基于数智化技术，按照共融、共生、共赢的规则所形成的动态有机整体。

在价值链上诸多利益攸关方，构成了实体维上的基于订单和利益分配而彼此协作的企业实体。

第一章已述及，在一个生态系统中，生产者、消费者还是分解者（统称生物），任何单一物种，都无法独立生存，其生存与发展，不能脱离以环境为先导的丰富的生态网络环境，必须与其他生物之间相互作用。归纳起来，生态系统具有"相互作用、平衡性、系统性、开放性、演变性"等特性。

将这些特性类比到工业互联网中，可以引申出工业互联网生态系统若干特性：

1）相互作用。工业互联网生态系统所有成员（生产者、消费者、参与者等）之间，成员与发展环境之间都是相互作用的。生态系统中各利益攸关方，在产业链条上应该构建利益共同体，互惠互利，避免单打独斗或面面俱到。

2）平衡性。上述相互作用在一定时期内处于相对稳定的动态平衡状态，因此有必要保持和维护体系内各成员的积极性和利益平衡，保持和维护实体流、资源流、数智流的平衡、稳定、畅通。

3）系统性。要特别注重工业互联网生态系统的顶层设计、制度设计、技术接口设计和系统性工作安排，同时注重各个子系统在整个生态系统中的表现和贡献，保证系统整体运行良好。

4）演变性。工业互联网生态系统在动态平衡中不断发展和演变，因此要特别注重识别、引导各个子系统、各个成员、各个区域的发展方向，随时调节数据偏差，避免量变引发质变。

5）开放性。坚持开放共享、共创共赢，引导大量制造企业、平台运营商、软件开发商、系统集成商、智库等实体加入生态系统，不断培育新技术、新标准、新链条、新模式和新业态。

综上，在一个健康发展的市场中，任何成员都需要有不同专业的合作伙伴来相互支持，优势互补，共同发展，才能真正做大做强，让该技术领域兴旺发达。每个工业互联网平台都应该是开放的，封闭的平台没有发展前途。我为人人，人人为我，主动分享并同时获得全体生态成员的贡献，是工业互联网生态建设的理想目标。

市场上的各个生态成员相互促进，共生共存，技术上不断优化迭代，平台上不断相互联接，数据上不断融通发展，最终形成一个多方参与、资源富集、创新活跃、高效协同的工业互联网生态系统，才能为"新基建"的发展提供源源不竭的市场动力。

工互网生态系统内涵演进

工业互联网生态系统并不是横空出世，而是逐渐演进的。作者认为，工业互联网生态系统源于"新工业生态"的产生与演进。

作者在 2020 年 4 月撰写的《数字孪生、赛博物理系统、智能制造、工业互联网四个术语之辨析》中，分析了四个术语的内涵、实质和主要特征，提出了"新工业生态"概念。

数字孪生、赛博物理系统、智能制造、工业互联网、皆由物理空间的物理实体与其在赛博空间中映射出来的数字孪生体两个基本要素组成，都属于新工业革命的活动内容，都可以给企业带来新技术、新模式和新业态。

1）数字孪生：在赛博空间对物理实体与业务流程等现实对象进行映射、仿真、优化和数据支持等数字形态传承类的活动，重在数字体验，以期通过优化数字孪生体有效提升物理世界的产品质量与作业效率。

2）赛博物理系统：数字孪生体与物理实体相融合，引入控制功能，形成智能闭环，划分了单元级、系统级、系统之系统（SoS）级不同规模，建立了物理设备的智能机制，实现了对物理实体机器的形、态的精准控制。

3）智能制造：多个不同级别 CPS 彼此搭接，集成，构建了智巧工厂，基于企内链完成纵向集成，基于价值链完成端到端集成，基于价值网络完成横向集成，优化配置制造资源，形成新制造生态。

4）工业互联网：将智能制造系统进一步分工与协同，解构与重构，实现海量工业要素的泛在联接，超越企业边界管控物理设备（如在用品），在更大的范围内优化配置工业资源，形成"新工业生态"。

作者认为，数字孪生→赛博物理系统→智能制造→工业互联网，是新工业革命在技术层面上的一种内在发展规律，是一种由企业内到企业外，由在研品、在制品到在用品，由价值链网到新价值链网，由新制造生态到"新工业生态"的全方位的数字化变革过程，其内涵一脉相承，渐次升级，终成生态，如表 5-1 所示。

表 5-1　四个术语内涵

术语	内涵			
	数字形态传承	数物融合控制	优化配置制造资源	优化配置工业资源
工业互联网	模型+数据+软件	控制/智能闭环	企内链/价值链/价值网/新制造生态	基于云的新价值链网/新工业生态
智能制造	模型+数据+软件	控制/智能闭环	企内链/价值链/价值网/新制造生态	
CPS	模型+数据+软件	控制/智能闭环		
数字孪生	模型+数据+软件			

充分认识工业互联网在内涵发展、生态建设上的内在规律和演进趋势，对于做好工业互联网的顶层设计具有极其重要的启示和指导意义。

工互网生态系统协同竞争

分工促进联接，联接促进协同，协同方得创新，创新才能发展。

联接了各种工业要素、覆盖了工业全价值链和全产业链的工业互联网，从其本身结构来说，在内生需求和演变趋势上，是必须要从线下生态系统走向线上生态系统的，线上与线下的生态系统是叠加共存的。因此工业互联网演变为工业互联网生态系统，是工业发展的必然结果。

企业内部打破部门边界

伴随着工业互联网的普及应用，企业本身将会发生巨大变化，尽管这种变化是缓慢的，难以察觉到的。在企业内部形态上，条块清晰、壁垒森严的部门边界将逐渐被打破。

企业将会改变以前集中、大规模生产的传统模式，借助工业互联网所赋予的新动能，通过小微、创客等新的组织模式，成为一个个的生产服务平台，成为一个个面向社会提供加工能力的新型组织。企业内部各部门之间，企业和企业之间边界不再明显。企业的管理不再僵化，响应不再迟钝，交付不再延迟，企业能随时根据市场、订单等情况进行资源优化与调整。

企业外部基于生态竞合

在外部形态上，企业开始注重优势互补、建立生态，不断建链、延链、补链、强链，并让这些链交汇成网。所有的"草灌乔林"企业都在生态系统规律下茁壮成长，甚至不断发生"草→灌→乔→林"的演变。

在良好的生态系统中，"草灌乔林"在市场土壤中根越扎越深，根系越来越发达，地面下发达的根系彼此交织互联，形成看不见的企业竞合关系，地面上林木参天、枝繁叶茂，形成看得见的市场竞合关系，与竞合关系相匹配的企业供应链、价值链、产业链、空间链、人才链、资金链等叠加在一起，形成了线下和线上的生态系统网络关系。

企业竞争转向平台和系统

或许十年之后，企业与企业之间的竞争，会逐渐演变为企业工业互联网平台之间的竞争，并最终变成基于工业互联网平台的企业生态系统之间的竞争。由于一个企业无法与一个生态系统中有着共同利益的一群企业进行对抗，因此缺乏生态系统建设的企业将逐渐失去持续发展的动能。

企业组织化，组织圈子化，圈子专业化/自治化，是长期发展趋势。未来，企业在工业互联网的激励与赋能下，结构上不断调整和进化，充分协调、利用和优化各界资源，形成一个社会化的、具有高度智能调度的、超级加工能力的组织。该组织不属于任何企业，可以不限时空地把自己的加工能力分享出去，或把世界上任何企业、组织、个人的订单承接进来，并且能够顺利交付，不再出现 2022 年的供应链"过山车"现象。

工互网生态系统动态运行

动态价值流是 IIEM 模型中的一个创新亮点，标志着企业实体的活力。

众所周知，数据是流动而且不断改变属性的，资源是流动而且不断改变状态的，企业实体虽然本身不"流动"，但是其所管辖的"产品"形态是在不断流动的，彼此之间的供需关系是在不断流动的。总之，流动是常态。

数智流、资源流、实体流这三种不同性质的"流"，在 IIEM 框架下，交织复合在一起，形成了强大的"动态价值流"，在不同企业实体、不同生产阶段、不同产品形态、不同服务对象之间往复穿梭，优化迭代，组合创新，价值倍增，赋能产品与实体不断前行。

企业各种生产要素（土地、劳力、机器、能量、物料、数据、知识等）在机/电/硬/软/网等生产工具作用下，以不同形式和机理，或持续，或间断地为企业产生价值。价值本身是变化的，从数智维上看，价值流是在赛博域

（BDIKW 五层）、物理域（物理层）之间往复交织流动的；从实体维上看，企业实体供需订单和产品实体形态是在不断流动的，由数字化 DIK 驱动和创新；从资源维上看，"产品－人－机－料－法－环－测"是在数字化系统的映射和推动下，反复相互作用，不断迭代优化。当"三流合一"时，所形成的"动态价值流"是一种综合流，是时间、空间的函数，是工业互联网需要管控、配置和优化的关键对象。

在过去几年中，国际上贸易争端、新冠肺炎疫情、超量印钞、俄乌冲突的巨大影响，已经引起原材料大涨价，很多企业已经无法开工生产。在多种不确定、不可控的市场因素倒逼下，工业品获利模式已经发生了变化。企业不再是仅仅向市场要利润，而是同时向自身要利润；不仅仅是要求自身降本增效，消除浪费，更要通过整个供应链的优化重组获利，通过国内统一大市场降低交易成本获利。数字化系统是决定企业生死存亡的基础设施，数据是驱动业务变革的生产要素，必须在企业内部做到在数据支撑下的精准决策、快速响应，在企业之间做到准确对接、供需平衡。

不仅在企业内部存在动态价值流，在企业外部，实际上也存在企业实体之间的动态价值流，但是这种实体之间的合作通常是不容易达成的，是不透明、不及时的，关键业务数据往往被封闭在企业实体的范畴内。如果要让企业数据产生更大价值，那么就需要这些数据被充分激活，能够突破企业的围墙，在企业之间流动起来，分享起来，应用起来。这就需要以工业互联网生态系统作为基础设施，以工业要素的数字映射、数物融合、相互联接作为方法论，从如何建设工业互联网生态系统这个源头上来解决现存问题。

实体自成网络，订单力驱千钧。产品动态增值，三链协同创新。

平台者强，工互者韧。生态者生，进化者存。

本章参考资料

[1] 刘韵洁. 工业互联网导论 [M]. 北京：中国科学技术出版社，2021.

[2] 计晓军. 企业为什么要：上云、用数、赋智？[EB/OL].（2021-06-16）[2022-05-20]. https://mp.weixin.qq.com/s/sVDBjLiI_m1XfwCy9I9WjA.

[3] 万小珍. 国佳云为：打造长三角区域一体化公共服务平台 [EB/OL].（2021-06-12）[2022-05-20]. https://mp.weixin.qq.com/s/kcLhyCB7fGM4xzugp7sstg.

[4] 谷业凯，余建斌. 加快打造全国算力"一张网"[EB/OL].（2022-03-27）[2022-05-20]. http://finance.people.com.cn/n1/2022/0327/c1004-32385001.html.

[5] 小志. 疫情下的长三角外贸工厂：诡异繁荣的"订单陷阱"[EB/OL].（2022-03-22）[2022-05-20]. https://mp.weixin.qq.com/s/Zshh0J-rw_fL3KhgRYNdDg.

[6] 湖南省工业和信息化厅. 湖南省工业和信息化厅关于印发《湖南省中小企业"两上三化"三年行动计划（2021-2023年）》的通知[EB/OL].（2021-04-15）[2022-05-20]. http://gxt.hunan.gov.cn/gxt/xxgk_71033/zcfg/gfxwj/202104/t20210415_16468970.html.

第六章

People Oriented

数据赋能：数字转型之基本逻辑

本章将聚焦于 IIEM 数智维上的 BDIKW（比特←→数据←→信息←→知识←→智慧/决策）内容，重点描述数据如何起到其应有的新型生产要素作用，工业互联网如何优化配置数字化的数据、信息、知识（DIK），如何根据 DIK 做出数字化预测与决策（W）。

硅基知识承载模型算法和推理

把碳基要素转为硅基要素

企业传统知识形态有三种：碳基知识（以人脑和纸介质为载体的知识），实体固化知识（固化、蕴含在产品实体之中的知识），实体活动/流程知识。

碳基知识转化为硅基知识

固化、僵化与脆弱的碳基知识属于传统工业要素，受到时空严重限制，不易传播；常见碳基知识分为两类，一类是人脑记忆的隐性知识，一类是以图形、图像、符号、文字等记录和展示在纸面（或其他物理实体）上的显性知识。

实现"碳转硅"的第一个步骤是采集、汇总、盘点企业既有的内、外部碳基知识。企业内部知识，由企业在"三个生命周期"中形成和积累；企业外部知识，由企业实体之间的合作而来。把员工头脑中的隐性知识变成显性知识是难点。

第二个步骤是把各种资料、模拟量、文档、图纸等企业要素都用二进制比特数字来表达，让物理的、纸介质的资料要素，变成可进入电脑进行存储、计算的硅基知识。从技术上说，所有文字、符号等都用 ASCII 码表达，所有实物、图形、图像、模型等，都用电脑软件建立相应的数字映射/数字孪生来表达。具体方式有扫描转换、传感器采集、人机交互软件生成等。

实体固化知识转硅基知识

企业制造资源以"产品 – 人 – 机 – 料 – 法 – 环 – 测"为代表，人的知识归类为碳基知识，有关研发、生产知识已经固化、蕴含在产品实体之中，需要观察者用自己的制造背景知识予以识别和解读，例如一把扳手上雕刻好的商标与编码符号，有经验的人用眼观察，就知道是手工錾刻的，还是钢印冲压的，或是激光烧灼的。即使是无法直接观察的产品材料微观组成，也可以通过电子显微镜或各种实验物理化学手段，间接获得准确结论（即知识）。

实体活动知识转硅基知识

实体活动知识是指机器设备等实体类人造系统的各种运行参数（物理实体信息），以及用传感器将实体信息进行数字化后，所采集到的海量数据。在离散型制造企业中，一台机器设备少则十几个传感器，多则成百上千个传感器；在流程型石化企业中，往往会有几万个数据采集点，每秒产生百万条数据。这些大数据以实时数据或时序数据的形式存储在数据库中，然后我们会对这些大数据进行分类、降维、回归及聚类等处理。

传统数据科学方法能够将采集到的原始数据转换为信息（事实上数据 + 量纲已经是信息）。近年新兴的机器学习算法通过识别模式，对信息进行分组或分类，从信息中寻找上下文关系，从而可以从信息中提取知识。

碳基流程转化为硅基流程

在硅基知识和实体资源数字孪生体的基础上，将物理实体、意识人体所参与的企业实体活动、企业流程、业务活动过程等，转变为可以在电脑里用软件来执行的数字化活动/流程，基本模式是"碳基活动/流程→硅基活动/流程"。

具体做法是：

1）精确地定义企业上下游之间通过订单合作对接的知识，建立以业务软件为核心的多元化企业管理信息系统，将实体/手工执行的线下业务活动/流程，转变为数字化系统执行的线上业务活动/流程，把本地业务放到云端等。

2）在企业各种业务流程（如研发、生产、检测、科研开题、项目结题、质量归零等）活动中设置节点，在该节点触发执行收集知识的活动流程，把随时产生的知识收集起来。

机理模型与数字模型比翼

传统架构工业软件、新型架构的工业互联网平台和工业 App 软件，都会用到各种形式的工业知识，这些知识往往以人类赋予软件的机理模型、数据模型、算法和推理规则等可复用知识形式表现出来。软件中的数字化知识，能够在各种形式的网络上被比特数据流承载、推送，从而高速智能流动，是最先进的数字生产力，是数字经济的强大引擎。数字化知识是工业互联网生命力所在，必将在数字空间永存。

模型来源于工业实践过程，来源于在具体工业场景中对客观现象和活动过程的某些特征与内在联系所做的模拟或抽象。模型由与分析问题有关的因素构成，体现了各有关因素之间的关系。工业软件的核心优势是对模型类知识的复用。

模型可以分为数学、逻辑、结构、方法、程序、数据、管理、分析、系统、实物等不同种类的模型。除去实物模型，其他可以用某种算法来表达的模型，都可以由目标、变量、关系三个部分组成，以特定算法的形式写入工业软件。工业软件常用模型为机理模型和数据模型。

一般来说，机理模型是根据对象、生产过程的内部机制或者物质流的传递机理建立起来的精确数学模型。机理模型表达明确的因果关系，是工业软件中最常用的模型。数据模型是在大数据分析中通过降维、聚类、回归、关联等方式建立起来的逼近拟合模型。数据模型表达明确的相关关系，在大数据智能兴起之后，也经常以机器学习算法的形式应用于工业软件和工业互联网之中。

工业现场的复杂性决定了，机理模型并不保证对错，而是为了有用。通过基于大数据的自学习，在特定场景下，数据模型通常也能达到可用状态。

走向智能研究院首席工业大数据专家郭朝晖教授对模型有着务实、深入的理解，他认为："机理模型和数据模型往往是不可分的，是相互融合的。工业中用的机理模型，常常要用数据校验参数，因为工业的测量值都是有误差的，或者说，误差不能忽视。另外，机理模型需要的参数经常没有，只能用其他参数代替。机理模型最大的好处是稳定性高，受时变干扰因素影响小。而对于数据模型，关键是精度，在工业现场，许多参数是时变的，误差不可避免，所以，通过大数据自学习的精度有极限。

业界专家共识：能用线性模型解决问题，就不要用非线性模型；能用简单模型解决问题，就不要用复杂模型；能用机理模型解决问题，就不要用数据模型。机理模型与数据模型相互融合是一个发展趋势。模型需要在实际应用中反复打磨和调优，才能达到最佳状态。

算法应受文化与道德制约

《人类简史》作者尤瓦尔·赫拉利说过，未来客户将不再是上帝，他们也不再是经济链的顶端，经济链顶端是算法。在数字空间尤其如此。

算法就是计算机解题的过程，是一系列解决问题的清晰指令，是在有限步骤内求解某一问题所使用的一组定义明确的规则。例如形成明确的解题思路是推理实现的算法，编写计算机程序是操作实现的算法。只要能够给出规范的输入，在有限时间内即可获得所要求的输出。因此算法比模型看起来更加具体，更加接近计算机的实际操作，而模型看起来更抽象，更加接近各种数理化原理与公式。

在36氪刊发的《失控的算法：自己写下的代码，却进化成了看不懂的样子》中，作者这样介绍算法："从根本上来说，算法是一件小而简单的事情，是一种用于自动处理数据的规则。如果a发生了，那么做b；如果没有，那就做c。这是传统计算的'如果/那么/否则'逻辑。从本质上讲，计算机程序就是这种算法的捆绑包，一种处理数据的配方。"

关于算法的逻辑性，这篇文章提到，在美国曾经发生过一起因汽车突然自动加速，引发车祸，导致司机死亡的事故，美国航空航天局专家花了六个月时间检查了汽车操作系统中的数百万行软件代码，没有找到软件算法问题，因此制造商坚决否认汽车是自动加速的。后来一对专攻嵌入式软件的高手夫妇，花了20个月深入研究了该款汽车软件代码，揭示出了问题真相：代码中充满了推搡和争斗的算法，呈现出一种程序员称之为"意大利面条代码"的扭曲现象，产生了异常的、不可预知的输出。案件于是水落石出。由于没有程序员能够预测现实世界道路上所有可能发生的情况，因此人类无法用枚举法遍历所有可能性，也不会有一个万能的算法来确保车载软件不出问题，只能利用大数据不断学习、优化和更新现有算法。

伴随着各种社交/消费互联网平台、人工智能、大数据技术的兴起，算法目前处于一种高速发展的状态。但是某些互联网平台的算法暴露出了问题。例如在某外卖送餐平台上，出现了"资本控制平台，平台通过大数据分析不断'优化'算法，算法压榨骑手"的现象。算法本身并没有道德与否之分，但是算法设计者的出发点是有道德与否之分的。如果设计者的目的是一味地利用大数据分析缩短送餐时间，就会造成某些社会问题，如骑手产生极大的心理压力，骑手为了满足最短送餐时间而在道路上危险骑行等。尽管经算法优化后的结果可以不断为平台创造更大价值，但是未必满足以人为本的价值取向。

同样的事情也会发生在工业互联网平台算法中。例如在休息时段上，人性化的算法是，通过动作数据库分析计算工作现场装配工人的动作序列和劳动强度，给工人安排合理次数的工间休息或茶歇时段，提高工人总体劳动效率。

推理以知识形成类人智能

推理是人类智力思考（人智）的基本形式之一，是由一个或几个已知的判断（前提）推出新判断（结论）的过程，在形式上有直接推理、间接推理、正向推理和反向推理等。

推理规则是指把相关领域的专家知识形式化地描述出来，形成系统规则。在数理逻辑中，推理规则是构造有效推论的方案。这些方案建立在叫作前提的公式和叫作结论的断言之间的语义关系之上。这些语义关系用于推理过程中，协助我们从已知的结论推导出新的结论。以人类智能的思考逻辑所表达的推理过程，与软件中最常见的基本语句"if/then/but（如果/那么/但是）"完全匹配（推理不需要 AI 算法），我们很容易把"人智"以语言智能方式写入软件，嵌入芯片，在算力支持下，为工业互联网平台和工业 App 赋能。

20 世纪 60 年代由费根鲍姆提出的专家系统，是通过已知知识来进行推理的重要尝试之一。具体做法是将专家知识进行形式化表达（如产生式规则、语义网络、框架、状态空间等），通过正向或反向推理过程进行问题求解，并以合适的解释和人机交互界面将结果呈现出来，人们也把专家系统称作知识工程。

知识工程发展到今天，与软件工程进行了较好融合。"知识工程 + 软件工程 + 人工智能 + 统计学习 + 自然语言处理（NLP）"等学科交叉融合，形成了"知识自动化"等业界和学术界都十分关注的技术发展方向。其中，基于本体论的知识图谱，已经发展成为一种较为成熟的、图形化的推理工具。

建设知识图谱的最终目的是实现抽象领域的概念图谱，实现由此及彼、由彼及它的逻辑推理，如同数学分析一样，通过样本得到一个抽象表达式，实现由这个表达式得到的计算推理。知识图谱的推理和计算都是在概念图谱上进行的。现在也开发出了成熟的知识图谱商用软件。

以智通云联公司建立的一个乳品工厂生产车间的知识图谱为例，它将生产中的"产品-人-机-料-法-环-测"等制造资源有机地关联在一起，以概念的形式，描述了车间生产的总体场景。在实际生产应用中的某种业务应用，比如 APS、能量优化、预测等，可以从图谱上选取一组概念的连线进行推理，以图谱的最短路径算法来做出判断，例如通过推理来进行产品质量追溯，找到有奶制品产生问题的根源，如图 6-1 所示。

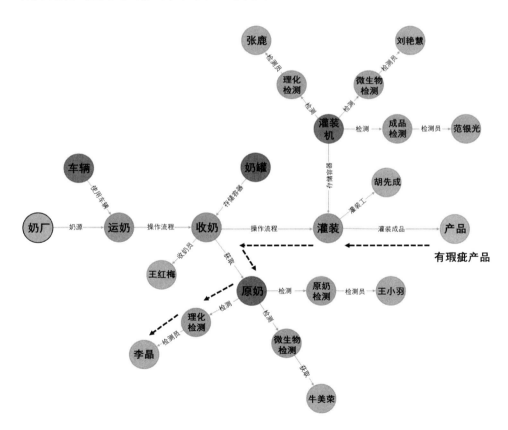

图 6-1　通过乳品行业知识图谱进行质量追溯（来自智通云联公司）

模型、算法和推理之间的基本关系是，推理会用到算法，算法包含了模型。彼此之间更复杂的关系不在此展开论述。

数据成为新型生产要素的意义

提到工业互联网，业界说得最多的就是数据：数据赋能，数据驱动，数据生产力，数据治理，数据交易等。数据极其重要，必须高度重视。福布斯认为，到 2025 年，大约有 150 万亿吉字节的数据需要分析。

数据从哪来，怎样炼，到哪去

本书所指数据都是基于比特的数据。数据本质上是一个被人类模型和算法操作的对象。数据所具有的实际功能和多元化属性，需要梳理和澄清。

数据从哪来：时空背景 + 业务逻辑

数据不会凭空而来，亦不会悄然遁去。数据的产生，必须有明确的工业现场时空背景，是真实的设备工作信息映射——数据是工业现场的各种物理系统的现场工况信息映射到数字空间的产物。映射工具是各类传感器和人机交互等方式。

在工业实体维度上，上下游企业之间具体的业务需求转化为订单，订单被企业接受后，进入企业内部业务流程，一步步转化、分解为研发、生产任务，同时伴随相应的指标数据。不难看出，数据来源与业务需求紧密匹配才合乎业务逻辑。需求→业务→数据→满足需求的结果，一脉相承，如影相随，时刻保持数物映射。离开业务需求和工业现场的时空背景讨论数据，是不科学的。

数据怎样炼：软件打磨重构驱动

在企业中，数据是业务场景呈现的状态变量；在软件中，数据是模型算法支配的客体对象；在机器中，数据是驱动设备控制器精准运行的指令。因此，数据的属性和功能是多元化的。数据是新型生产要素，可以通过软件赋能而迸发出巨大生产力，但是数据本身并不是生产力。

原料级数据经过处理后才能使用。在今天动辄 TB 级别的数据量上，人类五官和大脑已经无法对数据进行有效处理，只有软件能担此重任。以芯片为"电机"，以软件为"磨（魔）盘"，对原料级数据进行各种颗粒度的精细加工，软件不断识别、接收、计算、分析、解读、打磨、解构和重构数据，生成满足业务需要的精品级数据，再由软件作为"增压泵"，网络作为"管道"，把精品级数据泵送到所需之处，去完成软件赋予数据的当下使命，然后进入后续的使用循环。

在上述软件对数据的精加工过程中，数据形式是千变万化的，可以是单字节的英文字符，可以是双字节的汉字，可以是数字化数据/信息/知识（DIK），或者是无线传输的拆包数据等，其具体形态由软件程序具体内容决定。经过软件计算、分析、赋能的精品级数据，在软件引擎的引导与驱动下，最终形成数字生产力。

数据到哪去：显示驱动两手都硬

不同格式、时序的精品级数据生成后，按照软件算法预先设定的推理规则和输送路径，送达两类目的地：一是用于在各种屏幕上显示某种计算结果（模型、图表、工单、图像、音频视频、文件等），辅助人决策和行动；二是按照人预先设置的规则自主决策，直接以数字指令形式进入各种控制单元，操控机器的执行机构做出精准动作。这两类数据都有清晰明确的目的性和实用性。

源于工业时空，优于赛博时空，回归工业时空。一去一来，算力提速，模型精炼，算法优化，数据焕新，数据映射的资源在软件巧妙安排下得到优化配置。

沿数智维解构和重构升降维

在 IIEM 的数智维上，BDIKW 模型打造了由比特数据构建的"数字底座"，以比特数据自底向上进行映射，将物理层的碳基 DIK 解构，然后重构为数字化 DIK，进而由知识关联实现数字化决策。

比特

比特是数字化基因，最小编码符号，符号的结构在本质上是语义结构的映射。一个主谓宾完整语句可以表达一条数字化知识，如"语言的边界就是思想的边界""工业软件能够计算复杂的工业大数据""100 元购买 20 立方水"等语句。在自然语义处理（NLP）软件算法中可对语句进行拆分，将其中字词解构后降维为信息（如"100元"），信息进一步解构，降维为数据（如"100"和"元"），以一个 Byte（字节）表示。通过反向升维操作，数据可以逆序重构为信息，信息重构为知识，如表 6-1 所示。

表 6-1　多字节比特数据的组合表达数据、信息、知识

字节	字符文本	二进制 ASCII 码	语义
多 Byte	100 元购买 20 立方水	01100100 101000101000011 1000110100101101 100111001110000 00010100 111101011001011 110010110111001 110110000110100	知识
5 Byte	20 立方	00010100 111101011001011 110010110111001	信息
4 Byte	立方	111101011001011 110010110111001	信息
3 Byte	100 元	01100100 101000101000011	信息
2 Byte	元	101000101000011	数据
1 Byte	100	01100100	数据
1 Byte	20	00010100	数据

语义操作上的升维与降维，体现了以比特解构、重构万物的数字世界基本规则，体现了数智维作用机理。在表 6-1 中，自顶向下，是数字化知识按照语义解构和降维过程；自底向上，是数字化数据按照语义重构和升维过程（参见图 2-5）。

数智维上的知识天花板

在心智认知（DIKW）模型中，当多个语句（知识）彼此关联，可以形成智慧 W，例如在"××地区冲突加剧，海上运输受到威胁，未来油气价格将上涨，立即增加油气战略储备。"这句话中做出"增加油气战略储备"决策，属于人类智慧。

智慧思考，唯有人脑。智慧是相互关联的知识"刺激"大脑后产生的激发态结果，该结果需要用语义表述，表述语义的最高形式就是图文知识，正如杨学山教授所说"一切智能都是语义的"。因此人类所有智慧思考过程和推理成果（"人智"），在人脑内存储、计算和人脑之间传播，只能以知识为单元表达。

数字世界具有同样的决策规律。当相互关联的数字化知识在语义上"刺激"软件这个"数字脑"计算推理后产生的激发态结果，就是数字化决策/预测（类

似智慧的智能）。该结果转为记录态，同样自动降维成用知识表达。

深刻认识数据属性和意义

数据具有多元化属性

数据在网络上是流动的，因此可以把数据看作一种"流"。按照 TRIZ 中的定义，在人造系统和环境中的物质、能量、信息运动都可以定义为"流"。

以最小信息单元组成的数据流，在时空上具有时序性、实时性、流动性、位置、尺度等属性；在数字逻辑上具有比特位、比特序等属性；在应用上具有无损复制、任意编辑/打包/拆包、不限时空传收发、远程互操作、载体依赖等属性；在价值上具有无价值、有价值、藉由软件无级放大等属性；在控制上，具有可控、非可控、失控等属性；在功能上具有有益、有害、不足、过度、浪费等属性；在方向上有正向、反向、交变、多向等属性；在观测上，有可测量、不可测量、测不准等属性；在通道上有畅通、间断、阻滞、停滞、流与通道相互损害等属性。

清晰地认识数据流的多元化属性，有利于基于数智维来做好工业互联网的推进与实施，指导企业的数字化转型工作。

数据姓"公"还是姓"私"之悖论

由于比特数据无损拷贝、不可控传播之属性，可能 99% 以上的人都认为数据姓"私"，决策者都不愿意把自己的数据放在别人的服务器上。他们认为，数据一旦出了企业范围，就处于失控乃至是失密状态，因此数据归属涉及企业数据安全这个重大且严肃的话题。

数据私有性人人皆知，本书不做论述。作者认为，数据之本性兼具私有性和公有性两种对立属性，二者天生对立，目前没有调和余地。

数据公有性在于，数据必须要通过在一定范围内的流动、交易，才能演变为动态价值流，形成数字生产力，才能产生价值。让数据大范围流动起来，也是今天"双循环"新格局下，发展数字经济的一个重要举措。

数据流动可以用顺畅、流速、流动范围、交易频次、变现价值等指标来衡量。数据流动越顺畅，流速越快，流动范围越大，交易频次越高，变现价值越高，数据产生的价值就越大。因此，当数据被约束在企业甚至是部门范畴内时，流动范围小，共享程度有限，数据产生的价值就有限。而当数据被合规、合法地共享释放出来，大范围地流动起来，数据产生的价值就巨大无比了。尽管不可能将数据所有的私有性转变为公有性，工业互联网还是担负着将一部分数据的私有性转变为公有性的重任。例如全国性的工业互联网大数据中心的建设，就面临着企业为什么要把自己的私有数据提交到公有大数据中心的问题，促成这种数据属性转变的机制是什么，以及数据姓"公"之后，该怎样让其产生应有的数字生产力和释放其所蕴含的巨大价值的问题。

数据载舟与覆舟之两面性

TRIZ指出，任何人造系统都有两面性，即在实现其有用功能的同时，必定存在有害功能。如果仔细观察上述属性，就会发现数据如水，可以载舟，亦可覆舟。

如果企业缺乏正确的业务逻辑，则意味着无法做出正确的业务决策；如果生产管理和组织有问题，映射到软件中，就是模型和算法有问题；如果模型和算法有问题，在算力加持下，高速流动的数据由软件千百倍地放大错误结果，将会造成大范围业务损失。这就是数据的两面性。

在工业空间不断探索制造规律，提升生产管理水平，扎实做好现场组织，在数字空间有效提炼企业的基础数据和业务流转数据，是用好数据的前提。

基础数据与业务流转数据

制造现场的碳基信息由不同业务环节传递出来，带着各自的业务属性，构成了生产管理者心心念念、脑思口讲的生产进度信息、储运信息、采购信息等，这些碳基信息从不同业务视角描述着同一订单，展现于纸面，记录于人脑。

企业实施数字化项目时，首先要基于管理知识、工艺知识，对这些带有各种业务属性的碳基信息，以及相应的管理运营机理，进行数字化映射与解构，将其拆分为企业的基础数据和业务流转数据。基础数据是工艺知识、产品知识的沉淀，由动素、基础动作、生产动作组成。业务流转数据是业务流、资金流、生产组织方式的动态表达。无论是基础数据还是业务流转数据，都包含了"时间及作业变动成本（$t+c$）"，"$t+c$"可以用来评价企业的动态价值流，体现企业基于数据的生产管理水平。基于基础数据和业务流转数据的管理运营机理如图6-2所示。

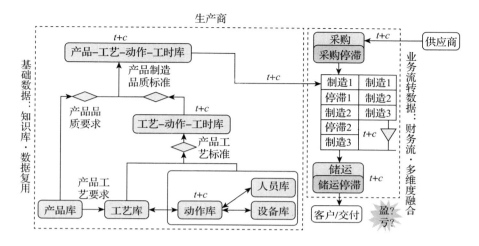

图 6-2　基于基础数据和业务流转数据的管理运营机理

在图 6-2 中，右边虚线框中的数据是业务流转数据，其中的"停滞"表示制造现场常见的采购、流转、储运等各种停滞，而这些停滞代表着动态价值流动受阻，生产周期变长（增加时间 t 就意味着增加成本 c）。因此，几乎在所有环节上都有消除停滞、降本增效的机会。生产管理者所关注的原料/半成品库存数据、工序线平衡数据、设备效率数据、人员效率数据等，都属于业务流转数据，当订单交付后，业务流转数据将被记录保存为历史数据，为管理提供改善依据。

要做好管理改善，生产管理者首先要确立改善标准，知晓制造数据应该是什么样子。例如，根据当天实际产出倒算出瓶颈工序，如果人工实际工时是 56 秒/件（该工时包含了人员停线搬运、停机维修等停线时间），不含停线时间的基准工时应该是 40 秒/件，生产组织方式不合理、设备维护不到位、物料配送不及时等多种原因造成了 16 秒差距。

图 6-2 左边虚线框中的数据是基础数据。用好基础数据能够明显减少生产上的时间波动。在上图中左侧虚线框中，企业可以根据产品分类建立产品库、工艺库，用 MOD 法将完成工艺的人员、设备动作拆解，形成动作库。让生产管理者获得基准工时 t 及基准工时下的成本 c，构建带有"$t+c$"的"工艺－动作－工时"数据库，这些数据形成企业的基础数据，让生产管理者掌握基准工时（例如 40 秒/件）。随着工序执行，产品在实体维上流转、变化，多种停滞造成基础数据失真，成为我们最终看到的业务数据"56 秒/件"。当消除了制

造过程的停滞后，图 6-2 右侧的"制造 1""制造 2""制造 3"将会变成连续过程。

区分基础数据、业务流转数据，是对企业自身管理能力、管理水平、工艺水平、产品特点的盘点，是数字化从结果向源头的逆向推进过程。生产管理者不仅要知道数据是什么，还要清晰知晓数据怎么来的，该怎么用数据来消除差距，更要掌握数据变化的逻辑和机理。

数字生产力如何融入工业现场

数字生产力形成与作用机理

所有 IIEM 物理层的实体要素和资源要素都可以精准映射为数字孪生体。数据、数据模型和实物之间的关系，是相互映射、依存、影响的关系。物理实体的管理和组织有序，所映射的数字孪生体也会呈现出同样特征，从而使物理实体在软件赋能下，释放出更大的数字生产力。

优化物理空间管理与组织方式

工艺数字化是企业生产现场的关键场景，是形成数字生产力的核心过程，是动态价值流要表现的核心内容。在制造现场，高质量地完成工艺、实现产品交付的常用资源载体有四种：一是生产设备，二是产品，三是工业现场的工人和其所做的人工操作，四是生产现场管理/组织方式。在进入工业互联网之前，围绕产品特征，优化重组 IIEM 物理层的管理与组织方式是十分必要的，如图 6-3 所示。

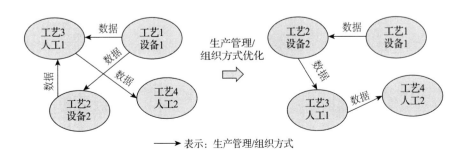

图 6-3　优化重组 IIEM 物理层管理与组织方式

释放数字空间的数字生产力

当上述四种工艺载体完成了从物理世界到数字世界的完整映射，描述和定义设备的数据、人工工艺动作数据等，就可以在工业互联网平台上，通过工业 App 将其变成工业端可视化场景。这些数据在通信技术的支撑下可以在企业网络上极速而有序地流动，经过用于生产环节的不同工业软件（如 MES、APS、WMS 等）按照某种格式计算、解构或优化，最终实现重构。重构后的数据可在设备屏幕上显示为工艺卡、生产进度、良率等各种业务数据，成为反映现场实况的数字化 DIK，为研发和生产环节赋能，例如表达 100 件已排产产品、200 件半成品、300 立方的库存，以及"设备 2 今天产品良率达到 99%"等，同时自动发出"当前原料库存可用一周，需要立即启动供应商订货流程"等预测与决策。数字化 DIK 在工业软件赋能下，不断助力和加速企业业务流程，释放出强劲的数字生产力。

数字化与标准化是双向促进过程

数字化业务流程是生产现场的生产管理、组织方式在数字空间的映射。数字化 DIK 在工业互联网平台中，按照预定业务流程进行传递和流转。当业务逻辑流畅，业务获得预期结果后，该数字化业务流程就会相对固化下来，乃至变成企业的标准作业流程。因此工业互联网不仅促进了企业流程同时在物理空间和数字空间的优化与重组，也带来了管理组织、生产流程和工艺过程的标准化。

管理流程的数字化与标准化是一个双向促进过程。当形成"工艺 - 动作 - 工时"数据库之后，所有基础动作都实现了模块化和标准化，都可以很容易地实现工艺知识复用，例如按照数据库中基础动作和工时培训员工，或将动作模型写入软件，成为驱动机械手动作的程序代码。

在工时里梳理挖掘管理效力

作者以一个通俗易懂的情景故事来说明让数据要素形成管理效力的过程和意义。故事发生在作者（以下称"老师"）指导某家纺企业建立工时管理基准过程中，一次关于人工验布工序的对话。

车间主任："老师，您说工时是不带处理疵点的工时，我觉得不对。面料那么差，按照好面料来确定工时，工人干不出来，干不出来就挣不到钱，挣不到钱，就不会乐意在这工作……这是原料的问题，跟我工厂管理、工人干活没多大关系。您说按照好面料设定工时太理论了，在工厂实际行不通。更难的是，人工验布，人眼识别疵点，看个半小时眼睛就不灵光了，效率降低，您还要建立工时就更没有什么意义了。"

老师："哦，那就是要带疵点的工时比较符合实际，可是多少疵点合适？布匹不一样，疵点不一样，怎么设定工时呢？"

车间主任："老师，得查查标准，比如一百米 5 个疵点可以接受。"

老师："即便是 5 个疵点可以接受，今天 5 个，明天 3 个，后天可能 1 个没有，大后天可能整匹布 30% 不良，这样的工时有什么用呢？……咱们就先依你说的，按照 5 个疵点的观测工时来算账吧。"

采用动作分析方法将验布工序作业进行拆解，如图 6-4 所示。

	动作	时间（s）	总时间（s）	说明：
黄色	搬运产品（4.2m）	9		绿色标识表示该工序有价值动作；
黄色	整理面料一般放入验布机	52		
黄色	记录面料属性	19		黄色标识表示有浪费但必要，需改善动作；
绿色	验布（157m）	766	971	
红色	中间断布	19		
红色	处理疵点	16		红色标识表示无价值消除动作。
红色	处理疵点	29		
红色	处理疵点	10		只有带有工作分解的工时才有指导改善意义。
红色	处理疵点	6		
红色	处理疵点	2		
黄色	整理捆绑面料	21		
黄色	搬运面料（1.8m）	22		

图 6-4　动作分析下的验布工序工时拆解

老师："我们详细算一下，'时间'都去哪儿了？工时能提供什么管理支撑？"

在图 6-4 中，工人用 971s 检验了 157m 布。

假设当地平均工资为 160 元/天，工人每天有效工作时间为 7.5h。由图可知中间断布和处理疵点的操作时间（无价值消除动作时间）共计 72s，那么每天（7.5h）的无价值消除动作时间约为 2002.06s，对应产能约为 323.71m，对应工资约为 11.81 元，即无价值消除动作让工人每天少处理 323.71m 布，多收入 11.86 元。无价值消除动作带来的成本被隐蔽地合理化了，成为了工人工资。

"时间"以产能损失的形式溜走了，以人工工资的形式发出了，但是我们却没有察觉到。这部分人工工资该给吗？当然应该给，劳动付出应该给付工资，但我们要算清楚时间、成本到底去哪里了？这部分由工人处理疵点构成的成本数据，可以用来支持工资薪酬、工人标准作业、生产组织管理、供应商管理等多个维度的决策，例如该成本数据可以成为企业与布料供应商谈判供货价格的依据。

在制造现场，时间变化带来成本的变动，这个成本是作业变动成本，属于作业成本法的内容。作业成本法（activity-based costing，ABC）是指以作业为计算产品成本的中间桥梁，通过作业动因来确认和计量各作业中心的成本，并以作业动因为基础来分配间接费用和辅助资源（行政和服务部门提供的资源）的一种成本计算方法，体现了一种精细化和多元化的成本计算和管理的思想。作业成本法作为管理会计的一部分，其重点并不在于成本的计算，而在于降低成本，加强成本管理。很多制造业企业经营者没有作业变动成本的观念，只会就工时而谈工时；生产管理者没有企业经营思维，不能站在企业经营高度看到现场管理中的问题。当把时间与作业变动成本结合时（$t+c$），生产管理者就有了作业成本的概念，才能与企业经营者有相同的视角，才能真正以成本为导向，实现企业整体优化。在多品种小批量的生产方式下，以经济批量概念为基础的传统标准成本制度，无法计算与产品无关的成本，造成产品成本失真，而作业成本法可以较好解决这个问题。

管理升级过程就是生产管理者工业知识的升级过程，若无深厚的工业背景知识，则无法解读"工时"数据，数据模型就无法支持正确决策。

工时数据映射出管理内核

上述情景故事中，工时数据为生产管理者提供产能、采购谈判、工人工资等多维数据关联分析视角。生产管理者要有能力将业务流转数据解构，如本章第二节"基础数据与业务流转数据"中所讲，通过现象看本质，找出数据中的管理问题，利用知识构建数据分析模型，支持多维决策。这是制造企业管理内核，是管理数字化的本质。

生产管理者还能从该工时数据破译出什么？可以从行业整体水平、供应商谈判，以及企业现场验布作业方式三层来解构。

1）制定面向行业整体水平的研发战略。生产管理者建立工时数据库，假如通过该工序工时数据沉淀，判断原料质量波动是印染行业整体工艺技术水平低下所致，那么这部分作业变动成本将在制造企业成本体系中长期存在，只能随着行业工艺变革、整体技术水平提升而削减。制造企业可以与供应商达成战略合作关系，共同在提升面料印染质量的某项关键技术上加大研发战略投入，构建高门槛核心竞争力。

2）采购谈判中的供应商管理策略。若整体行业印染工艺技术水平尚可，通过该工序工时数据库发现某供应商的印染水平不能达到行业水平，原料使用方，根据工时成本数据建立了控制、优化能力，可以通过加强供应商管理来消减由供应商原料质量波动引起的制造厂作业时间波动、作业成本波动。

3）对"验布作业"方式进行技术创新。抛开印染技术、供应商两类变量的影响，验布动作分析下的工时数据，也让生产管理者发现该工序人工作业需一定照度条件，长时间作业会引起工人视觉不适，导致作业不能持久，违背以人为本的职业伦理。借助机器视觉和大数据分析技术替代人工作业，研发智能验布机，是该类岗位技改的主要方向。验布工序是全行业通用且必备的工序，面向行业技术难题，洞察领先同行竞争先机，以研发智能验布机来大幅度提高产品质量，把人从枯燥、疲劳的工序（验布系统回路）中解放出来，这才是"机器人代人""自动化""智能化"的真正意义。通过业务数据解构管理现状，通过数据分析重构管理内容，才能充分发挥数据生产要素的作用，让数字技术产生强大的管理效力。

管理数字化从表面上看是把数据展示在屏幕的过程，其本质是制造现场和企业管理升级的过程。管理升级是一个长期过程，无法一蹴而就。管理升级需要做到：①回归生产管理本质，从制造现场最基本的要素做起，即生产管理者能辨析、拆分出附载在工时上的变量属性；②从全行业技术改善、供应商质量管理、本企业工人作业规范、设备自动化改造等方面进行务实改善；③提炼制造现场管理机理，让这些工业知识沉淀为机理模型和数据模型，并将模型嵌入工业互联网平台，支撑管理者做出快速、准确的管理决策。

工业知识是业务数字化的基石

工时数据，经过工业工程"动作研究"专业技术之辨析、破译、解读，让生产管理者很清晰地读懂了工时数据；借助工业知识，把工时数据打上标签，以"绿色"标识有价值的动作，"黄色"标识有浪费需要改善的动作，"红色"标识表示无价值要消除的动作；进而根据管理需求，将"绿色"标识数据（766s完成157m），设置为最优工时成本基准，其他颜色的数据成为基准上的变量。至此，工时数据数字化底层管理逻辑雏形可现。

人工验布工时 =" 绿色"的价值工时 +" 黄色"无价值但是必要的工时 +
　　　　　　 " 红色"浪费的工时
人工验布作业变动成本 =" 绿色"有价值作业变动成本 +
　　　　　　　　　　 " 黄色"需优化的作业变动成本 +
　　　　　　　　　　 " 红色"需尽量消除的作业变动成本

上面两个等式是类人智慧/决策算法的实现过程，根据管理需求建立工时数据分析模型，运用知识进行"人智"决策算法设计，这样的底层算法进入工业 App 中，方可创造更多数据价值。"绿色""红色""黄色"等带有不同管理需求的数据，对软件底层数据结构有更高的要求，此时工时数据就需要有能存储绿色、红色、黄色数据的独立存储位置，而不是将工时数据的总和 971s 存储并显示，而这样底层数据结构的管理需求只能由工业现场人员提出，软件服务商往往搞不懂这些管理需求。

数据采集不是目的，数据呈现下的管理内涵才是数字化决策的核心。有了大数据不代表能够做好大数据应用，二者之间还存在巨大鸿沟。数采设备可以实现海量数据采集，但是无法对数据属性进行有效拆分，亦无法根据属性进行多维度决策模型设计。这或许是很多企业寄希望于外部软件团队，希望通过大数据来帮助做好企业管理，但是大多数项目都失败了的原因之一。

数字化变革离我们不再遥远，数据成为企业生产要素也并非遥不可及，工业现场管理本来就在找数据、看数据、用数据，问题在于如何找、怎么看、怎么用这些数据，其实是需要扎实的工业知识来做支撑的。破译工人、设备动作载体下的"工时"数据，回归企业管理核心，认识到"工业知识"和"数据"都是重要的生产要素，是企业所有从业人员十分重要的认知转变。更重要的是，所有人要充分认识到，在工业互联网平台上，当"工业知识"生产要素作用于"数据"生产要素后，将会发生"聚变"作用，数字化 DIK 可以转化为强大的生产力，释放出巨大的工业增量。

内外循环·知识要素·数字经济

企业是国内外双循环的主体

作为一种依附型经济结构，我国"两头在外"式的出口加工贸易已经延续了几十年。虽然自 2008 年以来，少数中企已经成长起来，不断超越国外同行，成为掌握知识产权的国际竞争者；但是，依附型经济结构造成的惯性很大，西方工业列强利用其知识产权战略和长臂管辖等综合手段，不断以各种方式打压和干涉中国企业生产节奏与发展进程，力图一直保持获取中国制造的大部分利润。以苹果手机为例，其手机零件大部分制造和组装都在中国，但是中企从中获利却仅有手机出厂价的百分之几。

作为配置资源的主体，企业是主动优化配置资源，还是被别人优化配置？在今天西方工业强国不断打压和断供的情形下，必须要站在顶层设计的高度上进行应对和布局。2022 年 4 月 10 日，国家发布了《中共中央 国务院关于加快建设全国统一大市场的意见》，"建设全国统一大市场"就是要消除依附型经济残留的巨大惯性，激发国内市场潜力和培育社会消费能力，加强中国国际供应链的韧性，提高中国在全球经济中的话语权，塑造一个世界经济新格局。

在"建设全国统一大市场"的新格局下，IIEM 的核心思想可以体现在面向双循环的工业互联网生态系统中。在实体维上，对企业实体的联接可以从国内企业延伸到国外合作伙伴，乃至延伸到最终客户，加强中企的话语权。

国外订单需求代表了国际市场动向与产品青睐，以订单交付为代表的产品价值传递于供应链网中，国内 OEM 外贸型制造企业围绕国内外客户，联手供应商等合作伙伴，以实现共赢为目标，基于 BDIKW 模型，突破过去仅仅跟踪订单的传统模式，在跟单过程中融通人才、技术、知识、数据等多种要素，充分挖掘供应链网上每一个环节的潜力，对产品增值过程中所需的各种资源，跨越时空限制进行优化配置。双循环体系下的企业要素配置机理如图 6-5 所示。

过去每个企业实体只是一个集设计、生产、销售等各种业务活动为一身的个体，业务活动在各自企业实体范围内运行，无法被上下游企业识别，数据无法向合作伙伴传递。当加载在业务活动中的数智流穿透企业实体壁垒，打破时空限制，脱离企业边界束缚，在企业外部的"大市场"进行快速无障碍传递时，供应链上所有参与者都能够获取必要数据，共享知识，保持协同，做大动态价值流，增强供应链韧性。

联接优化整体，联接提高韧性。今天的企业竞争已经不再是单打独斗或比拼局部工艺最优，而是比拼其供应链网上所有参与者整体的快速响应能力。唯有工业互联网生态系统，才有能力对"大市场"的整个供应链网进行资源优化配置。

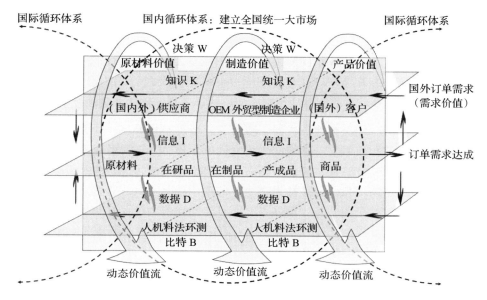

图 6-5　双循环体系下的企业要素配置机理

知识经济是不可跨越的阶段

知识是指人类社会所创造的一切知识，包括科学技术、管理和行为科学的知识。知识经济是以知识为基础、以脑力劳动为主体的经济，是与农业经济、工业经济相对应的一个概念，在 20 世纪 90 年代已经形成，其重要标志是，知识已经成为一种不可或缺的生产要素。

从硅基载体视角看，知识载体由碳基载体转变为硅基载体（芯片）。数字技术让知识传递更快速、更便捷，大大拓展了知识在时间、空间上的传播能力。作者在《铸魂》中总结知识传承载体的演变，是从过去的物化传承，到转化传承，然后到流化传承，一直到今天的数字化传承。唯有数字化传承，能够让知识一次输入，全企共享，永续传承。

从全球经济视角看，"国内外双循环"和"建设全国统一大市场"，不仅指有形商品、资本在国内外的流通，更重要的是指知识在国内外的流通。所有商品交易过程中都伴随着各种载体与形态的知识交易与流转，例如技术转让，或者交付实体产品的同时，附带数字孪生体、原始设计数据等。实体商品使用后有磨损或消耗，但是商品所承载的知识，以及使用商品时所形成的经验与感受，却会长期存在于用户和消费者的心智空间以及数字空间。

从知识理解视角看，任何 DIK 显示在屏幕上，如果只有人眼或机器视觉对 DIK 进行获取，没有人脑或电脑软件中相应的工业知识来解读、破译这些 DIK，生产管理者并不知道 DIK 怎么来的，要怎么用，能怎么用，这样的 DIK 就像一潭死水，缺乏活力。IIEM 中最重要的运行机理之一，便是以数智维上软件化的知识、模型、算法和推理规则，来解读、定义、催化和创新既有的 DIK。

在工业经济时代，土地、机器、劳力、资金等是重要生产要素，经济重点在于满足简单的物质需求与短缺的供给之间的矛盾，人们对数据背后的知识诉求不高；在知识经济时代，知识与其它生产要素并列成为关键生产要素，企业对知识的需求迅猛增长，但是知识在企业的地位仍然不高，很多企业迄今为止都没有建立有效的企业知识管理体系；而且，知识作为产品，仍然没有被提到企业高层的议事日程上。传统企业的主打产品，仍然是低附加值（低知识含量）产品，它们在当代的生存能力依旧靠产品销量而不是靠产品质量与高附加值。

现如今，在企业内部，越用越多的数字技术正在不断解构、重构企业的产品、技术、组织、战略、管理等各种要素，碳基知识不断转化为硅基知识；在企业外部，数字产业化的浪潮持续不断冲击传统产业。知识经济已经与数字技术发生了化学反应，正在转变为以数字技术为发展动能的数字经济。

数字经济已经成为经济引擎

国家统计局在《数字经济及其核心产业统计分类（2021）》文件中，给出了数字经济的定义和分类："数字经济是指以数据资源作为关键生产要素、以现代信息网络作为重要载体、以信息通信技术的有效使用作为效率提升和经济结构优化的重要推动力的一系列经济活动。本分类将数字经济产业范围确定为：01 数字产品制造业、02 数字产品服务业、03 数字技术应用业、04 数字要素驱动业、05 数字化效率提升业等 5 个大类。"数字经济核心产业对应的 01~04 大类即数字产业化部分，主要包括计算机通信和其他电子设备制造业、电信广播电视和卫星传输服务、互联网和相关服务、软件和信息技术服务业等，是数字经济发展的基础；第 05 大类为产业数字化部分，指应用数字技术和数据资源为传统产业带来的产出增加和效率提升，是数字技术与实体经济的融合。

中国信息通信研究院在《中国数字经济发展白皮书》中定义和分类："数字经济是以数字化的知识和信息作为关键生产要素，以数字技术为核心驱动力量，以现代信息网络为重要载体，通过数字技术与实体经济深度融合，不断提高经济社会的数字化、网络化、智能化水平，加速重构经济发展与治理模式的新型经济形态。具体包括四大部分：一是数字产业化，即信息通信产业，具体包括电子信息制造业、电信业、软件和信息技术服务业、互联网行业等；二是产业数字化，即传统产业应用数字技术所带来的产出增加和效率提升部分，包括但不限于工业互联网、两化融合、智能制造、车联网、平台经济等融合型新产业新模式新业态；三是数字化治理，包括但不限于多元治理，以'数字技术+治理'为典型特征的技管结合，以及数字化公共服务等；四是数据价值化，包括但不限于数据采集、数据标准、数据确权、数据标注、数据定价、数据交易、数据流转、数据保护等。"

不管是统计局的五个分类，还是信通院的四个分类，数字产业化和产业数字化是共同部分，其余内容各有千秋。统计局把工业互联网分别放在了04类的"0401数字要素驱动业"中的"互联网平台"下面，以及"0405信息基础设施建设"下面，这显然出现了偏差，但是，在第一章中已经详细阐述，工业互联网（平台）与互联网平台有很大不同，工业互联网是新型工业基础设施而并非仅仅是信息基础设施，至少应该归类到"产业数字化"，信通院把工业互联网分类到产业数字化，与智能制造放在一起，这个分类是符合工业界实际情况的。

工业互联网经济规模已经成为数字经济的组成部分。中国信通院的数据显示，2018年、2019年我国工业互联网产业经济增加值规模分别为1.42万亿元和2.13万亿元，预计2020年工业互联网产业经济规模或将达到3.1万亿元。2021年4月工信部新闻发言人在国新办新闻发布会介绍，我国工业互联网产业规模目前已迈过了万亿元大关。无论用哪个数据，一个万亿级产业经济规模，对中国数字经济的贡献是巨大的。以工业互联网推动中国经济发展，具有极其重要的战略意义。

产业数字化难于数字产业化

"数字产业化"的要点是将数字化的DIK作为经济发展的基本要素，形成电子信息制造业、电信业、软件和信息技术服务业、互联网行业等细分产业，由这些细分产业所培育出的人工智能、大数据、物联网、虚拟现实、增强现实、5G等新一代数字技术，催生并赋能比特数据流，承载数字化DIK要素在网络上急速传递，穿透时空障碍，减少信息不对称，让产品规格、功能特性和市场价格等关键信息都更加透明。基于数字技术的新销售模式和新销售渠道，促成了客户需求直达、创意直达，繁荣了产品生态，构成了目前大众十分熟悉的移动化社交/消费互联网模式，孕育了基于 BDIKW 的数字化转型机制，打造了数字经济半壁江山。

"产业数字化"是工业企业融入数字经济的重点和难点。新工业革命的重要特征之一，就是工业实体和企业资源也能够像移动化社交/消费互联网一样，形成工业要素的互联互通，实现企业的数字化转型。但是，已经运行百年以上的工业，具有体量巨大、惯性极强、要素固化、流程僵化、管理迟滞等弱点，转型升级绝非一朝一夕之事。

数字技术的进步，一直在持续、多方位地挤压传统制造业的生存空间：消费端的信息透明和价格低迷，迫使制造端必须通过降本增效来获得支持企业运行的合理收益，即企业必须引入数字化先进管理技术，优化生产流程和管理流程，提升管理效率，进而提升生产效率，释放更多产能，方可接更多订单来扩大收益。

产业数字化属于数字经济中的"数字化效率提升业"。对企业来说，数字化转型、智能制造、工业互联网等提升企业数字化效率的活动，是其具体表现形式。产业数字化技术让需求和订单能通过各种企业网络进行 DIK 传递，从原有大批量生产的规模经济基础，转向应对多品种、小批量甚至单件的生产加工需求，让生产过程变得更加柔性。企业之间的竞争，已经从单打独斗的计划生产，转变为组团建平台、快速响应需求变化的生产能力的竞争。这种改变对企业来说，是易筋换骨的变革，是全新赛道的切换，是模式转型的阵痛。不转是等死，转型是向死求生，虽然过程很痛苦，亦无法一蹴而就，但是熬过转型阵痛期，就会峰回路转，让企业进入数字经济发展的高速路。

数字经济视角下的数字产业化和产业数字化，与 BDIKW 之间的关系，如图 6-6 所示。

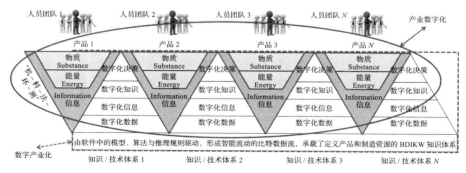

图 6-6 产业数字化和数字产业化与 BDIKW 关系

在图 6-6 中，正三角表达的是数字化 BDIKW 模型，由软件中的模型、算法与推理规则驱动，在最底层形成自动且智能流动的比特数据流，承载了以数字化 BDIKW 模型定义的数字知识体系，代表了数字产业化；比特数据流高速流经由倒三角所表达的"三个生命周期"，赋能其中的"产品－人－机－料－法－环－测"等工业端，数字化 DIK 不断组合、重构和升维，以正确而高效的决策/预测，让数据形成数字生产力，代表了产业数字化中数字经济的发展模式和数字转型的基本逻辑。

土地、机器、劳力、资本、知识等生产要素，给传统产业带来的工业增加值已经接近增长极限，难以大幅提升。以新生产要素身份融入工业的数字技术和数据资源，经过工业软件所激发出来的数字生产力，可以打破传统发展模式的天花板，给传统产业带来指数级的效率提升。数字生产力让国内外双循环更加顺畅，让全国统一大市场更加健全，让社会形态更加趋于智能。

数字技术，激励赋能。数据要素，工业转型。

本章参考资料

[1] 36 氪. 失控的算法：自己写下的代码，却进化成了看不懂的样子 [EB/OL].（2018-09-04）[2022-05-20]. https://baijiahao.baidu.com/s?id=1610654073854995364&wfr=spider&for=pc.

[2] 谭吉坷德. 事态严重程度超出预期！中美关系即将大变!![EB/OL].（2022-04-29）[2022-05-20]. http://www.kunlunce.com/ssjj/guojipinglun/2022-04-29/160861.html.

[3] 赵敏. 数字经济中的"新两化融合"推动数字化转型 [J]. 软件和集成电路，2021(8):78-79.

[4] 刘伟华. 工业互联网如何为食品安全保驾护航 [EB/OL].（2020-09-23）[2022-05-20]. https://www.bilibili.com/video/av927227084/?vd_source=e538411865e9e08482fd59105d2beddd.

[5] 刘俊艳. 管理者真的能看懂工时吗：系列故事 [EB/OL].（2021-06-14）[2022-05-20]. https://mp.weixin.qq.com/s/BPTIH6-s4IhUREKjdszVGw.

[6] 刘俊艳. 传统中小企业·信息化·数字化 [EB/OL].（2020-04-30）[2022-05-20]. https://mp.weixin.qq.com/s/4jZRjauK0_Tjf9endlt5kA.

[7] 中国信息通信研究院. 中国数字经济发展白皮书 [R]. 北京：中国信息通信研究院，2021.

第七章

People
Oriented

网海标识：工互安全保障新工软

本章将聚焦于 IIEM 数智维上的延伸内容，即工业互联网的网络基础、标识解析体系、安全保障、工业软件，以及这些重要内容如何在工业互联网中起到其特定的支撑、导航、赋能、赋智与保护作用。

工业互联网的网络基础

网络有很多种。按照网络地理尺度分类，有个人局域网、局域网、城域网、广域网和卫星网；按照传输介质分类，有光纤网、有线网和无线网等。每种网络分类中又有多种技术，例如无线网中有 Wi-Fi、bluetooth、ZigBee、WiMax、UWB 等技术，在移动通信网络代际上有 2G、3G、4G、5G 等技术，工业网络通信架构上又有时间敏感网络、时间明晰网络等。

5G 助力工互网高速发展

第五代移动通信技术（5th Generation Mobile Networks，5G）是具有大带宽、高速率、低时延和广联接特点的新一代宽带移动通信技术，支持增强型移动宽带通信（eMBB）、大规模机器类型通信（mMTC）和高可靠低时延通信（URLLC）三类应用场景，因此 5G 已经超越了电信通信网络的应用范围，成为一种可进入企业，联接"产品－人－机－料－法－环－测"等各类企业资源的网络基础设施。

截至 2021 年底，我国已建成并开通 5G 基站 142.5 万个，占全球 70% 以上的份额。在国家"十四五"规划中，预计到 2025 年底 5G 基站数量超过 360 万个，将会形成坚实的新型信息基础设施，有力地支持垂直工业应用场景。

根据电信企业和研究部门多方发布的 5G 介绍，其具有以下性能指标：

- 峰值速率达到 10～20Gbit/s，满足高清视频、虚拟现实等大数据量传输；
- 空中接口时延低至 1ms，满足自动驾驶、远程医疗等实时应用；
- 具备每平方公里百万连接的设备连接能力，满足物联网通信；
- 频谱效率比 LTE 提升 3 倍以上；
- 连续广域覆盖和高移动性下，用户体验速率达到 100Mbit/s；
- 流量密度达到 10Mbps/m² 以上；
- 移动性支持 500km/h 的高速移动。

基于上述性能指标，5G 不仅广泛用于商用移动通信领域，也已经成为承载企业内工业设备的网络接入和通信的新选择，例如车间内部的 AGV、AMR 运行，监控视频传输等。于在室外地面矿山和地下巷道运行的一些作业车辆、飞行器等，由于环境限制，工况危险，地域偏僻等原因需要遥控作业，如果用近距离通信方式实施遥控作用，适用场景将严重受限；如果用广域无线网络，则数据传输能力有限；如果用 4G 实时传输行驶视频，则画面延迟明显。上述车辆、飞行器等运载工具运行时的运行信息回传，以及在地下管廊的巡检等，特别是未来自主运行工程机械之间的协同问题，都可用 5G 来解决，应用场景有：

- 在工厂车间中用于 AGV、AMR 等移动设备。
- 在企业中用于传输海量数据（如高清视频）来做后台实时分析。
- 用于石油管道、燃气管道、电力输送线、露天矿、光伏/风电场、河流湖泊等开放场景的设备远程巡检与监测。
- 在矿山巷道、地下管廊等作业尺度较大的封闭作业现场中，用于远程遥控设备。
- 多台自主设备以群智方式作业场景，必须用 5G 实现自主设备之间的协调与通信（参见第八章第二节）。

多轴高速运转自动化设备需要在极短循环周期内精确控制机器动作，循环周期通常为 100μs，使用 5G 的周期是 10ms；时间抖动为 50ns，使用 5G 的时间抖动是 1μs。5G 不适用于这种场景。

北斗网络叠加工业互联网

北斗系统自 2020 年 7 月 31 日建成开通以来，在确保系统全天候稳定运行前提下，不断优化性能指标、拓展应用模式，致力于为全球用户提供优质服务。

北斗系统已经在交通运输、救灾减灾、农林牧渔等多个行业，以及电力、通信基础设施等多领域实现深度应用、规模化发展，成果丰富且效益显著。

中国工程院李幼平院士曾在"信息守恒的灵境涌现"报告中提到：由于三个以上卫星时差可以涌现出单一守恒的地理位置。中国北斗系统、美国 GPS 系统、俄罗斯格洛纳斯系统、欧洲伽利略系统，这四大定时定位系统基于 NTP（Network Time Protocol，网络时间协议）已经得出相互印证的、统一遵照世界协调时 UTC 的结果，其精度在局域网内可达 0.1ms，在互联网上绝大多数的地方其精度可以达到 1~50ms。这个"相互印证的统一结果"极其重要，标志着全球定位系统从原理上形成了"时空确定性"共识。未来，"天网"引领"地网"，确定性引领不确定性，确定性帮助消除不确定性。

李幼平院士的"天网引领地网"观点，给我们思考工业互联网未来发展带来了启发。在工业互联网生态圈内，极少有人认识到"天网叠加地网"可以形成"天网引领地网"的重大意义，因为我们经常忘记头顶之上的星空。事实上，当我们低头看手机时间，打开导航软件，甚至启动机器设备，我们都在享受着北斗系统无形而周到的定时定位服务。北斗系统带来的益处包括但不限于：

1）手机接入"天网"。由兵器工业集团联合中国移动、中国电信科学院等单位，承担建设了北斗三号短报文通信民用应用服务平台，北斗已经从面向行业服务转型向为面向大众服务。北斗短报文与地面移动通信系统相融合，实现手机"不换 SIM 卡，不换手机号，不增加额外设备"即可同时享受北斗短报文和移动通信服务。目前支持北斗短报文通信功能的手机产品已经在 2022 年 9 月面市。

2）短报文变长报文。北斗三号短报文目前可支持单次报文最长 1000 汉字，可传输语音和图片，因此"天网"具备了定位、定时、校准、验证、涌现等多种独特功能，可以与地面的工业互联网叠加在一起，为其查缺补漏，强筋壮骨，通畅血脉，有效提高"地网"韧性；当"地网"偶发阻塞时，"天网"可传输某些关键信息。

3）为"地网"设备授时定位。北斗上铷原子钟精度为每 300 万年差一秒，授时精度为 10~20ns，定位精度为 2~3m。如此高精度的定时定位功能，为万物互联提供了时空基准，例如北斗可以通过"授时"而统一工业互联网各个工业端上时钟，确保不同设备之间精准动作协同，给出全球某种设备的精确位置。以"天网"提供的精确且不可篡改的时空数据，引领"地网"的时空确定性，消除人造系统的时空不确定性。

工业通信：时间敏感网络

工业互联网的本质是海量数据在网络中的自动流动和智能处理，以形成工业过程的大闭环。在新工业革命的数据洪流中，工业通信是数据自动流动的使能器、路由器和加速器。因此，认识和定义新工业革命的网络通信技术，实现软件定义工业网络，已经成为工业互联网落地的重要基础。

在工业通信技术上时间的精准度越来越重要，时间敏感网络（Time-Sensitive Networking，TSN）是业界适用于工业互联网、智能制造领域的一种高带宽、低时延、与OPC UA规范融合后可以实现语义互操作的工业通信架构。

IEEE在2002年发布了IEEE 1588网络测量和控制系统的精密时钟同步协议。消费电子类的音频视频数据流在传统以太网络中传输时，难以满足该协议的时序性、实时性、低延时要求，经常发生数据丢包问题。于是IEEE 802.1工作组在2005年成立了IEEE 802.1音频视频桥接（audio video bridging，AVB）任务组，开发了一套基于以太网架构的音频视频传输协议集，制定了用于保证音频视频数据在以太网中传输时的时序性、实时性、低延时以及流量整形的标准。后来由业界95%以上的汽车、消费电子和工业制造公司组成了Avnu联盟，致力于建立和认证开放式AVB和TSN标准的互操作性。2012年AVB任务组正式更名为TSN任务组，开发了诸如时钟同步、数据调度、流量整形、网络配置、应用配置等系列标准。Avnu、OPC UA基金会等组织都在积极参与和推进TSN技术标准。

全球性的新工业革命兴起后，B&R、TTTech、SEW、Schneider等工业企业开始着手为工业领域的严格时间任务制定整形器，成立了整形器工作组，并于2016年9月在维也纳召开了第一次整形器工作组会议。随后德国工业4.0组织LNI、美国工业互联网联盟（IIC）、中国边缘计算产业联盟（ECC）、中国工业互联网产业联盟（AII）等都加入了TSN技术研究。2019年IEC与IEEE合作成立IEC/IEEE 60802工作组，力促在工业领域应用的TSN开发可以实现底层的互操作。TSN在符合大多数工业通信厂家基本利益的前提下，得到了广大工业巨头认同。

TSN技术优势如下：

- ▶ 以以太网为基本支撑，带宽大，未来随着以太网发展，可扩展性较强。
- ▶ 和目前标准以太网技术完全兼容，可以实现IT/OT较好融合。

- 按照时分复用（Time—Division Multiplexing，TDM）技术，较好地实现了实时性和确定性控制。
- 以国际标准 HSR（High-availability Seamless Redundancy，高可靠性无缝冗余）和 PRP（Parallel Redundancy Protocol，并行冗余协议）为基础，较好地实现了网络冗余特性，提升了工业网络健壮性。
- 具有精准的时间同步属性。

中国信息通信研究院发布的统计数据显示，目前 TSN 全球专利的 80% 以上由国外企业掌握，如图 7-1 所示。

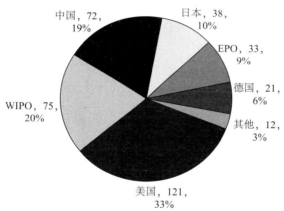

图 7-1　TSN 全球专利地域分布

工业通信：时间明晰网络

工业通信的基本需求概括为以下五个基本点及两个附加属性：

- 确定性和非确定性的融合。
- 工业通信网络的健壮性或鲁棒性。
- 工业通信的可观察性。
- 工业通信的系统协同性。
- 工业通信的安全性。
- 海量数据的智能获得为通信技术的加分属性。

- 通信网络的组建和维护的便利性为其商业加分属性。

目前国内外企业和组织普遍认为，满足工业互联网、智能制造的工业通信技术应该为：TSN + OPC UA，这确实是一个当前主流应用趋势。

但是，从长远来看，TSN 在技术上确实存在一些缺陷：

1）TSN 源于典型的基于时间分片技术，即在特定路线、特定时间为特定数据预留"专用通道"，从而实现网络传输确定性。在实现确定性的同时，隐藏了一个前提：通信业务路线是刚性的、固定不变的。这与工业互联网、智能制造要求的高度柔性化制造过程相悖。

2）基于 TDM 的网络设计，由于工业控制的周期性，在一个周期范围内的时间具有有限时间资源，会占用专用通道，这意味着其他用户不能使用，因此专通道的数量形成了制约，使得可集成的确定性系统数量大为受限，无法体现以太网自由互联的优势。

3）多网络融合是工业互联网、智能制造基本需求。TSN 基于简单网络拓扑技术，在工业网络通信中健壮性相对较差，难以用于多网融合的工业平台。

4）未来在多网融合常态下，工业生产将面临前所未有的安全隐患，完全透明的工业网络通信技术才能形成"阳光"环境，让所有黑客行为和木马、病毒等数据异常活动无处藏身。但是目前 TSN 尚无法识别 PLC 的数据异常活动。

5）图 7-1 显示目前 TSN 的核心技术和专利 80% 以上掌握在国外企业手中，如果仅采用跟随策略而不形成技术突破，潜在的技术和专利风险都是巨大的，无法打造高度韧性的制造供应链。

在工业互联网、智能制造建设过程中，风险意识较强的企业应该采取有效措施规避上述技术风险。

北京恩易通技术发展有限公司在工业网络通信技术上取得了突破性创新，推出了完全自主可控的"时间明晰网络（Time Aware Network，TAN）"技术，从 TAN 芯片和 TAN 交换机都是自主研制，近年来，经过多个企业、多种形式组网实用实测，表现出了优于 TSN 的基于时间的系统协同性和安全性。

TAN 实现了三个层次的时间明晰和六个新工业网络属性：

- 网络的时间明晰：整个网络的时钟是同步的（误差小于 500ns）。
- 设备的时间明晰：所有接入网络的设备都可以从过去的设备之间"对时"获取同步时钟，升级为由网络"授时"而获取更精确的时钟进行同步。

- 数据的时间明晰：所有网络中的数据都具备精确的时间属性。
- 采用多通道的概念实现了工业以太网传输的低时延、确定性传输的要求。
- 网络健壮性：实现多路径传输技术以及任意组网，彻底满足了未来工业网络的自由互联互通以及网络健壮性需求，多种网络（有线、无线）无缝融合，根除网络风暴，做到了仅有一根导线连接时数据仍能传输。
- 网络透明性：在不影响工业应用前提下网络完全透明，可以察觉设备底层（如 PLC）任何异常活动数据，极大地提高了工业网络安全性。
- 战略安全性：即使发生太空网络战，在北斗网络被摧毁而失去绝对时间授时的极限情况下，TAN 主交换机仍然能够自动保持相对时间同步，确保其工业网络上协同工作设备的正常工作。而 TSN 及现有工业以太网在失去绝对时间后可能因系统紊乱而瘫痪。
- 无痛迁移性："以太总线"技术可支持传统总线与工业网络的无缝融合，让现有工业网络用户无痛迁移。

TAN 技术不仅能用于工业网络通信，它还有可能让中国工控界摆脱对西方工控设备（如 PLC）的严重依赖，使工控领域实现"软件定义工业网络"，从芯片和底层数据来确保工业网络安全。

工业互联网标识解析体系

工业网海航标闪耀，数据航船追光而行。工业互联网标识解析体系是工业互联网网络体系的重要组成部分，是支撑工业互联网各个工业端互联互通的神经枢纽和数字身份证。

标识解析体系保驾护航

联接是建设工业互联网的方法论。联接有多层次实现方式：首先是物质实体联接（如 OSI 参考模型中物理层的接口与网线，构成数据接口与通道），其次是能量场联接（如导线通电加载电磁场或无线发射电磁波，构成数据动能），然后是信息场联接（如电磁场加载高低电平，构成数据 1/0 比特），最后是逻辑联接（比特数据承载数字逻辑，表达 DIK），由此构成一个完整的联接过程。工业互联网标识解析体系，是在网络物质、能量和信息联接的基础上，再植入一套数字神经系统，在浩如烟海的百亿终端中，对终端做快速时空定位和全链信息溯源，极大地提高工业互联网资源配置/优化能力。

在社交/消费互联网上，用户借助域名系统（domain name system，DNS），通过输入网址来访问网站并获取资源。在工业互联网上，标识解析体系就是"工业DNS"，它既引导工业终端的电子方位，也标明工业终端的时空方位，构建了一个工业领域万维网（www）世界。

工业互联网标识解析体系的核心包括标识编码、标识解析系统、标识数据服务等三个部分：

1）标识编码：唯一识别"产品－人－机－料－法－环－测"等物理实体资源，以及模型、算法、软件、工序、标识数据等数字虚拟资源的数字身份符号，类似于"数字身份证"，人和机器可对标识进行识读；

2）标识解析系统：能够根据标识编码查询目标对象的网络位置或者相关信息的服务器系统，它能对目标对象的数物资源进行唯一性定位和信息查询，实现全球供应链系统和企业生产系统精准对接；

3）标识数据服务：能够借助标识编码资源和标识解析系统开展工业标识数据管理和跨企业、跨行业、跨"三链"、跨"三个生命周期"、跨地区、跨国家的数据/信息/知识（DIK）共享共用服务。

基于工业场景，标识解析体系不仅注明了工业终端唯一ID，同时构建了物理世界各类终端的数字孪生体的联接、访问与互操作空间，让用户可以像在社交/消费互联网上获取信息一样，便捷地识别、获取异地分布、不同归属的工业终端所蕴含的各种"产品－人－机－料－法－环－测"资源，为用户管理决策提供支持。

早年很多企业已经利用条形码、二维码、RFID电子标签、智能IC卡、芯片等标识注册，采用最原始命名规则，建立了企业自用编码，它在物件命名、编码和识别规则上可能做得并不规范，但是实现了企业内部物料管理、生产管理、产品管理。

企业自用编码的实践成果，为工业互联网标识解析体系打下了初步基础，但是，因为企业普遍未将自用编码放在超越企业边界的更大范围、更高层次上来进行构思和规划，而且不同企业采用的标识编码规则不统一，这些企业自用编码并不能满足工业互联网在大范围内优化配置资源的强劲需求。推广已经纳入国家标准的工业互联网标识解析体系势在必行。

标识解析体系节点分级

工业互联网标识解析系统采用分层、分级模式构建，面向各行业、各类工业企业提供标识解析公共服务。根据中国工业互联网产业联盟（AII）发布的《工业互联网标识解析二级节点建设导则（2021）》给出的定义和阐述，我国工业互联网标识解析体系由国际根节点、国家顶级节点、二级节点、企业节点、递归节点等要素组成，如图 7-2 所示。

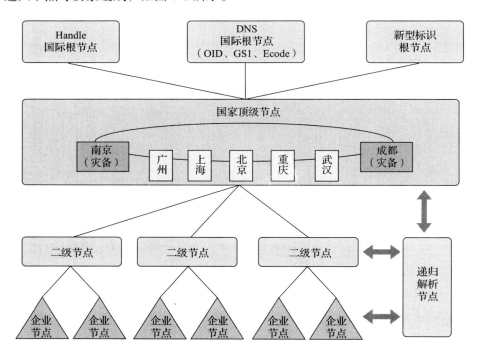

图 7-2　工业互联网标识解析系统分层分级架构（来自中国信息通信研究院）

1）国际根节点是指一种标识体系管理的最高层级服务节点，提供面向全球范围根层级的公共标识服务，并不限于特定国家或地区。

2）国家顶级节点是指一个国家或地区内部最顶级的标识服务节点，能够面向全国范围提供顶级标识解析，以及标识备案、标识认证等管理能力。国家顶级节点作为我国工业互联网标识解析的国内"第一跳"，既要与各种标识体系的国际根节点保持连通，又要连通国内的各种二级及以下其他标识服务节点。

国家顶级节点兼容 Handle、OID、Ecode 等不同体系，包含备案、监测、应急等公共服务系统。可以开展集成创新应用、基于标识解析的重要产品追溯、基于标识解析的供应链管理和基于标识解析的智能产品全生命周期管理。

3）二级节点是面向特定行业或者多个行业提供标识服务的公共节点。二级节点既要向上与国家顶级节点对接，又要向下为企业分配标识编码及提供标识注册、标识解析、标识数据服务等，同时满足安全性、稳定性和扩展性等方面的要求。作为推动标识产业应用规模性发展的主要抓手，二级节点是打造有价值的行业级标识应用、探索可持续发展业务模式的关键。

4）企业节点是指一个企业内部的标识服务节点，能够面向特定企业提供标识注册、标识解析、标识数据服务等，既可以独立部署，也可以作为企业信息系统的组成要素，企业节点需要与二级节点对接，从而接入标识解析体系中。

5）递归解析节点是指标识解析体系的关键性入口设施，能够通过缓存等技术手段提升整体服务性能。当收到客户端的标识解析请求时，递归节点会首先查看本地缓存是否有查询结果，如果没有，则会通过标识解析器返回的应答路径查询，递归查询的第一跳应指向国家顶级节点，直至最终查询到标识所关联的地址或者信息，将其返回给客户端，并将请求结果进行缓存。

标识解析服务可由来自企业业务信息系统、工业互联网平台、工业互联网App等多种形式的查询操作触发。

标识解析体系四大作用

杨学山教授在《智能原理》中指出，描述是为智能体创建统一的符号体系。有描述才有标识，有标识才有区分，有区分就有识别和定位，就构建了一个系统组件的可辨识性、可供性、可追溯性和不可篡改性，也构建了一定的系统智能。

不可篡改的信息追溯

工业互联网标识解析体系借鉴区块链模式，将各阶段的溯源、定位和时序信息存储在各企业的服务器上的数据库中，形成分布式、不可篡改的数据存储模式，对企业资源赋予了可信的标识——唯一的"数字身份证"，因此有利于对产品任一环节数据进行追溯。所带来的好处是，既可以把产品分散在"三个生命周期"中不同阶段各个业务系统中的数据连接起来，打通供应链，也可以利用标识解析服务进行推理，从消费者端反向追溯产品各个生产环节信息，查找缺陷成因。

打通企业"信息孤岛"

在"三个生命周期"中，企业存在大量自用编码，识别规则与算法很难统一，导致产品数据滞留性地存储在企业内部不同位置、不同用途、不同供应商的异构信息系统中，形成了"产品数据落地（不流通）"，即"信息孤岛"，难以互通共享。

工业互联网标识解析国家顶级节点、二级节点跨越了过去难以打破的企业边界，联通了各个企业节点，可以为企业自用标识提供公共标识解析服务，帮助企业实现跨企业的信息对接与数据互通，将"信息孤岛"转变成基于统一标识的、数据自动流动和知识智能流动的数字主线，串接"三个生命周期"中的各个数字孪生体和物理实体，让数据顺畅流动，精准到达目的地，为企业释放巨大数据价值。

优化企业供应链管理

以前企业实体通过供应链管理系统，面向仓储物流企业或制造企业进行订单信息传递，交叉环节众多，编码各有差异，协同效率低下，无法实现制造资源的灵活调度。基于工业互联网标识解析体系，供应链上的所有上下游企业实体都可以通过唯一标识在标识解析体平台注册、解析、查询各种资源，解决了企业间因标识不统一引起的问题，促进生产、运输、使用、服务等环节的高效协同，优化供应链管理。

设备故障预测及健康管理

传统的设备故障预测及健康管理具有"先故障后维修，故障定位、根因分析困难，维修周期长，经济损失大"等特点。

工业互联网标识解析体系为设备的每个核心零部件赋予唯一标识，将核心零部件与整机组设备信息相关联。一是建立设备性能模型，进行设备状态分析和效能分析，寻找运行优化解决方案，提高设备利用率；二是利用大数据分析技术建立数据模型，结合工业机理模型，训练基于数据模型和机理模型双驱动的设备故障预警模型，实现设备故障的提前预测和主动维修，减少设备宕机带来的经济损失。

标识解析体系发展潜力

我国工业互联网发展尚处于从初级阶段过渡到成长阶段的时期，建立完善的标识解析管理机制相当于为工业互联网打通"任督二脉"。标识解析体系将会发展成为一种可精准定位、可全链追溯、可跨界运营、可培训创新的巨大生态。

《工业互联网创新发展行动计划（2021—2023 年）》提出到 2023 年标识注册总量超过 150 亿，日均解析量达到千万次量级，引导企业建设二级节点不少于 120 个、递归节点不少于 20 个等目标。

截至 2022 年 5 月 25 日，我国工业互联网标识注册总量已达到 1350 亿，日解析量超过 1 亿次。从一亿到百亿，再从百亿到千亿，仅仅用了两年时间，注册量呈指数级增长。二级节点数已达 195 个，辐射范围覆盖 29 个省（区、市）、34 个行业，接入企业节点 124 646 家。全国累积部署 17 个递归节点，中国联通的 8 个递归节点已正式上线运行，中国移动的 9 个递归节点进入部署验收阶段。

《工业互联网创新发展行动计划（2021—2023 年）》中提出："推动主动标识载体规模部署。"当前已经形成基于主动标识载体的设备资产管理、仪表远程校准与核验、设备运行监测、危险品监管、设备远程运维、数据双向安全监控等应用模式，多个二级节点、企业节点都已应用主动标识载体，完成了面向热力、燃气、装备制造、新零售终端、智能模具、危险品监管等领域的 515 万枚主动标识载体规模化部署。

国家顶级节点是整个工业互联网标识解析体系的核心环节，是支撑工业万物互联互通的"神经中枢"。目前北京、广州、上海、武汉、重庆五大国家顶级节点持续稳定运行，南京灾备节点已经上线运行，成都灾备节点完成协议签署，正在加速建设。

五大国家顶级节点自 2018 年上线运营以来，肩负着服务、管理、安全等关键职能，是整个标识解析体系的核心资源和服务平台。初步形成分层授权、"东西南北中"一体化发展格局。对接、解析服务、运行监测、安全保障能力提升，基础资源扩容，全面融合多个标识体系。至本书截稿，五大顶级节点的数据是：

北京国家顶级节点标识注册量超 142 亿，接入二级节点 43 个，接入企业节点数超 20 000 家，辐射 9 个省（自治区、直辖市）。

武汉国家顶级节点标识注册量超 72 亿，接入二级节点 24 个，接入企业节点数 2138 家，覆盖湖北 5 大万亿产业集群。

广州国家顶级节点标识注册量突破 98 亿，接入二级节点共 33 个，接入企业节点数 4613 家，涵盖 16 个重点行业。

重庆国家顶级节点标识注册量超 100 亿，接入二级节点 26 个，接入企业节点数 2433 家，深度应用于多个高端制造行业。

上海国家顶级节点标识注册量突破 628 亿，接入二级节点 65 个，接入企业节点数 64 542 家，各项指标均位居我国各顶级节点之首。

顶级节点，顶级应用，顶级指标，顶级发展。五大国家顶级节点恰好都是我国工业互联网藏龙卧虎之地，生态环境良好，发展潜力巨大。

工业互联网的安全保障

工业互联网的安全是一个复合概念，由多层面内容组成，既有赛博空间的数据安全、网络安全、软件安全等，也有由数据与软件/硬件/网件所形成的功能安全，还有 CPS 中物理系统的安全，以及可能涉及工业互联网安全的环境安全等。

工业互联网的数据安全

数据安全已经上升到国家战略层面。2021 年 6 月 10 日《中华人民共和国数据安全法》已由第十三届全国人民代表大会常务委员会第二十九次会议通过，自 2021 年 9 月 1 日起施行。该法律定义："数据安全，是指通过采取必要措施，确保数据处于有效保护和合法利用的状态，以及具备保障持续安全状态的能力。"

数据具有时空背景，数据具有多元化属性，数据流动是联接的结果。数据必须流经互联网络的物理管道（网线、插接头和路由器等），必须形成由软件赋能、无级放大、加载了 DIK 的比特数据流，必须依赖载体存放，等等，因此在任何一个环节都会出现影响数据安全的问题。我们必须基于数据的多元化属性，用一个"大安全"的概念来看待、维护和管理企业数据。

基于数据的介质依赖性，所有存放数据的介质（各种盘），其存放的服务器质量、网络环境、介质质量等，都会影响到数据本身。所有传输数据的物理管道有可能被掐断、搭线，由此造成"管道损害数据"，或数据被截留、窃取。数据盘的介质会随着时间而老化失效，因此在数据资产的保护方面，必须考虑到这个缓慢且重大的因素。某些国家重大项目的数据资料，需要保持 50 年追溯期,因此必须配套 50 年后仍可正常读取的数据介质,或者相应的数据介质轮换措施,以确保"持续安全状态"。

基于数据的无损拷贝、不可控传播属性,数据必须符合企业制度的严格规定。使用必要的技术手段做好预先防范,将数据严格地控制在企业范围内使用,否则数据一旦出了企业掌控范围,就是失控或失密,可能造成难以估量的损失。

基于数据的远程操作、任意编辑/打包/拆包等属性,一旦黑客入侵实施非法操作,或植入恶意软件(如病毒、木马),浏览、窃取、删除个人隐私数据或企业研发生产数据,锁死用户电脑,使网络瘫痪,都将造成重大数据损失。

从数据的时空位置属性来看,数据可以存放在本地、边缘设备、云端,因此,相应地有了本地数据安全、边缘数据安全、云数据安全。

从根本上解决数据安全性问题,意味着要彻底改变数据的无损拷贝、不可控传播属性,这需要在技术上做出重大创新。作者的基本设想是,过去是"软件之中有数据",即在软件内使用、产生数据,而未来是"数据之中有软件",即在数据内植入软件,以不可篡改条件设置、控制数据的每一个属性,例如控制阅读次数,只看一次("阅后即焚"),还有谁能看,谁能复制,谁能编辑,什么时空条件能收发等,通过改变数据属性来确保数据安全。

工业互联网的网络安全

工业互联网促进海量数据在高度互联的网络管道中自动流动和智能处理,以形成工业过程的闭环。在新工业革命数据洪流中,工业通信是数据自动流动的使能器、路由器和加速器。因此,如何认识和定义新工业革命的网络通信技术,如何确保较为可靠的网络安全,是工业互联网的重要研究课题。

工业互联网的网络安全,与社交/消费互联网的网络安全,类似但有区别。

社交/消费互联网是充分开放的,而工业互联网的开放程度并没有那么高,但是从趋势上是在逐渐增大开放程度的。日趋开放的工业网络和工控软件的安全漏洞带来的风险几乎是无处不在。现在黑客通过网络攻击企业的案例日趋增多,攻击行为和组织方式日趋复杂,攻击设备的针对性日趋增强,通过无线终端的网络攻击日趋严重,网络安全问题日趋突出。

以工业互联网联接终端来划分,在研品、在制品的联网,处于相对比较好控制的企业内部,而在用品的联网已经出了企业边界,是暴露在社会复杂环境中的工业互联网终端。

以智能网联汽车为例，它很可能同时运行在几个网络中，是多个网络的终端。首先，智能网联汽车是具有公用属性的"车联网"终端。车联网是以行驶中的车辆为信息感知对象，借助新一代信息通信技术，实现车与X（即车与车、人、路、服务平台）之间的网络连接；其次，智能网联汽车是生产汽车的企业的网络终端，车企需要获取汽车运行的各种数据，因此在汽车出厂前就把汽车设置成了本企业某个平台的网络终端，或公开或私下收集用车状态数据；再者，智能网联汽车本身以 CAN 总线方式联接了车内上百个电子控制单元（ECU），通过数千万到上亿行软件程序的驱动，构成了非常复杂的网络化系统。智能网联汽车还可能是其他网络的终端，此处不再赘述。

智能网联汽车所面临的网络安全威胁主要有两种：

- 无线网络攻击：车内有很多需要通过无线网络完成的功能，都是采用短距离无线通信方式进行信息传输，这就为黑客截取空口信息内容打开了方便之门。
- 车载感知系统攻击：通过截获、吸收车辆感知系统发出的多种雷达电磁波，对汽车自动驾驶和自动导航系统等发起攻击。

智能网联汽车作为一种工业互联网终端，其网络安全问题已经变得十分突出，近十年黑客通过网络对汽车发起的攻击层出不穷。杜静等人 2017 年翻译出版的《汽车黑客大曝光》一书，对现代汽车中电脑系统和嵌入式软件做了详细介绍，可以看到在 CAN 总线和设备／系统间通信中，网络和零部件终端的脆弱性表现明显，黑客可以通过拦截数据并执行特定手段，实现跟踪车辆、解锁车门、进行发动机时钟脉冲干扰攻击及泛洪通信攻击等操作。

工业互联网的功能安全

所有人造系统功能应该在正确时间、正确地点，由正确人员角色来执行正确功能，并获得正确结果。任何功能上的错配与差池，都会导致间接性的灾难，都会造成功能安全问题。在工业互联网中，功能安全问题并不是生产、运营系统的网络或物理系统遭到了直接破坏，而是由功能错用、错配而引发的各种问题。即工业互联网遭遇黑客入侵，黑客获得了工业设备上的赛博系统控制权后，可以利用设定错误功能的方式，来间接地瘫痪或破坏工业生产。例如，并不破坏城市交通信号灯，而是将所有十字路口的交通信号灯都设置成为红灯或绿灯，结果都是交通瘫痪；比如，在不该通燃气时通燃气，在不该断电时断电，在不该高速旋转时高速旋转，由此而造成生产停顿或设备磨损。这些现象都可以归类为工业互联网的功能安全问题。

IEC 61508-1: 2010《电气/电子/可编程电子安全相关系统的功能安全　第一部分：一般要求》指出："功能安全是指受控装备和受控装备控制系统整体安全相关部分的属性，其取决于电气/电子/可编程系统功能的正确性和其他风险降低措施。"ISO 840 的定义认为，安全性是"使伤害或损害的风险限制在可接受的水平内"，重点关注系统发生故障之后的行为因素，找出所有可能导致系统失效的原因，制定相应安全机制，给出有效安全措施。

工业互联网中的各类工业终端，均适用上述 IEC/ISO 标准。当工业互联网中的在用品处于运行状态时，在系统功能上要提高可靠性，尽量不出功能问题。即使出现，也要有保证安全性的冗余设计措施。

智能网联汽车的传感器都应该做安全冗余设计，即使某些传感器出现故障，汽车依靠冗余备份传感器仍然可以保证车辆正常行驶。

波音 737 MAX 8 的自动防失速系统（机动特性增强系统）MCAS 依赖飞机两侧安装的传感器监测机身迎角大小，如果检测到迎角接近失速状态，该系统就会通过调节位于平尾的水平安定面，增加飞机的低头力矩，以改出失速。但是只靠某一侧传感器信号去触发 MCAS 的设计显然是不合理的。如果传感器给出了错误信号输入，就会导致输出错误结果。2021 年波音对该款飞机进行整改，更新后的机载软件与修订后的飞行控制法则要求必须使用来自两个传感器的输入触发 MCAS，通过增加冗余度而提高可靠性。

高铁的功能安全等级最高的功能项是紧急制动，需要达到 SIL4（safety integrity level，安全完整性等级，最高等级为 SIL4）。因此，在设计高铁制动系统的软件/硬件/物理设备时，要确保残余风险达到人们可以接受程度，必须有备份的冗余制动设计（如各车厢手刹）。

如果上述运载工具能够以工业互联网终端的形式来实时检测其运行状态，可以有效提高上述运载工具的安全性。

工业互联网的物理系统安全

作者定义的物理系统安全是：谨防黑客等利用物理设备本身的属性来破坏

物理设备本身的结构和功能。

物理系统安全风险是最可怕的工业安全问题。黑客获得了工业设备上的赛博系统控制权后，可以利用工业系统本身的物理特性、缺陷或弱点，例如，让高速运行中的精密铣床发生"栽刀""撞刀"，由此而报废机床主轴；让工业锅炉数倍超压而发生爆炸；让正在天车上运行的铁水包跌落；让工厂内机械臂失控，机械臂撞击边上的机柜或与另一只机械臂互相撞击；通过给管道反复施压减压，造成管道材料疲劳，最终导致爆炸或泄露；还有很多报道提到的木马病毒侵入工控系统破坏铀浓缩离心机的例子等。这些都可以对工业设施或城市运行造成直接破坏。

除了由外部非法侵入造成的物理设备损失之外，还有一些影响工业互联网的工业端和数据物理管道的问题，如网线遭到雷击，鼠咬网线或电线而引发短路，大功率设备开关机造成强电磁串扰，干扰无线数据传输等，都会引发工业终端的物理损坏。

在工业环境方面，工业互联网的终端设备也不得不应对各种意外，如暴雨引发洪灾导致水淹地下管廊，造成设备断电、断网；地震、火灾等都有可能对工业设施、大数据中心、电力设施、网络设施等造成物理损害。

因此，所有的工业互联网工作场所，都应该按照第三章介绍的应急管理模式，多部署各类防灾传感器，多放置应急设备，多部署监控设备和专职人员，远离各种危化品。应该以工业互联网方式，把十分重要的工业互联网工作场所的状态接入城市应急消防的信息系统，以防万一。

大范围工业要素联接，让我们有了在大系统级别优化配置制造资源的可能性，获得了更好的企业管控能力，但是也有可能为别有用心的黑客或外部势力藉由网络通道破坏生产设施提供了途径。利用工业系统本身的物理特性来破坏工业系统，是最高级别的工业互联网安全风险。因此，安全是保障，这句话必须牢记心中，在联接更多的物理设备的同时，安全措施必须要落实到位。

工业互联网与工业软件

工业软件凝聚和沉淀了海量的数字态工业知识，因此可以打破时空限制，让人类对知识的积累、学习、优化、复用与创新，达到一个崭新的高度。

工软与工互部分重叠不隶属

在 2020 年业界出现一种现象,把工业软件和工业互联网混为一谈,要么认为工业互联网包含了工业软件,要么认为工业软件包含了工业互联网,甚至认为工业软件就是工业互联网,或者反之。

工业软件与工业互联网,原本是不同年代、不同领域、不同用途的产物,是两个各自独立发展的领域。每个领域的发展历程和技术内容都可以写几本书。二者有明显区别,也有相似之处。

工业软件出现得比较早。业界公认的第一款工业软件是 1957 年出现的名为 PRONTO 的数控程序编制软件,以此为起点,工业软件至今已经有 65 年历史;若以美国宇航局(NASA)在 1966 年开发的世界首款 CAE 软件 NASTRAN 起算,也有 56 年历史了。从 20 世纪 70 年代起,各种类型工业软件爆发式增长。时至今日,工业软件的类型和数量多得难以准确统计。

工业软件的作用是以"数字脑"代替人脑,辅助产品研制,控制机器运行,其关键词是"定义"——用软件定义赛博空间和物理空间的各种人造系统。例如,交互式工业软件擅长在赛博空间"制造"和定义结构复杂的数字产品,它会先制造产品的数字孪生体,完成数字体验和数字验证后,再将物理实体产品优化,由此而极大地丰富了制造内涵,成为典型的"数字工业母机"——生产机器的机器;嵌入式工业软件已经成为现代工业品中的"软零件"或"软装备",通过"感知-分析-决策-执行"的闭环,精准控制着机器设备的每一个动作。

无论是作为"数字工业母机"还是作为"软零件"或"软装备",无论是在赛博空间还是在物理空间,工业软件都把数据梳理得整齐有序,安排得妥妥当当,以人类预设的模型、算法和推理规则等知识体系,促成数据自动流动和知识智能流动。

工业软件与工业互联网都带有"工业"这个与生俱来的标签,都诞生于工业领域。早期工业软件开发厂商都是工业巨头,时至今日这个基本格局仍然未变;早期工业互联网诞生于工业现场总线,是基于工业自动化需求而产生的工业以太网。

工业软件与工业互联网的交集是,交互式工业软件和其所制造的数字产品,是研发型工业互联网要联接的要素,属于在研品范畴,具有工具属性;嵌入式工业软件往往以"软零件""软装备"形式打包在工控设备或各种智能产品中,以工业终端中的系统组件身份出现，属于在用品范畴，产权已经易手，具有商品属性。如果不进行深入分析或者特别予以强调，用户往往感觉不到嵌入式工业软件的存在。

工业软件和工业互联网的相互交叉部分在工业互联网平台、工业 App 和嵌入式工业软件等几个部分。工业互联网平台是新型工业操作系统的雏形，属于基础类工业软件；工业 App 属于新型工业应用软件；工控设备中的嵌入式软件原本就属于工业软件。一些传统架构的工业软件通过云化也正在迈向工业互联网平台。工业软件和工业互联网形成了"你中有我，我中有你"，部分重叠但是又互不隶属的局面。

工业互联网平台服务化支撑

工业互联网平台是一种正在向着工业操作系统演进的新型基础类工业软件。《工业互联网平台白皮书（2017）》定义："工业互联网平台是面向制造业数字化、网络化、智能化需求，构建基于海量数据采集、汇聚、分析的服务体系，支撑制造资源泛在连接、弹性供给、高效配置的工业云平台。"

工业互联网平台与工业云平台有着密切的缘起与结果关系、继承与发展关系、叠加与迭代关系。工业互联网平台，源于工业云，兴盛于工业云平台，未来将成形于工业操作系统，是软件与云计算、网络、服务器、存储、大数据、微服务、机理模型、机器学习等多种技术交汇融合的结果。

工业互联网平台结构由边缘层（Edge）、基础层（IaaS）、平台层（PaaS）、应用层（SaaS）四层结构组成，技术上比较成熟稳定。业内论述工业互联网结构的著述已经很多。下面仅作概要介绍，更多的平台介绍内容已经分布到前面多章之中。

Edge 层是由企业实体、"产品－人－机－料－法－环－测"等工业端所组成的网络，其功能是将设备的物理状态信息转变成为（比特）数据，是典型的"数据生产者"，各种工业终端无时无刻不在大量产生各种（低频/高频/过程/结果）数据。过去设备运行中各种不可测的物理信息都通过传感器实现了数字化，这些源源不断的比特数据流将会输送、汇聚到基础层，进而被平台层和应用层调用。应用层所生成的数字指令，通过边缘层控制设备精确运转。

IaaS 层通过提供云计算、数据存储、算力、网络等基础设施服务，让企业无需购买一堆硬件服务器放在本单位，而是利用虚拟化、分布式存储、并行计算、负载调度等技术，实现网络、计算、存储等计算机资源的池化管理，按需弹性分配，并确保计算过程与数据资源的安全与隔离。

PaaS 层依托高效的设备集成模块、强大的数据处理引擎（大数据平台）、开放的应用开发环境和工具，以及工业知识微服务组件库等，向上提供多元化应用软件服务，支撑工业 App 的快速开发与部署；向下对接边缘层海量工业装备、仪器、产品等，提供设备管理、资源管理、运维管理、故障恢复等资源部署与服务能力，发挥类似工业操作系统的重要作用，支撑基于软件定义的高度灵活、智能的工业体系。

SaaS 层为客户提供设备状态分析、供应链分析、能耗分析优化、研发/生产/管理/运维等多种工业 App 服务，支持企业在"三个生命周期"内的各项业务活动，遵循由软件定义所形成的数据自动流动和知识智能流动的规则，把正确的数据，以正确的版本，在正确的时间，传递给正确的人和机器，由此而实现对人和机器的"赋值，赋能，赋智"。

工业 App 和工业技术软件化

工业 App 是一种运行在某种平台（例如工业互联网平台）上的新型工业软件。《工业互联网 App 培育工程实施方案（2018—2020 年）》定义："工业互联网 APP（以下简称工业 App）是基于工业互联网，承载工业知识和经验，满足特定需求的工业应用软件，是工业技术软件化的重要成果。"

工业知识软件化的一种途径是"碳基知识硅基化"：把人脑中隐性知识外化为显性知识，把纸面上的各种知识转化为机理模型，将模型算法化、代码化，最终"化入"工业软件。

工业知识软件化的另一种途径是"硅基数据知识化"：通过对大数据的分析、降维、挖掘、深度学习等，找到诸如故障模式、缺陷特征等人难以观察、统计和分析的数据洞察类知识，将其转化为数据模型，固化在工业软件中。

人和机器的工作都需要多种专业知识作为日常支撑，并且不断更新。封装了机理模型、数据模型的工业 App，以工业软件特有的不限时空的计算、分析、推理、决策、控制、启发等一体化方式，打破应用碳基知识的时空限制，同时对人和机器实现高效赋能，让工业技术和知识的存储、使用、创新等模式都发生了明显改变：

1）工业 App 对人启智开慧，激发更大想象力和创造力，形成更高层级"人智"和"群智"，并赋能更大范围的人群。例如"仿真秀"是由北京赋智工创科技有限公司创办并运营的 CAX 云社区生态平台，把 CAX 软件、开发者、使用者、培训者、课件、应用成果、咨询服务等各种工业研发资源联接成为工业互联网，通过知识分享、在线交流、资源聚集、自主开发、软件云应用、云上超算等垂直领域应用，将大量工业技术和研发知识沉淀为 30 多个基于自主工业软件进行二次开发的工业 App 和 200 多个自研工业 App。

2）工业 App 对工业设备形成直接驱动，积累海量的"人智"和"机智"，二者合力在赛博空间形成强大数字生产力，让硅基知识（"机智"）赋能更多的机器，机器逐渐实现自主工作，生产各种产品，而人逐渐离开工作现场而专注于生产碳基知识（"人智"），极大地优化了企业资源配置。

工业 App 的低代码化和可移植性是目前工业互联网平台上的软件研发重点。中国工业从业人员有 1.2 亿，其中只有大约 10 万软件开发人员，而且绝大多数未从事工业 App 开发工作。如果能够以低代码的"拖拉拽"方式开发工业 App，加入开发人员行列的人数就可能达到千万，这是发展工业 App 的重大潜力。

评价一个工业互联网平台功能多寡、适用与否，看其上运行的工业 App 即可知概貌，没有工业 App 的平台用处十分有限。工业 App 的数量和质量代表了工业互联网平台的技术与应用水平。

知识图谱软件映射万物互联

看得见与看不见的要素关系

目前，绝大多数工业互联网平台更多的是联接了那些"看得见，摸得着，想得清楚"的已知"产品－人－机－料－法－环－测"工业要素，建立了它们彼此之间的数采、互操作、远程控制等关系，形成了全新工业管控逻辑，取得了巨大经济效益。

对于那些"看不见，摸不着，弄不明白"的工业要素和彼此之间的潜在关系，现有的工业互联网在技术上呈现出联接不足、理解不深与应用不够等问题。

世间万物皆有联系，但是大部分物与物的"关系"并不可见，一是要素本身不可见（如人脑中隐性知识、人与人的隐性关系）；二是即使要素可见，但是其来龙去脉、演变规律难搞清楚（如冠状病毒变异）。

知识图谱将"三不"变"三可"

智通云联公司不断探索基于知识图谱技术的工业互联网,着重发掘事物背后的隐性关系,将隐性关系变成数据,并通过分析计算之后,把得到的结果以可视化的形式展示在人们面前,由此实现"三不"变"三可",即"不可见的要素可见,不可计算的要素可计算,不可联接的要素可联接"。知识图谱与工业互联网的叠加应用,让工业互联网的发展进入一个崭新的、具有巨大潜在价值的应用领域。

知识图谱的分层建设 - 整体融合

智通云联公司认为,以知识图谱联接工业概念与用工业互联网联接工业要素,二者之间"异曲同工"。构建工业知识图谱可以用"分层建设 - 整体融合"方式来实现。例如在顶层建设航空工业产品全生命周期管控的行业知识图谱,在中层建立结构和工艺的知识图谱,在底层建立各个部门单独的工艺知识图谱,最后把顶层、中层、底层的知识图谱融合到一张总的行业知识图谱中,如图 7-3 所示。不论是概念图谱,还是实例图谱,都是一个不断拓展的纵深构建过程。在广度上拓展,可以覆盖与支撑更多的业务面;在纵深上拓展,可以提高业务支撑的精度与深度。

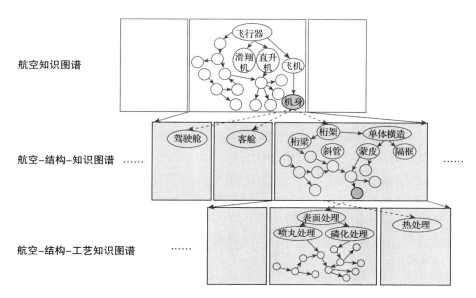

图 7-3　航空行业知识图谱(来自智通云联公司)

工互网 – 图谱 – 标识体系之异同

工业互联网，强调以数字技术和成熟联网方式，把物理层中的实体和资源作为终端，联接入网；标识解析体系，强调节点分层，以唯一数字标识来定物和寻址，建立解析网络路径的数字神经网络，更快地检索和溯源；知识图谱，强调在各种终端上叠加上已知关系并探索未知关系，增大要素之间的联接度，更快地检索和溯源。工互网络是基础，偏于客观事实；标识解析建神经，偏于主动管理；知识图谱显关系，偏于主动探索。

三种技术有机叠加，融合应用，工业互联网技术水平将产生质的飞跃。

上述三种技术以"空间虚拟化"实现了空间精准定位，北斗系统以"时空虚拟化"实现了时空精准授时与定位，"天网"和"地网"彼此叠加，建立了精准四维时空（x, y, z, t），让各个工业端之间的"对时"机制逐渐走向"授时"机制，以"天网"提供的不可篡改的精确时空数据，增强"地网"的时空确定性。

工业软件，系统灵魂。它既是工业终端的灵魂，亦是工业互联网的灵魂，未来更是企业灵魂。用不了多久，很多工业企业都会逐渐变成由工业软件和工业互联网共同赋能的企业，继而分化出软件企业，甚至整体变为软件企业。

本章参考资料

[1] 任语铮，谢人超，曾诗钦，等. 工业互联网标识解析体系综述 [J]. 通信学报，2019, 40(11): 138-155.

[2] 工业互联网产业联盟. 工业互联网关键技术专利态势分析（2019）[R]. 北京：工业互联网产业联盟，2019.

[3] 工业互联网产业联盟. 工业互联网标识解析二级节点建设导则（2021）[R]. 北京：工业互联网产业联盟，2021.

[4] 太空与网络. 能发北斗三号短报文的大众手机即将面世：全面解读 [EB/OL].（2022-03-17）[2022-05-20]. https://mp.weixin.qq.com/s/MOfztqs43SvK2KkfR-PafQ.

[5] 中国网. 中国工业互联网标识注册总量破千亿，规模应用还有多远？[EB/OL].（2022-03-17）[2022-05-20]. https://tech.chinadaily.com.cn/a/202203/17/WS6232dc66a3101c3ee7acc1b3.html.

Part
人本管理篇

　　人是企业最宝贵的财富。百年以前，人像机器一样工作，用人的智能弥补机器的愚蠢；直到今天，绝大多数人尚未摆脱与机器的纠缠，仍然滞留在人与机器相互作用的"系统回路"。

　　"人智"乃"机智"之源。以"人智"促进"机智"，是以智能为标识的新工业革命的基本逻辑。"人智"与"机智"相互作用形成了四个智能范式。

　　有人之处，就需要管理和组织。以人为本，尊重人，培训人，赋能人，护航70后，吸引00后，激发人的主观能动性和创造力，在四个智能范式指导下，让普通人能干技术专家水平的工作，既是工业互联网重大课题，也是现代管理学的崭新实践。

第八章

People Oriented

智能范式：四个层次递进且共存

本章将聚焦于 IIEM 资源维上的"产品－人－机－料－法－环－测"中的"人"这种特殊资源，重点描述人的智力（"人智"）资源如何联入工业互联网，"人智"与"机智"之间的作用关系和四个智能范式，以及工业互联网如何优化配置这些智力源。

第一范式："人智"转"机智"

人类智慧主导着智能源头

《三体智》对形形色色、大大小小的各种人造系统的智能现象进行了横向比较和打通研究，认为：

以人为代表的生物体有智能，电脑里的"数字虚体"有智能，物理实体有智能。三种"体"交汇融合，发展出来丰富多彩、无以计数的人造智能系统。

人造智能是人造系统所具有的一种模仿、拓展和超越人类智能的能力。目前在市场上能够看到的各种各样的智能，如工业智能、人工智能、认知计算、工业大脑、城市大脑等，都是人造智能的子集。人造智能，是由"意识人体"在长期与自然界的物理实体的交互过程中，不断探寻、发现、创新、应用和主导的，其总体智能水平目前大约相当于 5～10 岁孩子。

《三体智》中以人为代表的生物体被作者命名为"意识人体"，这是一个具有开创意义的命名。意识人体具有自我意识、直觉（第六感）、创造力、知行合一能力，这四种能力，是人类智慧不同于人造智能的极其重要的区别。作者认为，人类智慧是高维度能力，目前看来只为人类所独具，其他的生物系统、人造系统、复合系统等，都无法达到这种高度；其他诸如计算能力、学习能力、感知能力、资源协调能力等，则是人类和人造智能系统所共有的能力，换句话说，是人可以通过各种技术手段而赋予人造系统的智能能力。

从高维人类智慧系统向低维人造智能系统输送、传递智能机理、智能体系和知识内容，是从第三次工业革命开始之后就一直在做的事情。自从有了电脑以后，伴随着芯片算力的增强，人类一直在试图把自己用人脑思考问题、解决问题的模式和过程，复制到电脑软件（如CAX、MES）或机载电脑软件（如PLC、DCS、SCADA）中去，形成一种"数字脑"，具体做法在《机·智》《铸魂》中都有阐述。

在《机·智》中，作者预测："出现大规模的'劳动力转型'，即人体、人脑离开系统回路，基于'人智'的数字化劳动力（智能机器）大规模登场，真正实现机器换人，以泛在联接、自主自治的智能机器来拉动经济的彻底转型。"

在《铸魂》中，作者写道："通俗地说，所谓智能制造就是一个'人智变机智'的过程——即把人的智能（简称'人智'）以显性知识的形式提炼出来，进行模型化、算法化处理，再把各种模型化（机理模型、数据分析模型等）的知识嵌入软件，软件嵌入芯片，芯片嵌入某个数字装置/模块，再把该数字装置/模块嵌入到物理设备中，由此而赋予机器一定的自主能力，让机器具有一定程度的'智能'（简称'机智'），我们将这个过程称之为'赋能'。"

人造系统智能由人赋予和掌控，源头是人智，形式是知识，载体是软件和芯片，作用是让机器等人造系统按照人的意愿做出更高水平的智能（控制）行为。

工软蕴人智专治愚傻机器

在第一次工业革命、第二次工业革命中，机器还都是物理设备，或者说是没有"五官"和"大脑"的愚傻机器。从第三次工业革命开始，电脑作为一种可编程控制装置进入了工业领域，机载电脑软件开始蓬勃发展。人创造和提炼知识，知识赋能软件，软件赋能芯片，芯片赋能机器，"人智"以工业软件为载体进入机器，机器开始变得聪明（"机智"），形成了多种级别的CPS。

在表2-1的"工业互联网参考模型"中，虽然不同组织定义的模型维度和内涵有所不同，但是无论模型如何分层和变化，都能在其中发现 CPS 的身影，即由"软件（计算组件、数字孪生体）+ 物理组件（机器、设备）"共同叠加、融合构成。

以下是不同组织、研究机构给出的 CPS 定义：

NFS（美国国家科学基金会）认为，CPS 是由计算算法和物理组件的无缝集成而构建并依赖于这种无缝集成而工作的工程系统。

美国的 *Design World* 杂志认为，CPS 是由物理资产（如一台机器）和它的"数字孪生体"（基本上是一个模仿物理资产行为的软件模型）来表征的。

NIST 认为，CPS 或"智能"系统是物理和计算组件共建的交互网络。

德国国家工程学院认为，CPS 是未来全球网络化世界的一部分，产品、设备和对象与嵌入式硬件和软件进行交互，不受单一应用的限制。通过 CPS，物理世界与虚拟世界相连，形成物联网、数据和服务。

"计算算法 + 物理组件""物理资产 + 数字孪生体""产品设备 + 硬件 + 软件"，展示了"软件（计算组件、数字孪生体）+ 物理组件（资产、设备）"的 CPS 基本特征；"智能系统""交互网络""全球网络化未来世界"的定性描述，表明 CPS 的基本组成已经是某种网络化"智能系统"的基本事实。

在 CPS 中，工业软件起到了"融合"作用，它以数字虚体为载体，容纳了来自意识人体的海量知识，充实了其智能内涵；它又融入了物理实体，以软件代码形式，精准控制（定义）了物理实体机器的智能行为。

工业软件，是数字世界之数字虚体的主体，生物世界之意识人体的替身，物理世界之物理实体的灵魂。在中国台湾地区人们把软件称为"软体"，这是一种形象的翻译。一个软体，打通三界，融合三体，让工业品有了灵魂，让工业互联网终端有了智能，让企业各项业务有了活力。

从工业软件分类上说，工业互联网平台、工业 App 都属于工业软件范畴。工业互联网平台可归类为基础工业软件，工业 App 可归类为新型工业应用软件。

在《铸魂》中，作者将工业软件看作是"准 CPS"，是"人智"载体，是物理系统走向智能的"百变魔法器"，它让"聋哑瞎傻"的物理设备，不仅开始具有某种程度的智能，而且将这种智能延伸到一个超大范围的工业局域网中。

工业互联网传播延伸机智

作者认为，工业互联网比智能制造在更大的范围内联接了更多的工业要素。海量数据，泛在联接，优化配置工业资源，是工业互联网的基本内涵，全国大范围、社会大尺度、跨行业大协作、跨终端大信息（"四大"）是业界对它的基本期待，基于不同级别 CPS 的联网是它的基本形式。

工业互联网和智能制造都以 CPS 为基础，不同之处在于，智能制造聚焦制造场景，以智巧工厂为单元，其所联接的终端以企业（不限于本地）边界内部的设备和在制品为主；工业互联网的联接范围并不局限于企业边界，而是以价值链或价值网作为起点，直面"四大"需求，联接企业内外部各种实体要素（上下游企业、在研品/在制品/在用品）和资源要素（"产品-人-机-料-法-环-测"等），向基于云的新价值链网发展，让"人智"在更大范围传播，让"机智"在更大范围联接。工业互联网的作用有：

1）超越时空限制，打破原有相对封闭和固化的工业系统格局，以相对离散的形态更广泛、轻灵地联接"产品-人-机-料-法-环-测"等资源要素，在 CPS 网络上优化配置企业资源，将"人智"延伸覆盖到更大的管控范围。

2）打造支撑制造资源泛在联接、弹性供给、高效配置的工业互联网平台，构建基于海量工业大数据采集、汇聚、分析的"机智"服务体系，支持以人为本的新型管理模式，形成工业互联网生态系统。

3）基于对工业大数据的分析结果，以"机智"洞察物理世界过去一直发生，但是人的五官无法直接观测到的，或者即使观测到了也无法以"人智"分析物理活动细节，由此更好地集成工业场景的实况信息，做好研发、生产、服务与管理决策。

4）工业互联网不断促进企业原有的硬件/软件捆绑功能解耦，促进传统工业软件解构并上云，基于微服务架构而重构为工业互联网平台上的工业 App。

5）物理设备精确映射到赛博空间之后，其所形成的数字孪生体，也可以解构后重组，形成具有新型联接关系的数字孪生体。这些新型的数字孪生体都保留了"人智"，它们可以随着工业 App 在工业互联网上使用、移植和传播，把"人智"送达远近不同的工业终端。

6）各自分立、分布式的"人智"和"机智"，有可能因为工业互联网的联接而产生"人智聚集""机智聚集""双智融合"或"群智"等不同效应。

具有新型联接关系且离散度较高的数字孪生体，在泛在联接、高效协同方面的表现更为出色,在赛博空间与物理空间的映射、联接、融合方式上更为灵活多样,在优化配置工业资源方面更加容易,让蕴含了丰富的"人智"与"机智"的工业互联网大范围管控和优化系统之系统(SoS),让超大型企业的精细化运营成为可能。

无价人智超越时空永存

数字孪生是一个含义广泛的概念,不仅把物理实体的形、态、演变规律、内涵映射到数字空间,同样地,也可以用于意识人体,将人脑中的"碳基知识",映射/转变为数字空间的"硅基知识",把人的思考过程映射/转变为数字过程;还可把世间万物之间的可见或不可见的概念互联关系映射为可视化的数字互联关系,把"人智"映射/转变为"机智"。

在上述至关重要的数字映射过程中,产生了两个意义深远的产品:一个是包含"人智"的工业软件,另一个是因为嵌入了工业软件而具备了"机智"的智能机器。人类的智慧、智力思考方式、智能原理、诀窍、最佳数据等,以模型、算法、推理机制等知识形式,映射/转换到工业软件和包含工业软件的机器中,在数字空间永久保存人类各种智力成果,让人类智慧超越生命周期、超越时代而获得永生。

北京大学杨学山教授在《机·智》的序中写道:"生物智能基于遗传基因而延续,人类智能的各种产物和成果基于各种工具和记录的信息而传承。智能时代的传承和延续,与生物智能和人类智能的结晶相比有何特征?如果数字孪生超越产品的生命周期,这个特征就是数字孪生,数字孪生是智能时代智能的遗传基因。显然,数字孪生是可以跨越产品生命周期的。"

数字虚体与物理实体共存共生的场景在《三体智》中已有描述。"在数字空间中重塑一个自己,通过强大的认知引擎一点点把这些零零散散的,满载着与自己有关的信息知识的数据,逐渐地汇聚在你的虚体身上,使其像你一样成长,如你一般生活,随你一起工作,伴你一起变老。而虚体世界的这个你的'身体',也会准确地映射出你的身体状况,毫无偏差。""有一天,当我们故去的时候,我们的后代想念我们的时候,再也无需去站在我们的墓碑前自言自语。在数字虚体中调出我们的数字孪生体,就可以与我们进行深度的交流!"上述虚拟世界的人和物与现实世界的人和物叠加共生并且相互交流,其实已经是元宇宙概念之一。

在将来工业互联网数字孪生技术的高级阶段，更高水平的数字技术彻底穿透数物两界，生成丰富的、无处不在的虚拟数字制造资源（产品－人－机－料－法－环－测），并随时把它们叠加到现实的工业场景中，数字虚体机器与物理实体机器相互配合运转，数字虚体人配合人类同时观察和监控虚实两种机器，数字虚体物料与实体物料同时交互作用于虚实两种机器等，可以发展和想象的空间，无比巨大。

数据无处不在，知识无处不在，人智无处不在，机智无处不在，虚实交互融合无处不在。人智永续，机智长存。

第二范式："机智"群自治

智能机器群体日益庞大

智能机器是工业互联网中的一个极其重要的组成部分。在英文中，Smart Machine、Intelligent Machine、Brilliant Machine 这个几个词组都有"智能机器"的意思。智能机器包括但是并不限于传统的物理实体机器的智能化，也包括诸如软件机器人这样的软件系统，另外数字劳力"Digital Labor"经过转译之后，也带有"智能机器"的含义。在 GE 公司给出的工业互联网定义中，将软件定义的机器视为智能机器。

作者在《铸魂》中写道："机器在软件支撑下具有了一定的人类思考能力，当软件算法越好，芯片算力越强，工业数据越多，'机智'程度就越高。于是，当'机智'达到一定程度后，就具备了部分或完全替代人体/人脑的功能。当人体/人脑离开了工作场景的系统回路后，机器在无人参与的情况下，仍然可以像人在现场时一样自主工作，甚至还可以工作得更好，较好地优化了制造资源的配置。"这里说的机器，已经不是过去的传统机器，而是在"机智"赋能下可以自主工作的智能机器。

《三体智》书对智能系统进行普适性判断的"20字箴言"，阐明了智能系统的五个基本特征："状态感知、实时分析、自主决策、精准执行、学习提升"，符合前四个特征是恒定智能系统，符合第五个特征则是具有学习能力的开放式智能系统。

伴随着新一代ICT与工业实体的不断融合，符合上述五个基本特征的机器设备越来越多。从单个智能机器发展到多个智能机器联网，是智能机器发展的一个进化路径。

在"工业 4.0"愿景中，机器像社交网络终端一样，彼此之间会相互传输数据，沟通信息，分享工艺，通报现状。

中国西电集团中央研究院院长康鹏举认为："可以预见的是，一旦通过工业互联网将目前全世界 500 多亿台机器全部连接在一起，各个工业行业都会产生天翻地覆的变化。但有个前提条件：系统中所连接的机器必须足够智能，才能将整个系统的智能化水平提升到新的高度。工业互联网的设计者必须确保工业生态系统中的每个层级、每个节点都是智能的。"这是对工业互联网设计者的一个极高要求。

作者认为，尽管现在还很难保证工业生态系统中的每个层级、每个节点都是智能的，但是一个明显的趋势是，单机的"机智"，与网络机器的"机智"之间是相互促进发展的。机器智能，才易联网，联网机器，更加智能，群智促进单智。海量智能节点的联接，如同大脑神经元的联接一样，让工业互联网展现出更多的智能属性，如人离开系统回路、机器自主运行，机器引导机器，超大范围与尺度的"陆、海、空、天、赛"五域终端智能协同等。

"人在回路"引导智能机器

作者在 2015 年参观一汽大众公司透明工厂时获知，"机器引导机器（M2M）"是一汽大众公司在 2002 年提出的概念。该概念在"工业 4.0"诞生过程中起到了重要的启示与助推作用。如今，"机器引导机器"已经发展为"人在系统回路"的"有人机引导无人机"和"人离开系统回路"的"无人机引导无人机"两种模式。

美国创业公司 Peloton Technology 开发了一个智能自动跟踪系统，实现了"卡车列队跟驰（Truck Platooning）"，即两辆或两辆以上卡车通过车间通信技术，将前车的加减速等动作信息及车速、位置信息实时传递给后车，并利用自适应巡航、车道偏离报警、自动制动等自动驾驶辅助系统，对后车进行自动整体控制，使得车队在单一车道内以近距离编队形式在道路上行驶，保持一致的行驶速度并随时自动调整纵向运动状态。

列队跟驰可分为后车有驾驶员的有人编队行驶（有人车引导有人车，后车交出驾驶权），以及后车无驾驶员的无人编队行驶（有人车引导无人车）的两种模式。

Peloton Technology 公司的车间通信（V2V）技术将相邻的卡车作为移动终端联接起来，形成卡车列队跟驰，提高经济性和安全性。该公司的最初采用的是一个半智能列队跟驰系统，头车和后车中都有司机，后车司机负责跟车转向，由半智能系统控制后车，后车动力总成和刹车装置实时执行头车的任何加速或制动指令，精确地管理两车间距。当技术发展到自动列队跟驰解决方案后，头车可以控制两辆后车。这种"互联驾驶"的好处是，当头车引领了一段时间后，头车可以变后车并交出驾驶权，而后车变成前车继续引领驾驶。

采用卡车列队跟驰系统，在与客户卡车合作的实验中，"有人车引导无人车"列队行驶里程比例达到 90%，平均节油超过 7%。在多次验证行驶中，每辆卡车每天的排行里程已超过 700mile（1mile=1609.344m），预计每辆卡车每年可节省 7000～10 000 美元的燃油。

"有人机引导无人机"已经航空领域获得成功。美国波音公司的"忠诚僚机"无人机于 2020 年亮相，据称 1 架有人战机能带领和引导 16 架无人机作战。所谓的"忠诚僚机"是一种先进喷气式无人作战平台，基于"有人机+无人机"编组方案，采用有人飞机（例如 F-35 战斗机或 F-22 战斗机）对其进行控制和领飞，无人机具有半自主作战能力，伴飞有人机执行侦察与作战任务，因此在航程、航速上都有要求，美国已经开发出的"女武神"无人机就是其中一个典型代表。"忠诚僚机"的名称有两个含义，一个是无人机会忠实执行领飞有人机的各项指令，另一个是在有人机被敌方导弹锁定时，无人机可以自动为有人机阻挡空空导弹，在危险空域飞行时，无人机还可以飞在前面，为"有人机+无人机群"探路。

智能机器引导智能机器

当无人机技术发展到高度智能状态时，人类驾驶员将离开飞机操控系统回路，由"人工智能（AI）驾驶员"来替代人驾驶飞机。由此，上一小节的"有人机+无人机"编组方案，将升级成为"智能无人机+半智能无人机"编组方案，智能无人机替代原来的有人驾驶飞机成为空战主导，半智能无人机作为忠诚僚机与其伴飞，仍然像保护有人驾驶飞机一样来保护智能无人机的指挥地位。

当所有的无人机都在技术上进化到智能无人机时，当每架智能无人机的成本大大下降时，智能无人机群的整体作战能力将会有飞跃式的提升，因为这种智能无人机群不存在中心控制，完全是对等的分布式控制，可以利用复杂系统的"涌现"的场景，来随时自主指定任何一架智能无人机来担任整个无人机群的指挥者，不必担心因为某个指挥者损失后整个机群陷入"群龙无首"的窘境，由此而极大地提高了机群的鲁棒性（抗打击韧性和可持续作战能力），形成强大的群体智能。

类似的工作场景，在无人工厂、无人车队、无人交通、无人施工现场都是适用的。

以无人施工现场为例，当诸如挖掘机、装载机、压路机、铺布机、泵车等移动作业的工程机械具有较高"机智"水平时，每台工程机械上的驾驶员或操作员将会离开操作工程机械的"系统回路"，工程机械将会以智能模式自主工作。设想在一个类似于机场建设或者防疫医院（如火神山/雷神山医院）的面积超大的施工现场，可能会有成百上千台无人驾驶的智能工程机械参与建设，来自不同生产商的可移动作业的工程机械之间，包括车与车之间、车与路之间、车与场地之间，都需要相互识别、通信和保持协同，按照预先指定的作业运行规则彼此推理、判断、谦让或规避，以求获得最高的系统整体运行效率和最佳施工质量。因此，所有工程机械基于工业互联网的互联互通是最起码的前提条件，保持实时的"状态感知、实时分析、自主决策、精准执行"是最基本的操作模式，而彼此认知、数据共享、相互协同，最大程度减少和消除各种失误、障碍，是整个系统要实现的重要功能。

在高度频繁实时交互工作现场场景数据的情境下，5G网络可以发挥出巨大的技术优势，因为在这种场景中，各个智能机器之间已经不是彼此互传几个关键参数，而是要互传实时场景图像甚至是视频，而且一台设备可能要同时与周围几台设备进行几轮实时数据交互，才能对当前场景中本设备的动作做出最恰当决策和给出最精准驱动数据，因此对网络带宽和时延都提出了极为苛刻的要求。

智能机器在更大范围组网

智能第二范式发展的终极目标，是实现在大尺度、大范围、多领域、海量终端智能机器之间，在全球陆、海、空、天、赛五域范围的广泛连接和高智能协同。

- 空天协同：例如大气层内的飞行器与外太空飞行器之间实现多数据链的广泛联接，在人工智能和决策软件的支持下实现多终端的自主任务协同，"天网"引领"地网"形成北斗系统与工业互联网叠加融合等。
- 地空协同：通过系统工程、通信技术、人工智能、决策软件、导航定位和交战规则的一体化技术来实现地面和空中不同终端的智能协同，如卫星与地面雷达阵列的协同，无人机与智能城市应急救援的协同，战场武器装备的协同等。
- 地海协同：未来大部分远洋船舶将升级改造为网络化智能无人船，既消除了船员海上颠簸长期出差的辛苦，也彻底断了海盗劫持船舶的念头，因为地海协同、自主行驶的智能船舶，既没有可以抢劫的船员，也没有任何可以操作的装置，甚至没有可以攀爬的楼梯和任何可以进入的门口。
- 海空协同：美空军在《2030年空中优势飞行规划》中构想的未来海空协同分布式作战，将不再由当前高价值多用途海空平台（如航母）独立完成，而是将这些高价值平台的功能，分散配置到多类型、大规模、中低价值的海空作战平台——结构相对简单、功能相对专一、物理分离的分布式智能子平台，由此实现更高作战效能。
- 地月协同：地球和月球之间现在已经通过能同时"看到"地球和月球的"鹊桥号"中继站，建立了月球背面着陆器、巡视器等与地月间的通信和数据传输通道，未来这样的"地月智能终端"将越来越多地在地月双方建立。
- 地火协同：中国"祝融号"火星车已经开始在火星乌托邦平原进行巡视探测，火星环绕器作为中继器，将祝融号探测到的遥感数据发回地球，这是典型的地火协同模式。2022年5月11日，国际学术期刊 *Science Advances* 上发布祝融号的最新发现成果——在地质年代较为年轻的着陆区发现水活动的迹象。星舰发明者马斯克预测，未来有可能实现每天发射三次星舰，实现部分人类移民火星，在火星上建立多个永久性居住设施，这些设施与地球的管控设施都属于智能终端，彼此之间可以实现状态的感知、数据的链接和自主协同。指挥星舰、星际快船之类的太空运载器，每年能实现百万吨级的物资运输。

上面仅仅是对两域协同的简要展望。如果协同方的数量扩大到三域甚至更多域，例如陆海空天协同、火地月协同等，则智能场景将会变得更为复杂、多样和自主。但是智能范式仍然属于"机智"群自治的范围。

第三范式："机智"哺"人智"

智能软件辅助人思考决策

工业软件是一种工业化的顶级产物，如容器一般盛装了包括但是并不限于工业知识的一个集大成的知识体系，这些装进容器的各种知识，不仅尽量趋于体系化和完整化，而且还会在工业软件这个知识大熔炉、工具魔法器里，在人机交互使用软件的过程中，不断发生知识的交叉与融合，解构与重构，既发生物理反应，也发生化学反应，在原有存量知识的基础上，生成增量知识，持续丰富、补充着容器的知识体系。

无论是嵌入式还是交互式软件，它们都按照程序员的精心设计，基于人类千百年来在数学、物理、化学、生物等领域的知识精粹和农业、工业、服务业三大产业的知识传承，以及陆、海、空、天、赛五域中的各种制品的专业知识，乃至在人群中流传的个人常识、经验、技巧和诀窍等，用巧妙的公式、精准的算法、最优的迭代过程，在计算机操作系统的协调下，让 CPU 中的门电路进行每秒几十亿、上百亿次极速"开/关"，然后在显示设备上给出可视化的计算结果，或者同时把根据计算结果得出的最佳控制指令，输入到机器设备的控制器中去，精准地操作机器设备的运行。此种智能行为，早已非人力所能及。

作者把人机交互使用软件的过程，称作"集智应用"。集智的意思是，在工业软件这个超级知识容器中，集中了海量的前人智慧。当用户进入软件使用界面时，用户始终就不是独自一人在使用软件，而是如同有千千万万个数理化先贤、领域专家、行业翘楚、专业能人站在他的身后，在每一次点击菜单、每一次模型计算、每一次控制指令传输中，都在出手扶助，都在指点迷津，都在启智开慧。

著名哲学家迈克尔·波兰尼在《个人知识：朝向后批判哲学》书中指出："自然科学是观察的延伸，技术是设计的延伸，数学是理解的延伸。"当工业软件中无数的数学公式极大地丰富了使用者的理解与认知，丰富的物理化学生物知识拓宽了技术的边界，众多的第一性原理潜移默化地改变了自然科学在人类心中的位置，人类的精神世界和知识体系，都极大地拓展和延伸了。软件的知识容器作用、"集智应用"作用和辅助人思考决策的作用日益凸显。

在人类漫长的进化过程中，知识装在人脑中，知识装在图书馆/情报室的图书资料中，知识扫描或打印后装在电脑文件中，知识装在工业软件中，是四个截然不同的发展阶段，也是四类存储和应用知识的方式。尽管现在四类方式在不同应用场景中共存，但是显然以工业软件作为容器盛装工业知识体系是目前最佳的方式。

人类智能最好的容身场所是软件，而软件的最佳作用是像"软件万能机器人"一样，以"机智"反哺"人智"。

智能穿戴设备助力人劳动

在工业现场，生产线上的装配工人经常要站着或者以某种特定姿势工作很长时间，给工人带来的疲劳和潜在职业伤害是一直存在的。为了解决这个问题，福特汽车开发了用于装配工人的名为 EksoVest 的外骨骼套装，相当于是给工人贴身定制了一套智能穿戴装置。

这种外骨骼套装是由福特公司与可穿戴技术 Ekso Bionics 公司合作开发的，该套装看起来像是一个机械背心，穿戴在工人身上，协助工人的手臂举升，减少工人肌肉疼痛和劳损风险，由此减轻生产线上装配汽车的工作压力，延长有效工作时间。

2020 年，Ekso Bionics 公司在福特公司的两家工厂对 EksoVest 外骨骼套装进行了测试。此前，工人举起手臂用电动工具安装汽车底盘螺栓，这个动作是比较费力的，而且这种费力的动作每天要重复上千次，劳动强度很大。EksoVest 外骨骼穿戴在工人后背上，支撑臂紧托人的手臂下方，建立了一套支撑了工人手臂的智能装置，该装置自动感知工人手臂的动作意图，可以随着工人的手臂动作而不断助力向上伸出，帮助工人很轻松地用电动工具将螺栓固定在底盘下方。

EksoVest 外骨骼适合于身高 1.5～1.85m 的工人，可为每只手臂提供 2.26～6.8kg 的臂力举升辅助，使用过的工人都说该装置很轻巧，无干扰且顺畅地伴随手臂运动，相当于是穿在身上的一套辅助人的智能机械，体现了企业对从事体力劳动工人的关怀。目前该智能穿戴设备已在七个国家的 15 家工厂中推广应用。

这套智能穿戴设备，实际上是践行了"20 字箴言"的智能闭环原理，让这种"机电软"一体化的装置，成为帮助工人减轻体力劳动的好伙伴。

作者认为，这类帮助人从事体力劳动的外骨骼智能装置，还可以继续研发改进，让作业现场的管理变得更加科学和人性化。例如按照"智能单机→智能系统→智能机群"的进化路径，进一步将其改进为"机电软网"一体化，让外骨骼智能装置成为工业互联网的终端，这样工人操作的所有动作都可以按照 MOD 法进行分解，经过外骨骼上的多个传感器，把工人的具体操作动作数字化，变成"工艺-动作-工时库"中的基础数据，当基础数据积累到一定程度时，就可以计算出每个工艺动作的最优工时，如果能给出标准工时，甚至能够定义出某个工艺操作过程的最佳动作组合。

有了上述基础数据，就可以做很多作业现场的改善，如合理排产，合理安排休息时段，利用最优动作进行新员工培训，甚至利用该装置指导有经验的员工，如何不断改善工艺动作，消除浪费环节，在该休息时一定休息，在该聚精会神工作时一定全神贯注，把整个生产过程做到最优。

智能装置助人成专业高手

在 YouTube 上，美国 3D 打印技术开发商和制造商福姆实验室首席工程师谢恩·威顿用视频展示了一个他自己研制的智能篮板。这是一个易于理解的智能装置辅助人的好例子。

投篮百发百中是所有打篮球人的心愿，但是谁也不能真正做到百发百中。即使是经过刻苦训练的美国职业篮球运动员，在比赛中最好成绩也只能达到 67% 投中率。

谢恩·威顿的想法是研制一个智能篮板，只要投篮者能把球砸到篮板上，就能做到"百发百中"，如图 8-1 所示。

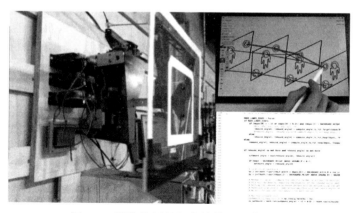

图 8-1　智能篮板的机电结构和工作原理

他设计的篮板是多轴动态运动的，即篮板固定在万向节上，可以前后伸缩、上下和左右摆动。这个设计符合 TRIZ 中的人造系统动态性进化法则（箭头→表示进化方向）：刚性系统（固定篮板）→单铰链（单向摆动篮板）→多铰链（多向摆动篮板）→柔性篮板。

无论球从哪个角度来，当球碰到篮板时，篮板会调整方向，以最合适的角度，把球反弹进篮筐。这相当于确立了一个"理想化最终结果（IFR）"。

为了实现这个 IFR，必须让篮板具有自主观察和思考能力以及知行合一能力，即它需要知道篮球的出手角度、飞行轨迹、即将碰到篮板的时间，然后快速分析计算出篮板该以什么样的策略来反弹这个球，给篮板发出最佳动作指令，确保球入篮筐。

由于从篮球出手到碰篮板只有约 600ms，因此对于智能篮板来说，设计要点在于，计算时间尽量短，结果尽量准确，篮板尽可能轻，动作尽快完成。《三体智》书中"20 字箴言"适用于该场景。

- ▶ 状态感知：使用微软为 Xbox360 制造的 3D 体感相机 Kinect 作为高灵敏度传感器，它可以精准地跟踪目标，并提供带有视频输入的软件，其中包含深度信息，并且可以指示目标和相机之间的三维坐标。
- ▶ 实时分析：编制控制篮板动作的专用软件程序，并利用 Kinect 传感器提供的三维坐标数据作为计算篮球时空位置和状态的依据。
- ▶ 自主决策：通过分析计算，在实时数据的支持下，做出篮板动作决策。
- ▶ 精准执行：向篮板控制器发出最佳动作指令，指示致动器（电机）精准动作，让篮板瞬间旋转到位，反弹篮球入筐。
- ▶ 学习提升：在篮板不断反弹篮球入筐的过程中，积累大数据，通过数据分析，找到更好的改进策略，不断优化智能篮板这个"机智"系统，让每一个出手投篮的人，都成为百发百中的投篮高手。

XR 设备增补人智巧操作

工业现场的防呆防错是一个非常现实的提质增效问题。在工业工程中对此有大量研究和应用。常见的防呆防错措施有很多，有人将其总结为"有形防呆、有序防呆、编组和计数式防呆、信息加强防呆"四大方法，也有人归纳了诸如"断根、保险、自动、相符、顺序、隔离、复制、层别、警告、缓和"十大措施。

伴随着传感器、软件等数字技术与工业场景的融合，利用工业互联网防呆防错，也开始进入了实际应用。这种防呆防错技术是"机智"反哺"人智"的例子，属于"警告"措施的数字化升级应用。

警告措施的具体内容是：如有不正常的现象发生，能以声光或其他方式显示出各种"警告"信息，以避免错误的发生。

基于工业互联网防呆防错措施的要点仍然是联接，即把人的动作、工件、工具、环境等要素作为"终端"彼此联接起来，为每一个操作动作都预先附加关键信息提醒。

作者在德国弗劳恩霍夫生产技术与自动化研究所（Fraunhofer IPA）参访时看到一个实例：传感器（摄像机）安装在产品装配者头顶上方和左右，由摄像机来捕捉装配者拾取零件的名称和形状（如果零件名称不对则报警并提醒可选的正确零件）、拾取后握持零件的动作（如果握持零件姿态不对则报警并提醒可选的正确姿态）、零件是否正确装配到待安装的机器上（如果安放后没有对准则报警并提醒可选的正确动作）等全过程操作步骤，必要时，还会提醒装配者该使用什么样的工具来操作零件或者机器。

在上述防呆防错程序中，对装配者的可视化提醒是一个最重要的内容。这种可视化提醒信息，既可以显示在装配者前面的计算机屏幕上，也可以利用VR、AR、MR等技术，将提醒信息叠加显示在AR眼镜中的数字虚体或物理实体零件的"数字场景"中，无论用哪一种显示方式，装配者看到的都是带有正确引导信息的"装配实景＋虚拟现实"。当所有操作程序都只有唯一正确结果时，呈现给装配者的信息就不再有任何歧义性，达到了用工业互联网中智能技术消除装配者产生呆错的目的。

装配的逆序过程就是拆解和维修。因此在维修复杂设备、培训维修人员、识别条码/二维码、结合IETM快速查询零部件供应商等场景中，同样可用上述工业互联网技术来防呆防错。阿依瓦（北京）技术有限公司的基于AR技术的新一代企业实时远程指导平台Rainbow，可以指导维修人员按照正确的操作规程进行产品维修，如图8-2所示。

当人脑指挥人体的操作，多了一个智能网络终端中的"数字脑"作为帮手时，人体操作的失误率将会趋于0，"机智"反哺"人智"未来将成为业界常用操作模式，专业生手都将成为专业人士。

图 8-2　基于 AR 技术指导产品维修（来自阿依瓦公司）

第四范式：双智融新智

人智不同于人体和人脑

在对《三体智》的解读文章中，作者提出了一个重要学术观点，即在智能成因与作用机理的研究上，不能笼统地把人作为讨论对象，而是应该更细分地来讨论人的作用。作者建议把人分为"人体、人脑、人智"三个不同部分来分别予以研究，这样才能更清楚地知晓智能系统演变和作用的基本规律，以及其所形成的智能范式。在《机·智》《铸魂》中，作者更是以"人智"转"机智"作为主线撰写，用大量的论述和案例来丰富和支撑这个观点。

为什么要细分而不是笼统地研究"人"的作用？作者此前做过大量观察和分析：从历次工业革命的核心使能技术、实际发生过程和最终结果来看，第一次和第二次工业革命是用蒸汽机、电机、燃油机作为动力装置构建机器，极大地解放了人体；第三次工业革命是用电脑作为控制装置构建机器，极大地解放了人脑；第四次工业革命是用 CPS 作为智能系统的使能与赋能装置，必将极大地解放和补充人智，从而达到让人离开系统回路、机器自主工作的目的。解放和补充人智的过程和机理就是前面总结的第一、二、三智能范式。

人体与人脑的区别比较好理解，但是对于人脑和人智之间的区别，很多人可能会分不清楚。

人脑是利用神经元中的突触进行智力思考的生物实体和海量知识的载体。按照某些脑科学家的说法，现在对人脑的利用，只有大约10%～30%，人脑大部分都是处于一种备用"休眠待机"状态，并没有被人类完全开发利用。因此人脑无论从术语含义还是实体功能上来说，不能与人智等同而论。

人智是人脑思考、辨析、想象、构思、推理和创造能力与水平的综合体现，是一个活跃、激发态的过程。由于人脑特殊的生物封闭性，思考机理尚不完全掌握，体现人脑智力水平的思考过程是目前无法直接观察的，也是难以可视化和量化的，总体上还是一个"黑盒"过程。作者将人智定义为是人脑智力思考的结晶，是通过显性知识的方式来予以体现和表达的。虽然这种理解和表达是间接的人智"定义"，但这是目前可以采用的最好方式之一。

从认知上说，人智是靠人脑长期积累知识形成的。"智"字由"知"和"日"组成，即表示每日积累知识可以成为智，但是积累过程漫长。

从体系上说，人智的静态沉淀是知识。知识体系庞大，种类繁多，人脑只能记忆和理解其中一小部分，无法全部分辨清楚并准确记忆。

从存算上说，人脑存储有限，算力有限，再强大的"超级大脑"在存储和计算能力上也比不过电脑。而且电脑的算力仍然在快速提升。

人类创造电脑，电脑替代人脑。人类沉淀人智，人智变成"机智"。人脑原有的人智，一旦进入数字空间，在载体上、形态上、效率上、可持续性上，都发生了根本性变化。因此将人智与人脑分开考虑有利于充分研究和发挥人智的巨大潜力。

提升机智惠及人类本身

"天才少年"稚晖君自制的具有"同步现实"功能的机械臂，也是一个很好的"人智"与"机智"融合的例子。在他研制的系统中，状态感知采用了双目相机，系统可以精准地感知人手臂的运动状态，然后驱动机械臂与人手臂做完全一致的动作，由此实现以人手臂的动作远程控制机械臂，做任何适用于手臂操作的动作，包括用手术针线缝好破损的葡萄皮。稚晖君的研制成果相当于开发了一个能够实现意识人体（人手臂）、数字虚体（数字机械臂）、物理实体（实体机械臂）三体协同实现"同步现实"的智能机械臂，如图8-3所示。

图 8-3　三体协同机械臂（根据稚晖君视频截图制作）

在这个案例中，人的动作受到人的意识支配而自然形成，每个动作都可以按照人体工程学来进行合理分解（例如前面介绍过的 MOD 法和动作知识库）。传感器双目相机或 3D 体感相机可以精准感知人手臂动作，判断人的意图，因此可以在数字空间建立人手臂的数字孪生体，实现对人手臂动作的数字复现，甚至优化动作，然后用数字孪生体的动作数据驱动物理实体机械臂，形成对人手臂的完全同步操作。

在上述过程中，人跟着意识走，意识带动人体肌肉、数字"肌肉"和实体电机，前前后后同步驱动"三个手臂"做动作，由此极大地提升了机智，惠及了人类本身。人可以不用到手术现场，减少或消除了差旅的舟车劳顿等时空障碍，医生不用出差就可以给远方病人做手术，或者可以给具有高度传染性处于隔离病房的患者做手术。

在这个例子中，人的操作技能可以被数字化，可以被软件所记录。这个例子具有极大的现实意义和应用价值，给出了广阔的创新想象空间。

就工业互联网而言，工业端联的是工艺；工艺数字化是工业互联网的核心内容。而完成工艺的载体有四种，一是生产设备，二是产品，三是工业现场的工人和其所做的人工操作，四是生产现场管理/组织方式。人们往往熟悉设备载体，而忽略了工人人工操作、生产管理/组织方式。上述"三个手臂"以"同步现实"方式操作的例子带给我们的启示是，人的动作、机器人或设备动作、数字孪生体动作，就其实现工艺的结果上看，本质是一样的，只是因为人的动作灵活且变化多，相对机器难以标准化，而往往忽略或者放弃了对人的管理。但是工业互联网工业端如果漏掉了人工操作的联入，那就不仅少了四分之一的工艺载体，更重要的是不能支持工业互联网最终带来的商业模式变革。

提升人智生产更优知识

越来越丰富的工业知识体系，越来越多的专业机理模型、数据模型，越来越多的新一代人工智能算法（大数据智能、跨媒体智能、自主智能、人机混合增强智能、群体智能等），为各种人造系统走向智能铺平了道路。当机器越来越智能的同时，与其相适应的是，人智本身也在不断提升和加强。

人类在长期的科研和生产实践中，创造性地提炼和总结了各种机理模型，构建了基于机理模型的强因果关系。但是，只有因果关系，并不能完全解决工业生产制造中的所有问题。伴随着工业互联网的兴起与应用，大数据智能技术进入了人类视野，人类从较大的数据样本中，找到了分析大数据的思路和方法。人类认为大数据简单算法好于小数据复杂算法，只要数据充分，就可用简单模型取代一个复杂模型。由此而让人认识到：从因果关系到相关关系，转变思维方式是非常重要的。由大数据分析而获得的数据模型所表达的"相关关系"，与机理模型所表达的"因果关系"都同等重要。二者相互结合，取长补短，是可以解决更多问题的。

就机器的数据采集而言，在浩如烟海的大数据汪洋中，仅凭人类的五官和大脑来操作的传统认知模式，已经无法分析多点部署的、多传感器实时采集的庞大数据资源。而隐藏、蕴含在大数据中的某些人类五官无法感知或捕捉到的机器演变规律，却可以在大数据算法下，逐渐显露出蛛丝马迹，直至揭示出其强相关的"关系"。大数据算法对所观察对象的洞察，让人类多了一种解决复杂问题的数字化工具箱。

就机器的群体智能而言，越来越多的终端联接和数据交换如同人脑神经元的突触一样，由许多独立单元高度互联、实时交换信息而成的一个如同蜂群、鸟群或沙丁鱼群一样"活系统"，具有典型的自适应特征。这种自适应特征是没有一个独立单元控制整个活系统，但是又确实存在一种看不见的、从大量非智能或低智能的成员中"涌现"出来的力量控制着整个"活系统"。这种群体智能不断启发人类，开发具有类似"涌现"效应的无人机群。如果真的要无人机群达到生物界智群的"活系统"水平，就要求每个无人机个体具有一定"机智"水平（即融入更多"人智"）。

数据采集和大数据分析揭示数据中的隐含规律，软件交互、集智应用启发人的高阶智力，群体智能构建自适应的"活系统"，这些"机智"已经开始惠及和反哺"人智"。未来，人机分工明确，机器以高水平"机智"生产产品，人类以高水平"人智"生产知识，这是工业发展的美好愿景。

人智机智共融为人服务

尽管20世纪70年代就开始了"人智"转"机智"的进程，相对来说，二者还是各自独立发展，交集较少。进入21世纪后，新一代ICT不断融入工业实体之后，"人智"和"机智"开始逐渐交汇和融合，原本清晰的边界开始变得模糊。这就是《三体智》中的前瞻性展望："自然物理实体，孕育意识人体，打造数字虚体。三体交汇，认知互动，协同发展，共轭进化。三体交汇的中心就是智能。三个界面不断模糊边界并且扩大范围，最终界面消失，归为一统。"

无论是"人智"还是"机智"，无论是分立还是共融，其目的都是以人为本，利人赋能，为人服务。

这就是为什么欧盟要发布"工业5.0"的原因。欧洲人认识到："工业5.0的以下特点得到了特别强调：将人类和技术的技能与优势结合起来，使工业和工业人互惠互利，不是技术取代人，而是与人互补。这使得工作环境更安全、更令人满意、更符合人体工程学，在这种环境中，人类可以利用自己的创造力解决问题，扮演新角色，提高技能。"欧盟使用的语境是"工业和工业人互惠互利"，其实背后所指的意思就是"人智"与"机智"的互惠互利，造福人类。

面对老龄社会，日本提出了"社会5.0"战略，核心思想是以人为本，具体举措是让人与界面友好、善解人意的服务机器人共生共融，细分需求，定制服务，改善生活品质，预测潜在需求，消除由于地区、年龄等造成的服务差异。技术路线是，让不同领域的独立系统联网并协调工作，以"群智"方式提高自律化和自动化程度。

作者认为，无论是工业5.0还是社会5.0战略，叫什么并不重要，重要的是其主旨是相似甚至是完全重合的，那就是：人智机智共融，一切以人为本。

本章所阐述的四个智能范式，既在工业互联网、智能制造实践中长期共存，又按照范式顺序次第演进，每一个智能范式都在前一个范式基础上成长提升，向上进阶，在智能水平上，也从初级智能、中级智能，发展到高级智能、融合智能，形成了一个完整的智能范式发展序列，如图 8-4 所示。

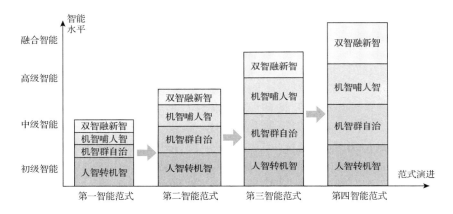

图 8-4　四个智能范式发展演进图

第一智能范式，"人智"转"机智"是最初的智能范式，已经持续了几十年；第二智能范式，进入新世纪后，智能机器互联群体越来越庞大，越来越自主和自治；第三智能范式，"机智"达到一定程度后开始反哺人类，利人赋能；第四智能范式，未来"人智"和"机智"融为一体，形成高度智能、高度发达的数字工业乃至工业元宇宙，推动中国乃至全球数字经济的发展，繁荣人类的数字文明。

本章参考资料

[1] 欢梦．Peloton 发布 L4 级自动列队跟驰技术，使驾驶员可以控制两辆卡车 [EB/OL]．（2019-08-14）[2022-05-20]. https://www.xianjichina.com/special/detail_414762.html.

[2] 郭道平．美国盟国借助"忠诚僚机"寻求数量优势．[EB/OL]．（2019-03-16）[2022-05-20]. https://www.163.com/dy/article/EADIIBPB0511DV4H.html.

[3] 军事文摘．【军事观点】未来海空分布式协同构想 [EB/OL]．（2020-12-08）[2022-05-20]. https://www.sohu.com/a/436919148_743125.

[4] 金磊，博雯. 刚评上院士的马斯克就飘了，说要每天发射三次大火箭，向火星转移100万吨物资 [EB/OL].（2022-02-11）[2022-05-20]. https://mp.weixin.qq.com/s/EEtHD_gj0wd1sVSU7PbQzw.

[5] 汽车氪. 福特测试外骨骼技术 EksoVest，旨在减少装配工人事故率 [EB/OL].（2017-11-13）[2022-05-20]. https://www.sohu.com/a/204095403_478941.

[6] 在线网速测试.「百发百中」篮板升级，网友：你怎么那么有钱有闲有知识 [EB/OL]. [2022-05-20]. http://www.wangsu123.cn/news/6560.html.

[7] 康鹏举. 工业互联网：自适应的工业生态系统 [EB/OL].（2018-03-26）[2022-05-20]. https://mp.weixin.qq.com/s/KeM4hvB4BIl0Uf7tey1I3A.

[8] 人机与认知实验室. 什么是群体智能（集群智能）？蜂群思维？ [EB/OL].（2016-11-08）[2022-05-20]. https://www.sohu.com/a/118390645_464088.

[9] European Commission. Industry 5.0: towards a sustainable, human-centric and resilient European industry[R]. Brussels: European Commission, 2021.

[10] 史上最牛网. 稚晖君（彭志辉）钢铁侠机械臂详解视图 [EB/OL].（2021-10-08）[2022-05-20]. http://www.niug8.com/dk/5681.html.

第九章

People Oriented

管理跃迁：数智时代须以人为本

本章将聚焦于IIEM资源维上的"产品－人－机－料－法－环－测"中的"人"这种特殊资源。在全社会数字化转型的历史关头，人作为企业中的核心资源必须得到真正重视。工业互联网应该以人为本，利人赋能，实现基于人性的管理，给出适用于未来员工的新型管理模式。

用旧地图无法找到新大陆

百年未有之市场变局

2020年9月17日，习近平总书记在基层代表座谈会上指出，"当今世界正经历百年未有之大变局，新冠肺炎疫情加剧了大变局的演变，国际环境日趋复杂，经济全球化遭遇逆流，一些国家单边主义、保护主义盛行，我们必须在一个更加不稳定不确定的世界中谋求我国发展。"

这是一个新技术、新机遇、新问题层出不穷的时代，是一个不稳定不确定的时代，即VUCA时代。VUCA是Volatility（易变性）、Uncertainty（不确定性）、Complexity（复杂性）、Ambiguity（模糊性）四个英文词首字母缩写，形容企业所面临的外部竞争压力。

VUCA形成的原因很多，其中重要一点就是市场变化太快。如同人在散步时很少能撞在一起，但在球场上就不一样了，运动员奔跑太快，带来了更多不确定性，发生碰撞的概率大大增加，并且造成的后果也将严重得多。

在经济发展相对平稳的时期，企业变化较为缓慢，企业基本能应对出现的问题。但今天工业互联网、人工智能、云计算等新理念、新技术、新模式、新业态层出不穷，全球化竞争进一步加剧，西方列强精准打压中企，新冠肺炎疫情持续发酵，地区冲突不断，企业正处于前所未有的 VUCA 时代。

作者在文章及著作中多次强调，智能制造（Smart Manufacturing）远非机器换人那么简单，这不是纯技术应用，这需要企业在当前"四难"大背景下，以市场为导向，采用先进的自动化、数智化技术，建构高效、高质、低成本、快速响应市场的管理与服务模式，从而全面提升企业竞争力。

应对 VUCA 时代挑战，仅仅用新技术是远远不够的，还需要充分发挥企业中人的价值，以更加高效、灵活的组织与管理，能够科学决策、迭代进化、速度制胜。

遗憾的是，大部分企业家们还是在看着旧地图指挥企业航行，一直以为按照现在的方向行驶就能找到新大陆。

著名管理学家加里·哈默在《管理的未来》中就提出警告："在公司组织层级中，越是高层越倾向于拒绝承认那些令人不安的事实。原因是公司领导往往远离残酷的变革前沿，难以察觉到那些他们长期推崇的商业模式正在受到严峻的威胁。由于缺乏亲身体验，他们很难相信那些从公司竞争前沿传来的阵阵警钟。"

如何知道航向的偏差，如何管理未来？企业家坐在舒适的办公室里无法得出正确结论。要么"让听到炮火的人呼叫炮火"，要么企业家奔赴"残酷的变革前沿"去听闻"炮火"，然后勇敢地改变传统的组织和管理模式，这是企业积极应对 VUCA 时代挑战的重要举措。

工业互联网必须促进企业传统的组织和管理模式的改变。

招工难与老龄化叠加

据人力资源和社会保障部发布的《2021 年第一季度全国招聘大于求职"最缺工"100 个职业排行》，新进"最缺工"排行 29 个职业中有 20 个与制造业直接相关，制造业缺人可见一斑。

劳动年龄人口不足是困扰制造业发展的一大严峻问题，这种情况将来能否缓解呢？据统计，2020 年我国出生人口仅为 1200 万人，从 2016 年以来出生人口"四连降"。2020 年我国生育率已经跌至 1.3，进入全球生育率最低国家行列。当前劳动力供应短缺是个不可逆过程。

智联招聘发布的《2019企业劳动力老龄化趋势调研报告》显示，在劳动密集型企业中，近6成企业存在员工老龄化趋势。调研中，很多企业对X世代老龄员工充满担忧：61%受访企业认为老龄员工观念守旧，缺乏创新；43%的企业认为老龄员工知识技能更新速度迟缓，跟不上技术更新的脚步。

员工老龄化是工业大国普遍面临的问题。由于人口数量不足及老龄化严重，多国不得不一再推迟员工退休年龄：德国法定退休年龄是65岁，德国联邦经济事务和能源部咨询委员会建议法定退休年龄可以在2042年提高到68岁；2021年4月1日，日本政府正式实施《改定高年龄者雇佣安定法》，其核心内容就是将企业员工退休年龄从65岁提高到70岁；英国、美国、冰岛、挪威、芬兰、瑞典等欧美国家，退休年龄也都调整到65岁以上。

老龄化困扰是德国大力推进工业4.0的重要原因之一。德国联邦教育研究部工业4.0工作组在《德国工业4.0战略计划实施建议》中重点强调："德国当前正处于人口结构变化的困境中，它拥有世界上第二年老的人口，仅次于日本。在许多德国制造公司，员工的平均年龄在四十多岁。年轻员工的数量在不断下降，某些行业的熟练技工和学徒申请者已出现短缺。为了确保人口结构的变化不会影响当前的生活水平，德国很有必要更好地利用现有的劳动力市场为工业4.0的实施做好储备，与此同时，还需保持并不断改进劳动生产效率。"

工业4.0倡导以工业物联网技术手段重构企业的组织、管理与工作方式，通过培训等手段推进员工终身学习、掌握工业物联网所带来的新知识、新技术的能力，有效应对劳动力短缺等问题；日本的工业价值链也是以工业互联概念为基础，推崇以人为本，不断强化员工为企业终身服务的日式传统；这些举措与本书IIEM中倡导应该高度重视"人"这个特殊资源的理念异曲同工。

工业互联网必须给出适用于55～70岁人群的用工与管理解决方案。

Z世代登上历史舞台

Z世代，指1995—2009年间出生的一代人，也被称为互联网世代，是受到互联网、即时通信等科技产物深刻影响的一代。今天这代人已经步入社会，很多人已经成为制造企业中的新生力量。

Z世代出生于我国相对富裕的时代，没有经历过贫穷与饥饿，父母正是改革开放受益的一代，大部分家庭相对殷实，无财务压力，对物质没有刚性需求。

Z 世代从小就玩手机和平板电脑，伴随着互联网长大，有比 X 世代、Y 世代在同龄时期更丰富的知识和独立思想，他们个性明显、崇尚自由、不喜欢被束缚，喜欢有挑战性、趣味性和创造力的工作。

Z 世代特点决定了他们不愿意到环境相对较差、管理较为严格、时间相对固定、工作相对枯燥的制造企业去工作，更愿意从事基于网络、工作时空自由的"网络主播""微商""直播带货""外卖骑手""网约车司机"之类工作。

网约车宝典 App 发布的《2019 年网约车市场分析报告》指出，网约车司机以其门槛低、上手快、工作自由、收入高等特点成为年轻人职业选择，Z 世代人群占有较大比例。

阿里巴巴发布的《2020 饿了么蓝骑士调研报告》显示，2020 年该平台骑手超过 300 万人，其中"90 后"占比近 50%。在美团注册的外卖骑手已经达到 1000 万人，Z 世代也是主力军。

《2020 年中国网络表演（直播）行业发展报告》对 23 家直播平台的数据统计表明，目前主播数量超 1.3 亿，并且还以日均 4.3 万人的新增主播数量增加。绝大部分主播年龄集中在 24～30 岁年龄段。

艾瑞发布的关于微商发展趋势的数据显示，2020 年微商从业者数量为 1.3 亿人，其中六成以上是 Z 世代。预计到 2023 年，微商从业者数量将达 3.3 亿。

Z 世代不愿意到制造企业工作，即便来了也很容易离职。网上流行一个关于员工离职的段子："60 后：什么是离职？ 70 后：为什么要离职呢？ 80 后：收入不高我就离职；90 后：领导骂我就离职；95 后：感觉不爽就离职；00 后：领导不听话就离职。"虽属调侃，但确实反映了 Z 世代人群不同于 70 后、80 后，是富有个性的一代。

领英网站统计，从 70 后到 80 后，再到 95 后，第一份工作在职时间依次递减，分别是 4 年、3 年半和 7 个月。这些更加追求关注自身感受和自我价值实现的 Z 世代员工，往往会因为工作与自身期待不符而决然辞职。

Z 世代员工价值观独立，崇尚自由，喜爱数码，兴趣广泛，对感兴趣事物孜孜以求，但在沟通方式等方面与他人存在代沟，给企业管理带来全新挑战。不少企业管理层还停留在基于科层制的传统管理模式，没有做好管理 Z 世代员工的准备。但是 Z 世代已经向企业大步走来，企业的未来是他们的。

工业互联网必须回答对 Z 世代员工管理的"世代之问"。

知识工作者创意精英

企业面临的另一个重要变化，是现在劳动者的文化水准和职业素养已经不同于以前，很多是具有较高文化水准的知识工作者。

知识社会的经济形态转变

1959年德鲁克在《已经发生的未来》一书中把知识工作者定义为"把自己从学校学到的知识而非体力或体能投入工作，从而得到工资的人"他认为："我们生活在一个知识时代，首要的资源是知识，而不是厂房、机器。知识工作者构成了这个时代的主要生产力"。他在《知识社会》一书中再次强调："我们正在面临每隔几百年就会发生的一场变革，而这一次，我们将共同进入知识社会。"

20世纪70~80年代，人类已经置身于知识社会。系统化掌握大量知识的脑力劳动者与数量庞大的体力劳动者，用人体、人脑、人智所迸发出来的洪荒力量，快速改变世界。

20世纪90年代全球进入知识经济时代，知识经济在数字化浪潮的推动下，已经逐渐演进到今天的数字经济时代。

从人才红利到"人智"红利

据第七次全国人口普查数据显示，2020年我国具有大学以上文化程度的人口为21 836万人，占比为15.4%，其中90后本科生占比达到18%。2022年高校毕业生总规模1067万人，再创新高，这个数字比一些北欧等国家人口总数还多。再加上数量同样巨大的职业教育人才，知识工作者已经成为工业的中坚力量，中国工业也由人口红利逐渐走向了人才红利，进而走向"人智"红利。

华为公司在2019年底时，全球员工总数达19.4万人，其中研发员工约9.6万人，占比49%；工程机械龙头企业三一集团提出2025年"333"智能制造蓝图，即实现3000亿元销售、3000名一线工人、30 000名工程师，受过高等教育的工程师数量将达到一线工人的10倍。这些数据表明，知识工作者已经成为工业重要力量，"人智"将发挥越来越大的价值。

"机智"让"人智"红利长存

德鲁克说："在知识社会中，真正的投资不再是机器和工具，而是知识工作者，如果没有了他们，不论机器多么先进和精密，都产生不了生产力。事实上，所有这些知识工作者受雇于各种组织，但与以往的雇员不同，他们既拥有'生产资料'，又拥有'生产工具'。"

对"人智"水平较高的知识工作者的管理，呈现出与管理体力劳动者的不同特点。最难管理的，是知识工作者的智力资产。这些智力资产游离在企业管理边缘，在职与否，贡献与否，都决定了知识工作者的智力资产并不一定是企业智力资产。唯有把存储在人脑和纸面的碳基知识转化为硅基知识，把"人智"转为"机智"，让"机智"长存于数字空间，企业才能永远享受"人智"红利。

工业互联网必须传承"人智"转"机智"的伟大智力成果。

管理难，根源在三个失真

越来越多的专家和企业意识到，工业互联网、智能制造并非仅是技术，而更应该基于以人为本的思想，通过新一代工信技术等手段，改善和重塑企业的研发、生产、管理、营销和服务模式，全面提升企业竞争力。

管理从来不简单

今天，企业需要管理 X、Y、Z 三个世代的员工，三代人之间，文化水平参差不齐，年龄差距很大，岗位与技能迥异，如何构建适应数字化转型的管理机制，是常常困扰着管理者的问题。对大部分管理者而言，组织与管理好企业的复杂度及难度，远超建设一条自动化产线或者实施一套数字化系统。

在大多数人印象中，德国、日本、美国等这些工业发达国家完成了工业进程，管理体系完善，员工素质高，管理效果比较好。中国尚未完成工业化进程，很多工人来自农村，没有像德国工人那样经过长期而严格的二元制职业教育，业务素质欠缺，加之有些员工敬业度不够，导致管理难度较大。

经过长期研究，作者发现管理难并非仅是我国企业所面临的问题，发达国家也不例外，甚至有过之而无不及。

韬睿咨询公司曾对 16 个国家大中型企业的 86 000 名员工进行了调查。用对工作"高度专注""基本专注""毫不专注"来测量被调查者的工作专注与努力程度。研究人员这样总结道："不论位于组织的哪个层级，大部分员工对自己的工作都不太专注。"研究结果表明,全球有 14% 的员工对自己的工作"高度专注",24% 的员工对自己的工作"毫不专注",其余的人对自己的工作"基本专注"。换而言之,全球接近 85% 的人们在工作中没有尽他们所能,这是令人震惊的人力资源浪费。

管理为什么这么难?不同员工的表现为什么会大不相同?存在这些问题的深层次原因是什么?应该如何解决与避免?在工业互联网、智能制造时代又应该如何更好地管理?

这些问题使作者陷入了长时间的深度思考,并用四年多的时间深入研究了管理学、心理学等相关学科,最终悟出,管理是要以人(性)为本,而人(性)要基于心理学。作为各级管理者,一定要了解一些与管理有关的心理学知识,然后基于心理学与管理学,借助数字化解决方案,消除一些不利的影响,以期达到较为理想的管理效果。

作者总结出了影响到企业管理水平和管理效果的三个"失真",即信息失真、认知失真和机制失真。

若想做好管理,前提是决策正确,而决策正确的前提必须要有正确的信息,这个过程可以用公式 $y=f(x)$ 表示,其中 y 为决策,x 为信息,f 为认知逻辑。如果一个人的认知逻辑不正确,即便是同一信息,得出的结果可能会大相径庭。

因此,认知逻辑是管理学中的一个关键内容,但令人遗憾的是,每个人的认知逻辑不同,甚至大部分人的认知存在失真。这是我们在推进基于工业互联网的数字化转型过程中必须面对的问题。基于以上研究,作者给出了数字化转型的五层管理进化路径,如图 9-1 所示。

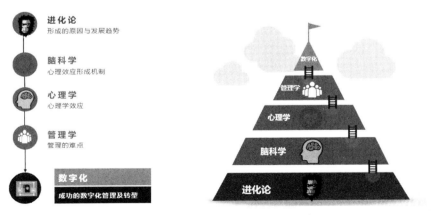

图 9-1 数字化转型的五层管理进化路径

信息失真决策误

在公式 $y=f(x)$ 中,输入的信息变量 x 对决策 y 至关重要。即便认知逻辑 f 正确,要得到正确的决策,输入变量 x 也务必准确,这是基础和前提。否则就是垃圾进,垃圾出,不能得到正确决策,更无法精确执行。信息-决策-执行的"三确环"如图 9-2 所示。

图 9-2　信息-决策-执行"三确环"

但很遗憾,在传统企业管理模式下,x 的质量很难达到我们的期望。

现在绝大部分企业仍然采用一百多年前马克斯·韦伯提出的科层制管理模式。这是一种依靠职能和职位进行权力分工和管理分层的组织结构,也是一种以规则为管理主体的组织体系和管理方式。

科层制优点在于分工清晰,责任明确,能够提高工作效率,保障组织活动开展。但是,信息在呈金字塔形状的科层制中层层传递、衰减、失真,碎片化严重。科层制中的信息呈现如下特性:

1)衰减性。在科层制企业中,无论企业老板或高层管理者有多大的热情、多么用心的交代,决策传递到执行人员时,信息和执行热情往往都会衰减很多。

2)可察性。由于时空限制、外部不确定性、技术手段欠缺等客观原因,以及一些责任、利益等主观原因,很多信息不可见,这给持续改善、科学管理都带来了困难。

3)不对称。一方面,"现场有神明",上级管理者对具体事情的了解程度一定不如当事人,很多事情由于信息不全面等原因就容易出现误判;另一方面,每个人都清楚自己的付出和成绩,但对别人的付出和成绩所知较少。

4)客观性。科层制的指令自顶向下层层传达,现场信息自底向上层层汇报,不可避免地添加了经手人员自己的理解或曲解,管理者得到的信息不全面、不客观。

5）时效性。信息传递需要时间。传统管理模式让各级管理者获得相关信息往往滞后，所采取措施也往往是亡羊补牢，不能将损失减至最少。

综上，在科层制管理模式下，由于信息传递存在不准确、不客观、不及时、不全面的问题，管理者往往因为信息失真不能做出正确决策，执行者又会因为信息失真而容易产生心理失衡。时间久了，领导者忙碌于日常反复出现的问题，但存在决策不精细、不精准、甚至不正确，下属因为得不到认可而备受打击，丧失工作积极性，变为消极被动执行者。于是抱怨、消极思想蔓延，整个组织低效，企业效益下降。

很多优秀企业曾经用改进办公方式来改善公司上下各级之间的沟通，如日企通常让员工在没有隔间的大办公室中工作，用消除物理屏障的方式来加强沟通。

但是，物理屏障好消除，心理屏障难根除。工业互联网数智流可以穿透物理屏障和心理屏障，让企业更多的事物和其背后的原因都以可视、可察、可溯源的方式展现出来。

认知失真执行难

我们经常发现，明明很简单的事情却被别人误解；明明是经过千思万虑的奖惩，最后却怨言四起；明明是有利于企业发展的举措，但在实施过程中困难重重，甚至阻力极大……此时，是 $y=f(x)$ 中的 f，即人的认知逻辑在起作用。

即便管理者进行了客观细致的量化考评，大部分员工也不会感觉结果是公平的，并会感觉自己的付出与管理者给出的量化结果相差太大。桥水联合基金总裁瑞·达利欧在《原则》中写道："如果你让机构里的每个人说说自己对机构成功所做的贡献的占比，加起来你会得到300%。在桥水，这一数字是301%。"

大部分人的自我认知偏高，自我认知失真是常态。世界上最难的事情，不是对外界事物的准确认识，而是人应该具有的自知之明；世界上最大的差距不是喜马拉雅山与马里亚纳海沟的高度差，而是人与人之间的认知差距。

每个人的认知逻辑 f 是如此不同，即便是输入同一信息 x，不同的人经过自己的认知逻辑推理后就会得出截然不同结论。人们所共有的自我认知失真给管理带了极大困难。

例如一个固执得几乎听不下别人一点不同意见的人，在参加调研测评时，大多也会选择自己"跟一般人相比更能包容不同的意见"；大多数司机都认为自己比一般司机驾车更安全，即便是因车祸住院的司机；大部分人认为自己相貌在平均以上；大部分人认为自己道德水平在平均以上；大部分人认为自己在单位的贡献在平均以上……显然，不可能大多数人都是在平均值以上。

经过多年深入研究，作者认为我们不能完全否定自我认知失真，它的存在并非荒唐的产物，而是符合生物进化客观需要的，是对个体有利的。

达尔文进化论的核心是"物竞天择，适者生存"。根据这个理论，生物进化趋势就是更好地适应生存，对个体而言，就需要躯体更强壮、行动更敏捷、决策更高效、更能适应环境，等等，当然人类还需要心理"更健康"，如显得自信、果断等。

基于进化趋势导向，下意识地以自己的标准去判断，快速、自信地做出决策，是有利于个体安全、生存、竞争的需要，这是自然法则。反之，如果凡事都要以他人标准去行事，瞻前顾后，决策过程就会漫长，人就会显得不自信，就会丧失很多时间与机遇，将不利于自身的生存和发展。

科学家研究发现，人类在潜意识中高估自己的能力，能激活与愉悦我们相关的脑区，有利于提高自信度，提高自我心理舒适感，有助于决策与竞争，这是适应进化论的一种表现，是基本人性。为此产生了两个著名心理学效应：一是"虚假独特性效应"，即人在评价自己的能力、技能、知识时，往往高估自己而低估他人；二是"虚假同感偏差"，也叫虚假一致性偏差，即人们常常高估或夸大自己的信念、判断及行为的普遍性。

自我认知失真不仅存在于普通员工中，在管理者中也很常见，大约有90%的上司认为，自己比下属认为的更擅长沟通及授权。

认知失真，无处不在，无人幸免，是管理中的一大阻力。

机制失真效果差

企业即便通过数字化技术和培训教育等手段使得 x 与 f 得到改善，甚至能做到不失真，但在管理上也不一定取得理想效果，因为这里面还存在管理机制失真。

"今天的问题来自昨天的解决方法",在管理上也经常存在这个问题。基于当前的现状,提出了表面看似很好的解决方案,但一旦正式执行起来,效果往往并不理想,甚至与初衷背道而驰。在企业管理中,这类情况经常发生。

比如,很多企业随着规模增大,逐渐发现各种管理漏洞,为了完善管理,就增加各种管理制度与审批流程。虽然这些新增管理措施的确有效地规避了很多漏洞,但同时,这些管理制度与审批流程如同江河上的桥梁,通畅了横向的汽车与行人交通,却很容易阻碍纵向的船舶行驶。这样,仅仅因为一小部分人的不轨行为,所有人承担了时间成本和工作压力,造成了整个组织的管理烦琐与效率低下。

在制造企业,为了鼓励员工高效生产,通常以计件奖金形式激励员工,这种形式在工业经济时代很常见,但在生产管理中未必是最佳选择。

2018年,作者作为日本精益生产考察团随团导师到京瓷、丰田等著名企业学习,其中丰田公司的一个配套厂给作者留下了深刻印象。

这家叫"三船工厂"的汽车零部件企业,规模不大,只有128名员工,其中正式员工56名,其他是临时工或钟点工;企业没有一名专职质检人员,每年生产1200多种零部件,一个月要生产800多万件成品,生产周期为5天,全年不合格品不超过5件。如何保证整个生产过程高效高质、有条不紊地进行,作者感到很好奇,询问工人是否有奖金时,三船工厂老社长梅村先生的回答却出乎我们的意料,"没有奖金,因为如果有奖金,工人为了多赚钱就会打破原先设定好的节拍,导致整个生产节拍不可控"。工人没有奖金,这一方面是控制生产节拍的需要,另一方面也与日企终身雇佣制、年功序列工资制等日本特色的管理模式有关。

这种日式管理模式未必适合中国企业,如果不采用计件奖金等方式,就很可能无法调动员工工作积极性,但如果仅仅通过计件奖金等方式进行激励,不仅会造成梅村先生说的节拍不统一,还可能导致工人更多地关心生产效率,而忽视产品质量改善等问题。

还比如,一些企业为了推动大家积极创新,对产品研发、交付过程以及管理环节中采用新的理念、新的技术、新的模式等创新行为进行奖励,随后企业创新热潮空前高涨。但实际上,有些情况仅仅是为了创新而创新,并非真正的需要。作者曾在航天单位工作过多年,航天系统一般优先采用成熟可靠的技术,而不会贸然采用新技术而增加系统的不确定性。

以上情况是几种管理机制的失真,由于强调了一个方面,却造成了其他问题的出现,形成了管理悖论。

借助工业互联网消除信息失真、认知失真、机制失真,这正是本章第三节的主要内容。

以理促管数智技术利人本

被颠倒的管理学

在企业,管理往往是个尴尬词语。领导一说要加强管理,员工就紧张,认为将会加大管控力度,往往从内心抵触,甚至产生对立情绪。

其实,很多人一直对"管理"这个词存在误解。

工业界的管理最早可追溯到 1911 年被称为科学管理之父泰勒出版的《科学管理原理》。泰勒通过实验与研究,比如秒表计时、尺子测量距离等量化手段,研究工人利用铁锹铲运矿石或粉末等劳动行为,最终发现如果选择合适尺寸的铁锹,以合适的劳动方式,就可以使工人在疲劳度不增加的情况下,每天工作效率提升 3.7 倍,日工资提高 63%,企业整体成本下降一半多。

泰勒通过标准化操作等科学管理的方法提升劳动生产率,争取最高的产量,从而使劳资双方都能得到最大限度的利益。很明显,泰勒科学管理不完全是为了资方利益最大化而对工人进行更严格的管理,而是以利他之心帮助工人提高劳动效率,使劳资双方都受益。

从英文原文上看,管理 Management 是从 Manage 衍生而来,而 Manage 是组织、协调之意,并没有管控的意思。

作者认为,管理不是管控,不是发号施令,不是控制(Control),更不是罚款,是优化、帮助团队与个人高效、高质地达成任务。

后来 Management 被日本人翻译成管理(学),于是我国也称之为管理。实际上,管理二字如果颠倒一下顺序,翻译成"理管",内涵就更准确,因为如果"理"在前,"管"在后,组织"理"得好,流程"理"得好,人心"理"得好,"管"就容易了;反之,如果以"管"为重,而不注重"理",一定不是好的管理。

我们可以将管理的"理"理解为理会、理解、理顺、解决、优化之意。做好管理，首先要理会（或称接触）员工，了解其工作进程、思想状况等，理解他的处境、困难、心态变化等；同时要理顺组织架构，理顺业务关系，在员工需要时，调动相关资源一起解决问题；解决当前问题不是目的，需要进一步优化相关组织架构、业务流程、考核标准等，避免将来再次发生类似情况。这些都是以人为本的体现，以利他之心，帮助员工更高效、高质地完成任务，使得员工与企业双方受益，而不是为管而管，甚至简单粗暴地增加处罚力度。

德鲁克说："管理者要做的是激发和释放人本身固有的潜能，创造价值，为他人谋福祉。这就是管理的本质。"现实中，很多管理者的做法都是从管的角度想对策，这种做法与管理的本意相违背，结果也往往是事与愿违。

今天，管理需要"颠覆"，要从以人为本的"理管"做起。先理后管，用数理管，形成"理-管-控"闭环，这是 IIEM 所倡导的新一代管理学要义。

基于人性的管理

很多人认为工业互联网、智能制造就是"机器换人"，这是认知的误区；某些专家认为工业互联网、智能制造的联接对象就是"人、机、物"，这是粗浅的理解。

人是唯一具有创造性、能动性的生产要素，是企业中最具价值的主体和最大智力源头，工业互联网的"本"是以人为本、释放人性，"末"是机器智能、机器换人，本末不可倒置。工业互联网的核心是帮助人、提升人，而不是换掉人。少人化（替换人体、人脑）只是外在表现，而以"人智"形成"机智"，把人从与机器的"绑定关系"中彻底解放出来，才是内在实质。

从工业管理发展史来看，管理对象一直在变化和增加，从管理具体业务到管理人，从管理人才到管理"人智"，最后逐渐聚焦在管理人性上的。

1776 年亚当·斯密首次提出了劳动分工；1911 年弗雷德里克·泰勒强调工人操作标准化，开创了科学管理新时代；随后马克斯·韦伯从组织维度进行职能和职位分工并提出科层制；1925 年亨利·法约尔，从企业业务功能视角，将管理分解为计划、组织、指挥、协调、控制五大要素。以上基本是从企业业务视角着眼的古典管理学派。

1918 年玛丽·福列特以女性细腻视角，将研究对象聚焦于人，将心理学引入到管理学中，首次体现了利他思想；1924 年埃尔顿·梅奥试图通过改善工作条件与环境等外在因素，找到提高劳动生产率的途径，他通过耐心听取工人对管理的意见和抱怨，让工人尽情宣泄情绪，结果发现工人的工作效率大大提高。这种奇妙现象就被称作"霍桑效应"。基于本试验，梅奥从人的本性和需要、行为的动机、生产中的人际关系等方面入手，创立了人际关系理论，成为现代管理学派中的行为学派代表。

1938 年切斯特·巴纳德提出了组织理论，建立了现代组织理论的基本框架；1943 年亚伯拉罕·马斯洛提出了著名的五层需求理论，并认为人最迫切的需要才是激励人行动的主要原因和动力，而在不同场景中人的需求是不同的。

在管理大师德鲁克的推动下，管理成为一门学科。德鲁克认为，管理不是"管理人"，而是"领导人"。组织的目的是让平凡人做出不平凡的事。

华为创始人任正非既是一流企业家，也是优秀管理专家，集中外管理理念于一身。他认为："管理就是洞察人性，激发人的欲望。一家企业的成与败、好与坏，背后所展示的逻辑，都是人性的逻辑、欲望的逻辑。欲望是企业、组织、社会进步的原动力。欲望的激发和控制构成了一部华为的发展史，构成了人类任何组织的管理史。"他还提出了以开放、协商、宽容为核心思想的、基于人性管理的灰度理论。

管理，理管，有理则利于管。管人体引起反弹，管人脑不得要领，理人性方为根本。激发人智，释放人性，是最大的理。

新技术促新管理

如果只是单纯地站在管理角度谈管理问题，并非本书所愿。结合新一代信息技术，特别在工业互联网中融入先进的管理思想，才是本书价值所在。

以信息技术解决管理问题

赫伯特·西蒙是 20 世纪科学界的一位传奇人物。1957 年他与别人合作开发了最早 AI 程序设计语言——IPL 语言，被称为"人工智能之父"之一；1978 年获得诺贝尔经济学奖，这是管理学领域唯一的诺贝尔奖。瑞典皇家科学院颁奖时给予高度评价："现代企业经济学和管理研究大部分基于西蒙的思想"。

作为"管理决策理论"的创始人以及计算机科学专家，西蒙强调管理就是基于信息的决策。信息技术与管理学走上了同一条大路。

工业互联网让传感、数据、网络、算力、算法等数智化技术在企业无处不在，二十多年来，企业信息化、数字化有力地促进了管理水平的提升。

借鉴西蒙的管理决策理论以及前文的深度剖析，作者对信息失真、认知失真和机制失真提出以下解决方案。

信息失真解决方案

1）组织上：团队小型化。比如采用子公司、事业部制、阿米巴等形式，组织小型化、扁平化，从结构上缩短信息传输链路。

2）技术上：工业要素的互联。通过工业互联网实现人－人互联、机－机互联、生产者与消费者互联、企业与企业互联，使得信息被及时、正确地采集与共享，实现信息高效、准确、客观的流动，减少信息的失真。

3）文化上：构建基于诚信的企业文化。因为唯有诚信文化下信息才能真实，决策才能正确，企业运转才能高效。

认知失真解决方案

1）信息共享。借助于包括工业互联网在内的技术手段，通过信息共享，形成较为一致的信息基础与判断标准。

2）培养培训。通过必要的培养培训，使员工掌握必需的知识与思考能力，有助于员工形成较相近的价值观与思想认知。

3）量化管理。通过管理过程的标准化、流程化、量化、可视化，基于客观可衡量的标准，减少认知失真和降低管理难度。

机制失真解决方案

1）协同的工作机制。通过信息共享、过程协同与知识共用等方式，实现员工之间紧密合作与协同，并通过隐性知识显性化，将行之有效的行为显现化、标准化、模板化、可视化、共享化，实现高效高质的协作。

2）公平的考核机制。通过绩效量化、可视化、竞赛化管理，综合考虑工作量、绩效、技能等，形成相对客观、可视化的判断标准。

3）数字化管理与数字化文化。以数字化手段对企业运营的各个环节进行管理，以数据驱动管理决策，并逐渐形成坦诚、开放、合作、创新、包容、求真、积极向上的数字化企业文化，充分激活组织、激活团队、激活个体，提升企业活力与竞争力。

以人为本新体系

不同于"机器换人"等传统技术视角,作者从以人为本、以技术助人的视角,提出了智能制造六阶模型,同样适用于工业互联网,如图9-3所示。

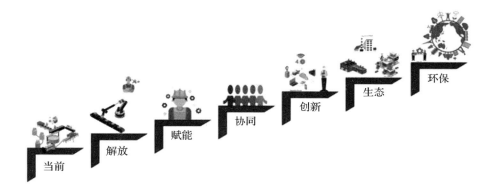

图 9-3 智能制造六阶模型

解放

近三百年来,机器和人在历史上形成了"绑定"关系,但是没有对立关系,工业现场的人,从来就不是多余的,工业互联网、智能制造不应该以减人为目的,而是应该让具有"机智"的机器来反哺和帮助人,让体力劳动者从重复、机械、繁重的工作与有毒、有害的环境中解放出来,让脑力劳动者从重复、低效、无趣、烧脑的脑力劳动中解放出来。

赋能

通过工业互联网的具体使能技术,可以解决耳不聪(设备、岗位、部门、企业与外界信息交流的孤岛化)、目不明(对生产与设备状态的感知不及时、不精确)、脑不智(过程不明白,决策不科学)、肢不灵(设备等执行机构不受控、不精准)等问题,让机器耳聪目明,充满"机智",让研发、生产、运营、服务等系统更敏捷、高效和智能。

协同

三国时期孙权曾说"能用众力,则无敌于天下矣;能用众智,则无畏于圣人矣。"基于工业互联网应用模式,以数智流驱动业务流,形成信息共享、过程协同,实现人与人协同,人与机协同,机与机协同,组织与组织的协同等,在发挥每个人的价值基础上，实现集众力、汇众智，充分发挥出组织的协同效率。

创新

人与机器最大的不同就是人乃智能之源，富有创造力，且知行合一。在四个智能范式作用下，当人从与机器绑定的"人在系统回路"中解放出来之后，可以从事更富有创意的知识创新活动。工业互联网生态系统，必定能提供肥沃创新土壤和群智创新生态。

生态

未来企业的竞争不局限于企业内部效率的提升，在很大程度上取决于生态的竞争。企业除了做好内部智能化升级改造以外，还需要与供应链、价值链、产业链上的企业实体深度合作，与包括用户在内的各利益攸关方实现实体流、资源流、数智流的"三流合一"，让动态价值流在整个生态体系内顺畅流动，提高社会资产运转效率。

环保

"绿水青山就是金山银山"。企业外部环境是企业生存与发展的"环"资源。企业不能只顾自身发展而影响社会和环境，一定要充分利用先进技术与管理，最大程度降低物质浪费和避免环境污染，走生态优先、绿色发展之路，向绿色转型要出路，向生态产业要动力，实现人与社会、环境和谐健康发展。

这是一个以人为本、动态演进的过程。演进趋势是由小到大，从外在到内在，从体力到脑力，从减压到赋能，从个体到企业，从企业到社会，从社会到环境。这是一个逐渐发展的过程，与"人法地，地法天，天法道，道法自然"的东方文化高度吻合。

工互网拓展职场崭新模式

融入以人为本、利人赋能、释放人性的管理思想的工业互联网，不在于"知"，而在于"行"，在于知行合一的落地应用。

激发 Z 世代工作热情

作者在走访一些企业时看到一些典型场景：在冲压生产线上工人操作手动

冲床，现场存在巨大噪声和安全隐患；在酷热的热处理车间，工人汗流浃背地工作；在各种物料堆积如山的车间中，工人忙碌地来回奔波；在高频率的产线上员工重复、机械、紧张地操作着……

坦率地说，这种传统的工厂环境，不仅是 Z 世代员工不愿意来，就是老一代员工也只能是委曲求全，如果有更多的选择，他们也会换工作。

从过去人不得不像机器一样来做重复、枯燥的工作，到今天机器已经能够像人一样工作，那么未来，人会解除与机器的"绑定"，人机关系逐渐解耦，人机交互界面也越来越适用于不同世代的人群。

Z 世代喜欢玩游戏，喜欢趣味性强的工作。在设计 HMI（人机界面）时，除了人机友好、界面美观等特点以外，还可以增加一些有趣味、有激励性质的功能，比如类似微信中的红包功能。工业互联网通过数据流动与科学决策减少制造环节中的不确定性，而微信红包则是利用不确定性给人以好奇感、稀缺感和趣味。在工业互联网的一些工作 HMI 中，可以在设计软件时增加工作红包功能，通过工业 App，统计分析员工工作表现，随机发出红包奖励，并累计晋级。这种奖励只有优秀员工才有资格参抢，并且奖励多少不确定，通过这些特定设计，让 Z 世代员工在枯燥的工作中增加些趣味。除此之外，还可以在 HMI 上增加类似于打保龄球全中时，在计分屏幕上显示出开香槟、放礼花的愉悦场景，形成心理上的激励。

马斯洛将人的需求分为生理需求、安全需求、社交需求、被尊重需求与自我实现需求，共计五个层级。每位员工除了生理（满足生存的薪资）、安全（人身安全、职业安全等）等刚性需求以外，在社交、被尊重、自我实现等方面，Z 世代的需求远远强于岁数大的 X 世代、Y 世代员工。

针对 Z 世代具有更强的好胜心和竞争意识的特点，可以在工业互联网系统中对员工工作进行量化、可视化管理，比如通过设备物联网的看板系统，将每台设备、每位员工的状态和绩效展现得清清楚楚，通过自动排名等方面，使绩效好的员工被认可、被尊重，让绩效差的员工感受到压力。于是，优秀员工想方设法干得更好，保持优秀，落后员工也基于被尊重的内在需求主动想办法改进，形成你追我赶的良性竞争格局。

北京兰光创新科技有限公司研发的设备物联网系统，可将每台设备的运行效率进行自动排名，并进行精益化分析，基于一目了然的量化、可视化的数据，管理者可以快速定位效率不高的设备，并与相关人员一起找出主要原因及改善措施，隔段时间将再次进行检查，持续改善。通过这种实时的可视化管理，有效展现了不同员工的绩效，提升了员工的竞争意识，同时也为企业进行相应的激励政策提供量化标准。

老龄员工追赶新时代

老龄员工为企业奉献多年，做出了很大贡献，但是年龄的增加让他们不再有充沛的体力、敏捷的反应能力，学习能力在下降，思想相对固化，在企业逐渐被边缘化。很多企业只愿意招聘年轻人。因市场变动而"被下岗"，因年龄较大而退休，仍然具有劳动能力和劳动意愿的大龄/老龄劳力成了社会弱势群体。

2016年在上海某论坛上，世界人口与老龄论坛组委会主席汉斯·格罗斯在《生产力必须遵循人口老龄化趋势》的演讲中就提到，有三分之一以上的65岁老年人希望继续保持现在的工作，但工作量能够下降30%～40%。格罗斯强调，"世界人口当中65岁以上的老年人，迟早将会成为新的劳动力来源。老龄人必将成为新的劳动力。"

在当前环境下，企业应该客观地面对老龄化的现实，充分发挥老龄员工经验丰富、责任心强、与企业感情深厚等优势，借助一些新管理理念、新技术手段，有效延长老龄员工职业生涯。

欧盟希望通过促进老龄员工学习新知识，有效延长他们职业生涯，在其发布的《工业5.0：迈向持续、以人为本且富有韧性的欧洲工业》报告中，以非常具体的场景，直接给出了利用工业互联网的解决方案："EIT（欧洲创新与技术研究院）制造部为'操作者（Operator）4.0'开发了一种类型学方法，目的是用创新的数智化技术手段来拓展工业劳动者的能力，而不是用机器人来取代劳动者。该类型学方法包括8个扩展操作员能力的未来预测：超强操作员（操作员+外骨骼）、增强操作员（操作员+增强现实）、虚拟操作员（操作员+虚拟现实）、健康操作员（操作员+可穿戴追踪器）、智能操作员（操作员+智能个人助理）、协作操作员（操作员+协作机器人）、社交操作员（操作员+社交网络）和分析操作员（操作员+大数据分析）。在这种方法中，人仍然是生产过程的中心，而技术可以使企业和劳动者的利益最大化。"

以工业互联网为手段，通过外骨骼、VR/AR、可穿戴设备、协作机器人，以及第八章提到的"机智"反哺"人智"的智能化系统，帮助老龄员工克服在体力、敏捷度等方面的不足，助力他们胜任新岗位上的工作，圆满完成原本不会操作的工作任务。

老龄员工在经验、知识/技术等方面是企业的宝贵财富，以数字化手段将其隐性知识显性化，让个人知识成为企业知识，并进一步通过工业互联网将老龄员工的操作经验、专业知识等固化到工业软件中，分享给更多的人学习、应用，扩大老员工的知识价值，提升他们的个人荣誉感。将来，只要他们愿意继续工作，在退休后仍然可以以在岗、在家的灵活方式继续发挥余热。

网联外部知识工作者

知识工作者重要特点之一是不受时空限制，在任何时间、任何地点他们都可以通过"电脑+网络"实现协同办公，为全球企业贡献自己的知识价值。

据统计，2019年美国自由职业者人数达到5700万，占美国劳动力市场的35%，比2014年增长400万人。其中"全职"自由职业者从2014年的17%增长到28%。自由职业者每年为美国创造将近1万亿美元的收入，占GDP的4.8%，仅次于制造业、科技产业和信息产业，位居第四。在这些自由职业者中，有53%是Z世代。从提供的服务类型看，45%的自由职业者提供的是知识技能型服务。

近几年由于新冠肺炎疫情影响，居家办公、网络会议、在线工作等空间灵活、尽在掌控的工作与生活方式，将进一步促进自由职业的发展。制造企业应积极调整组织与管理模式，尽快适应这种发展趋势。

打破企业圈子，模糊组织边界，"人智"资源将不再局限在企业内。基于工业互联网，企业将充分发掘外部"人智"资源，实现社会化协作。外部知识工作者不属于企业，但是可以为企业贡献知识和技能，让企业分享"人智"红利。

人力成本正在变得越来越高，大企业不可能每个工种都招聘很多高水平专家，尤其是设备维修岗位。设备出故障是偶发性事件，企业配备门类齐全的维修队伍，将带来巨大的成本支出；中小微企业则基本不会养专职维修人员。

通过工业互联网实现"人智"资源社会化协作，在用工、派工方面为企业提供优质服务，如同打车软件一样，一旦企业设备出现故障，系统自动推荐本地区符合条件的维修专家上门服务，对企业来说既方便又能降低成本，还能享受专家级服务；对维修专家而言，可以发挥其专长为更多企业服务，获得更大回报，体现更大社会价值，并可以通过工业互联网平台实现同行之间的技艺切磋以及相互协作。

截至 2020 年 10 月 19 日，中国电子工业标准化技术协会工业互联网平台生态工作委员会联合国家工业信息安全中心、中国信息通信研究院、中国电子信息产业发展研究院、中国工业互联网研究院 4 家单位的公共服务平台，共监测到 19 家首批试点平台汇聚了超过 38.1 万名开发者，周活跃人数达到 17.5 万人，基于平台开发了 6.5 万个工业 App，其订阅总金额达到 5.6 亿元，平台注册用户数达到 765 万个，付费企业数达到 285.3 万家。

工业互联网顺应了新一代劳动者的择业需求，汇聚了海量社会资源，重构了企业组织、管理和商业模式。通过这种新模式，工业互联网平台汇聚了数量庞大的知识工作者，跨时空形成了巨大产能，为企业节省了大量人力成本，有效平缓用工量波动和招聘/减员的困难。每个知识工作者都可以在平台上找到适合自己的工作，发挥"人智"价值。

用"机智"激发创造性

作者曾在 2017 年撰文《忽视这一点，工业几点零都是零！》，从人的视角剖析出工业 4.0 四个阶段的主要特征分别是人才汇聚、人才管理、人性激发与人性释放。

工业互联网同样遵循这一发展规律。随着近几年工业互联网的深入应用，越来越多的企业从关注表面的自动化设备转变到关注员工本身，从聚焦作业现场转变为聚焦员工主观能动性的激发，从管理员工的具体行为转变到借助自动化、数智化等新技术手段，将人从低级重复、不适于人工作的环境中解放出来，释放人性，使人在快乐的心境中从事更有创造性的工作。

作者认为，三体世界，人为主体，人体为表，人智为源。工业互联网和智能制造本质上都有效助力了"管理"的升级，都不是硬件的堆砌，更不是软件的叠加，而是把承载着"人智"的管理网络与组织模式，通过数字手段展示出来，其本质是就是"人智"的"管理孪生"，而撬动更多管理效力的杠杆支点往往是数智化的新技术赋予的。认清这一观点，就能掌握工业互联网的本质。例如，现在很多企业开发的"工业大脑、企业大脑、数字脑"，就是充分利用"人智"形成"机智",有效激发人和设备的创造性的好例子。

美的集团位于荆州的冰箱制造基地,基于美云智数工业互联网平台,用工业大脑控制运行的智能黑灯车间实现了工业大脑智能化部署,如图9-4所示。具体做法如下:

- ▶ 工业大脑择优:基于注塑机设备122个历史参数以及检验结果,以随机森林算法分析影响良品率和节拍的关键因素,通过仿真找到推荐参数变化的范围,建立深度学习模型,训练出良品率预测模型以及节拍预测模型,推荐良品率/节拍或组合最优的工艺参数,实现了比人脑思考更优的准确性;
- ▶ 产品零加工:模具精细化改善+机器人自动修边,最终实现产品零加工,做到了比人技更高的"零刀工程";
- ▶ 5G+AGV:由5G技术赋能,实现作业完工后系统触发呼叫AGV小车,系统自动进行库位推荐,AGV执行配送至指定库位,无需人工参与,释放了大量人体/人脑。

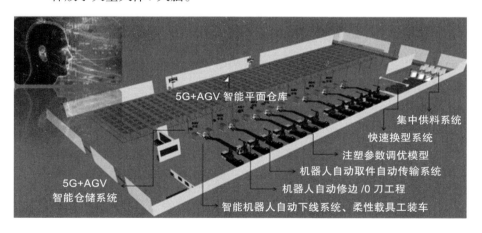

图 9-4　工业大脑智能化部署(来自美的集团)

采用上述优化之后,整个注塑车间单班作业只需3人,设备综合效率提升20%,缩短了30%的加工和换型时间,合格率提升10%。

通过工业互联网,将"理管"结果以"数据"为载体展现,让数据能够快速的互联、互通、互达,能够有效地被破译、解读、利用、赋能,用"机智"解放人体,替代人脑,焕发人智,释放人性,极大地提升工业现场的管理效率。

有理无管，管尚可求。有管无理，止于管。利人赋能，是工业互联网的内在灵魂；利他之心，是工业互联网的外在品德；以人为本，是工业互联网的理管之道。

本章参考资料

[1] 机械工业信息研究院战略与规化研究所. 德国工业 4.0 战略计划实施建议（摘编）[J]. 世界制造技术与装备市场，2014(3)：42-48.

[2] European Commission. Industry 5.0: towards a sustainable, human-centric and resilient European industry[R]. Brussels: European Commission，2021.

[3] 朱铎先. 忽视这一点，工业几点零都是零！[J]. 印刷经理人，2018(8): 8-10.

[4] 卢越，尹雪梅，兰德华.【两会聚焦｜关注新就业形态劳动者①】"企业既然设了外卖骑手岗位，就应承担相应责任"[EB/OL].（2022-03-07）[2022-05-20].http://acftu.people.com.cn/n1/2022/0307/c67502-32368353.html.

[5] 李叙瑾. 未来 10 年消费会变什么样？[EB/OL].（2022-04-27）[2022-05-20]. https://mp.weixin.qq.com/s/PwDfX7d5NrmLl_7nvgyFjw.

Part
数字文明篇

　　数字文明是继原始文明、农业文明、工业文明之后又一新的文明形态，由数智技术普及化、数据供给丰盛化、软件应用泛在化、数字生态自然化、数字应用伦理化、数字生活自由化等演变过程与基本特征所构成。

　　工业互联网演进的高阶形态是数字文明。对企业来说，基于工业互联网实现"三高一低"，培养企业数字文化，大力发展数字经济，为数字文明添砖加瓦；对合作伙伴来说，基于工业互联网与客户、上下游合作伙伴紧密合作，形成合作共赢的企业文化，创建和谐共生的工业生态圈，让数字文明经天纬地；对国家来说，基于工业互联网培育国内外"双循环"供应链，建设国内统一大市场，拓展"一带一路"，打造人类命运共同体，让数字文明光耀全球。

第十章

People Oriented

数字文明：工业互联网高阶演进

2021年9月26日，习近平主席在向主题为"迈向数字文明新时代——携手构建网络空间命运共同体"的世界互联网大会乌镇峰会致贺信时强调指出："让数字文明造福各国人民，推动构建人类命运共同体。"数字文明正式成为一个界定人类社会文明发展阶段的术语。本章给出数字文明定义，讨论数字文明与工业互联网的关系、工业互联网发展的高阶内涵等内容。

携手迈向数字文明的崭新时代

习近平主席的贺信指出了数字技术对于人类社会发展进步的重要意义，展现了国家领导人对全球数字化技术发展浪潮的深刻思考，体现了中国致力推动数字文明和构建人类命运共同体的大国担当。

数字文明成为新方向

认知决定行动，行动决定结果。认知就是发展红利，特别是决策层的认知。我们能越早越深刻地认识数字文明，数字文明对我们抓住历史发展机遇、制定相关发展战略就越具有价值。

美国迈阿密大学人类学家凯莱布·埃弗里特（Caleb Everett）在《数字起源：人类是如何发明数字，数字又是如何重塑人类文明的？》中指出，"数字是一项极为重要的人类发明，数字的发明与烹饪的发明、石制工具的发明、轮子的发明一样，改变了人类生存和进化的环境。""数字工具在认知和行为两方面为人类支起了脚手架。正是靠着这套脚手架的辅助，人类才最终建立起了现代文明的大厦。"

数字时代的三大著名定律不断验证和践行"数字工具在认知和行为两方面为人类支起了脚手架。"摩尔定律极大地提高了数据速度和密度，吉尔德定律极大地扩展了主干网络带宽，梅特卡夫定律极大地增强了网络的价值。

三种"极大"增加值相乘，带来了计算性能、网络带宽和网络规模"三套脚手架"的魔幻般持续增高。人类数字文明大厦拔地而起，高耸入云。

被称为"数字化预言家"的尼古拉斯·尼葛洛庞帝在《数字化生存》中写道："从原子到比特的转变是不可逆转和无法阻挡的。因为变化是指数级的，即昨天的微小差异明天就很可能产生令人震惊的结果。"

不同于农业时代经济极为缓慢的增长，也不同于工业时代经济线性的增长，在互联网络、物联网、云计算、人工智能等新一代ICT支撑下的数字经济时代，社会经济呈现指数性增长，数智技术正在快速、全面、深度地重塑我们的工作、生活和社会治理等各个领域。

技术是把双刃剑。数智技术的发展给人类带来了澎湃的发展动力，也带来了令人担忧的不良现象，技术作恶现象层出不穷。这是我们走向数字文明路上必须要解决的问题。例如：

从社交互联网来看，西方国家的互联网媒体界充斥着不讲规则、恶性竞争、虚假新闻、断网屏蔽、偏向诱导、有意打压等乱象，不仅毒化社会氛围，误导民意，左右选举结果，甚至影响政府执政和战争结果。

从工业互联网来看，某些敌对势力或黑客，利用病毒、木马、软件后门、网络缺陷，侵入城市的水、电、燃气等基础设施或是具有重要意义的企业，通过肆意篡改PLC固件等方式，破坏正常生产秩序，有的还利用物理设备的某些薄弱特性来破坏物理设备，试图造成一个城市、地区的混乱。

上述利用数字技术作恶，破坏精神文明、物质文明的行为，必须用数字文明予以坚决抵制和打击。

数字文明不同于以往其他形态的文明，数字文明不仅可以复制、放大和赋能工业生产力，形成数字生产力，丰富和建设数字空间（例如数字人生、数字社交或者元宇宙），同时还改变和提升现有生产关系，甚至打造基于数字文明的新型生产力和新型生产关系。

数字文明建设事关数字中国的远大未来，事关国家的网络安全和数字安全，事关我国各产业的协调发展，事关经济社会的核心稳定，事关科学与技术的快速追赶，甚至事关国家和政权稳固，事关国际形象、国际舆论和外交等。实现中国第二个百年奋斗目标，实现中华民族伟大复兴，必须在既有物质文明和精神文明的基础上，持续强化数字文明建设，让网络空间风清气正，软件算法以人为本，赛博物理安全可靠，数字文化积极向上，形成强大的数字文明向心力。

数字文明定义及特征

关于数字文明，在作者本书定稿时尚未见到公认的定义。

文明一词，早在我国古代历史文献中就有相关内容，比如《易经》中"见龙在田，天下文明。"《尚书》中有"浚哲文明"，唐代孔颖达说的"经天纬地曰文，照临四方曰明"，等等。

著名学者西格蒙德·弗洛伊德认为，文明是人类对自然的防卫及人际关系的调整所累积而造成的结果、制度等的总和。

文明是人类社会的一种基本属性。这种属性伴随着人类社会物质财富和精神财富的不断发展而不断进阶和升级。文明可以有不同的分类方式，例如：按照人类所创造的财富分类，可以分为物质文明和精神文明；按照不同的社会发展阶段分类，可以分为农耕时代的农业文明，工业时代的工业文明。在数字时代，所对应的文明是数字文明。

数字文明是继原始文明、农业文明、工业文明之后又一新的文明形态。这是以大数据、云计算、人工智能、物联网、区块链等新一代信息通信技术为支撑，以产品与生产服务中的数字化、网络化、智能化为特征，以数字技术为主导力量催生出的三大新型产业（农、工、服）和社会治理的人类文明新阶段。

数字文明是以数字技术、数字产业、数字工业、数字农业、数字服务业、数字政府、数字经济、数字生态、数字社会等所有"数字××"为总和的文明形式。数字文明也是当今政治文明、产业文明、商业文明、精神文明和生态文明的主要传播形态和全息载体，将对人类工作、生活、社会等诸多方面产生深远影响。

经对比研究，作者认为数字文明应该至少具备以下几个基本特征：

1）数智技术普及化。在数字文明时代，数智技术得到广泛应用，成为新型生产力，并重塑生产关系。由下一代ICT提供的算力、算法、平台服务等不可篡改的全息联接能力，为农业、工业、服务业、政府管理等千行百业赋能。

2）数据供给丰盛化。数据无处不在，其背后逻辑是传感器、网络、云、AI、区块链、算力、算法等数字基础设施无处不在。数据如同工业文明时代的水、电、油、燃气等资源，成为社会经济发展的基础要素，为各种形式的企业/组织提供源源不断的决策基础。

3）软件应用泛在化。作为数字原生的"人智"载体，各类应用软件极大地丰富，为企业/组织正确决策、可持续发展提供了强大技术支撑。无处不在的软件会让人们生活更加个性化、舒适化、便利化、环保化，产业发展更加高级、安全、可持续，社会治理更加亲民、惠民、务实、高效。

4）数字生态自然化。在数字文明时代，全社会所有事物都在数字空间形成全息映射，企业/组织形成全息联接的商业合作体，达成动态、敏捷、共生的商业生态体系。人与自然在实体空间、数字空间以及数物融合空间都能做到无间穿梭，自然叠加，和谐共生。

5）数字应用伦理化。数字文明的基准就是科技向善，基于强大的算力、算法和不可篡改的全息联接，为企业生产、组织服务、社会治理等提供以人为本、积极向善的各种优化方案，最大限度消除大数据杀熟、数据后门、数据压榨等违反数据伦理和道德等不良现象。

6）数字生活自由化。马克思一生追求的最重要的价值，就是人应该自由而全面地发展；马斯洛确定的人的最高需求，是第五级自我实现的需要。因此，真正的数字生活是在法律、精神文明和数字文明约束下的最自由的生活。一切门槛、障碍和不公平都将被铲平。

社会发展从来是不平衡的，即使一个社会在宏观上发展到了数字文明阶段，工业文明甚至农业文明的某些标志物，还会在局部与数字文明共存很长时间。

工业文明 vs 数字文明

作者认为，持续三年的新冠肺炎疫情极大地加速了诸多数智技术的应用，形成了当前从工业文明走向数字文明的过渡期。这种过渡目前呈加速发展之势。

如果把人类对于物质财富的创造作为划分人类文明的方式（另一种是从宗教信仰和精神世界划分，不在本书讨论范围），那么可以说人类从采摘狩猎时代之后开始主动地改造自然、利用自然，有目的、主动地创造财富，随后进入了农业文明和工业文明。

在农业文明时代，劳动者被束缚在自然赋予的土地上辛苦耕种劳作，在人造物方面师从自然，陶器、农具等都是根据在生产生活中偶然获得经验来制作的，没有方法论指导创造过程；知识创造以人对自然界运行规律的总结归纳为基础，以碳基知识为载体，要么师傅带徒弟口口相传，要么以书载文流传后世；财富标志物是土地、牲畜、粮食等自然原生物。

工业文明从 18 世纪崛起，以土地、资本、劳动力三要素为核心，发展出了以机器为生产工具的大规模生产，基本上解放了体力劳作对人的束缚，生产环境由田间、手工作坊转移到企业厂房和写字楼等办公场所；生产关系也发生了巨变，各种适用于工业发展的管理制度和职务设置纷纷建立；科学技术的发展，让人造物在品类、质量、数量等方面有了巨大提高，碳基知识开始系统地积累；财富标志物以设备、品牌、资本等人造物为主。

数字文明不论在人造物、财富标志物乃至生产关系等，都与农业文明、工业文明有着巨大区别。农业文明中的人是凭感觉和直觉，在纯粹的自然空间中从事农作物生产；工业文明中的人依赖碳基知识，在自然空间＋人造实体空间中从事工业品生产；数字文明中的人是以硅基知识为基础在数字空间从事数字产品生产，同时赋能和助推物理空间实体产品的生产。

人类在数字空间的数字产品生产，已经呈现出了强烈的外溢效应和叠加效应，即用数字空间的生产结果可以指导、优化、控制、赋能实体空间的农业文明、工业文明，甚至可以用数字空间的数字产品与农业、工业的物理实体产品叠加、融合，创造出更多元化、更丰富的数物融合智能产品，不断建设和充实数字文明。近些年发展起来的工业互联网、数字孪生、CPS、三体智能模型，乃至当下正在热议的元宇宙等都已经具备了数字文明的某些特征。

数字文明的财富标志物将会与工业文明迥异，实物资产的财富意义可能会与数字资产并列，甚至最后让位于数字资产。近几年发展起来的个人 IP、流量红利、区块链等都充分显示出数字资产已经开始挤占实物资产的价值领域，更重要的是硅基知识创造、数字虚体技术创新等，都将成为企业间甚至国家间争夺的最有价值资产。在数字文明时代，流量资产、信用资产、数字资产和知识创新等非物质化财富将成为新财富标志，成为个人、组织、国家竞争力的有效组成部分。

未来，在工业文明基础上发展起来的数字文明，会逐步替代乃至吞噬工业文明，当下以数据驱动为中心的数字化制造、以数字化为中心的个性化生产、以数字孪生为标志的智能化生产管控等都正在被数字文明淹没。就像农业文明在工业文明面前，被摧枯拉朽般地击败和解构，变成了工业化的农业生产一样，未来的工业文明也会步农业文明的后尘，将成为被数字文明主导的新型工业生态。

数字文明与智能社会

智能社会是数字社会的高阶阶段，是在数字文明基础之上构建起来的新型社会运作范式。如果说传统社会是以物质资料生产为主，知识创造和精神生活为辅，那么，智能社会将以知识创造为主导，以虚驭实地实现数字虚体产品、物质财富的生产。

1）数字文明为知识创造提供了新引擎。人类创造知识的过程从认识自然、满足内心好奇开始，是一个渐进向上攀升的过程。从历史上看，一个新的认知范式出现必然带来人类获取知识能力的爆发，例如十七世纪，笛卡儿在数学、哲学，特别是认识论方向上的突破，直接影响了牛顿发现万有引力，从而创造性地构建起经典力学的大厦；20世纪，麦克斯韦、薛定谔、狄拉克在对经典物理批判的基础上，构建起诠释自然的现代物理体系。

在新一代ICT推动下，人类第一次创造了客观世界之外的数字世界，这片无垠的数字空间给知识创造带来了无限遐想。数字文明带给人类众多知识显性化、组合化、内隐化的工具与手段，使得人类走向智能社会具有了清晰的路径与方法，并成为知识创造的新引擎。

2）数字文明让知识创造具有普遍性。人类知识由千千万万个个体创造，创造知识的多寡受制于两个方面：一是更多人参与知识创造的难易度；二是知识交换与融合的难易度。数智化技术正好同时满足两方面需求。古人才高八斗、"学富五车"所拥有的知识，对当代人来说才是刚刚入门。今天人人都可使用数智化技术，这必然会激发个体知识的创造热情。近二十年互联网的发展趋势也验证了这个推断，不论是娱乐界的微博、知识付费、短视频以及商业界的众创众筹，还是企业界的分布式创新、开源社区等，所有这些都以知识创造为基础。工业互联网的兴盛必将让工业界的知识大量释放出来，知识创造的方式、方法、模式将会越发进步。

3）数字文明促进智能社会的个性解放与知识爆发。随着数字工业的发展，物质创造以"机智"为主，对"人体、人脑"的占用将越来越少，当人从生存的物质需求解放出来之后，精神追求，特别是对知识的渴求将成为未来人的主要诉求。人与人、组织与组织、人与社会的关系，乃至人与自然的关系将被重塑。人的时间、精力和目标将转移到精神追求上，从而为实现智能社会提供能动性的促进。

4）人类具有更多的自由空间。数字文明为智能社会提供了物质基础和精神诉求，在数字文明的促进下，社会必然会是数智化的。人与社会的关系变成了人与数字空间和物理空间的双重并行、叠加与融合关系，所有的生产与生活既可以在数字空间中完成，也可以在物理空间中完成，还可以在数物叠加的空间中来回穿梭完成。

工业文明将人从土地的束缚中解放出来后，数字文明将继续将人从企业工厂中解放出来，人必然变成拥有更多自由空间的、具有更多创造性的"新人类"，数字文明必然能够引爆人类所独有的创造激情。

5）智能社会具有不同的社会关系。在生产关系、社群关系、道德准则等各方面，智能社会与工业文明时代大为不同，数字货币、众创众筹、所有权使用权分离等都成为智能社会的特色产物。在建立在数字文明基础上的智能社会中，人既是创造的主体，也是创造的目的，亦是道德的结果。在数字空间中人的数字虚体是对人的解放，人同时处于自然空间与人类自身创造的数字空间中，传统的事务性工作可由数字空间中的数字虚体完成，人和数字虚体共同成为知识的载体和知识创造的主体。在社会服务方面亦是如此，数字空间提供跨越时空的能力，保证社会服务能够无差别地在城市与乡村中进行，社会资源和社会财富的流动将变得极其顺畅与快捷，使整个社会乃至整个人类共同走向人类命运共同体。

反过来，数字文明也将受益于智能社会的发展，将来人人都会在数字空间中贡献自己的创意与价值，数字空间会越来越丰富，所能够提供的服务越来越宽泛和细致入微，有效地促进了物质文明、精神文明和数字文明的同步提升。

工业互联网助推企业数字文化

数字文明建设，人人有责，企企担当。企业是数字文明建设的主力军。企业文化是企业在生产经营和管理活动中所创造，并具有明显本企业特色的精神财富和物质财富。企业数字文化由企业在数字化过程中创造的数字化员工素养、企业思维、组织管理、企业文化等要素构成，是企业建设数字文明的关键路标。

员工数字素养与技能

2021年11月5日，中央网络安全和信息化委员会印发了《提升全民数字素养与技能行动纲要》（以下简称《行动纲要》）并强调指出："全民数字素养与技能日益成为国际竞争力和软实力的关键指标"。

《行动纲要》对数字素养与技能的定义是："数字素养与技能是数字社会公民学习工作生活应具备的数字获取、制作、使用、评价、交互、分享、创新、安全保障、伦理道德等一系列素质与能力的集合。"作者理解，数字素养与技能是"人智"转"机智"的丰沃土壤。

作为数字经济的重要载体，工业互联网在工业数字要素的获取、使用、评估、创新与安全等各方面具有原生的先天优势，在促进企业员工形成良好数字素养与技能方面有以下助力作用：

1）数据获取。工业互联网，主体是工业要素，互联是方式，网络是手段，数据采集是基础。按照IIEM的三个维度，实现对实体流、资源流、数智流的泛在联接，让数据畅通无阻，为数字化企业数字素养与技能的形成提供海量数据支撑。

2）数据使用。企业在数字化思维指导下，基于数据驱动的决策，通过数据流驱动业务流，全面提升企业数字化运用能力，并在此过程中促进全员形成重视数据、使用数据、分享数据、尊重数据的数字素养与技能。企业需要长期坚持"用数据说话"，让企业经营者、管理者，乃至执行者的思维逻辑、行事原则都会以数字化为核心，形成良好的数字思维和素养。

3）人本管理。工业互联网支撑的组织扁平化、网络化，改变了以前等级森严的科层制，员工变得更为平等，极大地释放了基层人员的自由度与能动性；数字化管理是基于数据进行决策，实现了过程的透明化与管理科学化，改变了以前基层被动执行的传统管理模式；基于数字化的管理，实现人员绩效的量化、透明化、实时化，让各项考核更为精准、公平，落后的员工会积极寻求提升举措，优秀员工倍受激励，持续努力，这将进一步有效地提升全员自我价值实现的内在驱动力；数字化手段可以为员工提供随时随地工作的便利，增加了工作的自由度，尊重了员工个性化需求。通过数字化、网络化的管理，员工之间增加了信息交流，更好地提升了相互之间的沟通、协同能力，减少了各种误解和分歧，增加了工作友谊，有利于积极向上的企业文化形成。

4）合作共生。作为工业互联网的重要应用方式，工业互联网平台是实现工业经济全要素、全产业链、全价值链全面联接的枢纽，基于平台+App应用的方式，通过工业互联网具有的开放、创新、合作的先天优势，提升工业互联网生态系统中的企业实体竞争力，盘活区域与行业的经济活力。

5）社会公益。工业互联网通过丰富的行业知识、机理模型、先进算法、App应用程序等为企业在降本提质增效、远程运维、节能环保、双碳战略等方面助力，促进我国经济可持续发展。另外，大企业或者专业公司帮助中小微企业以较少投入加速企业数字化转型，促进中小微企业包容性增长，这些都具有很高的社会价值。

当然，工业互联网涉及数字素养与文明的很多方面，除了以上讲的内容，还包括组织与员工终身学习的能力、数字伦理（如企业数据隐私与安全、大数据杀熟、算法盘剥）等众多方面，是一个长期渐进且日益强大的过程。

企业数字思维与视角

不同于以往经验思维等传统思维模式，企业数字思维既是基于数据做事的一种业务模式，也是一种量化、平等、可视、尊重事实的思维模式。这种思维需要长期经验积累，并需要全员具备较高的数字素养。

1）重视企业数字思维的养成。根据控制论创始人维纳的观点："物质、能量和信息是相互有区别的，是人类社会赖以生存、发展的三大基础——世界由物质组成，能量是一切物质运动的动力，信息是人类了解自然及人类社会的凭据。"随着新一代信息技术的发展，信息将不再是以前的信息，很多信息已经转换为基于数据的信息，可以说，数据是今天人类进步的重要资源。对制造企业而言，数据已经成为企业的核心要素，在数字化转型过程中，将发挥越来越重要的作用，企业必须养成数字思维，高度重视数据在企业发展中的作用。

2）切实落实数字思维与战略。工业互联网的海量数据、强大算力、智能算法，可以使企业业务运行更高效、更高质，甚至重构企业的商业模式，衍生新的商业形态。正如德国"工业4.0之父"孔翰宁所言"数字化一切可以数字化的事物"，企业需要用数字化视角与思维重新审视企业所有的业务，既包括研发、生产、运营、营销、服务等环节，也包括商业模式重构、生态培育、新业态衍生，能用数字化手段与模式的，就尽量用数字化手段与模式去升级，企业很可能会出现截然不同的发展面貌。

3）数字化转型战略循序渐进。当前，很多企业对数字化转型寄予厚望，再加之"digital transformation"被翻译成数字化转型，很多企业就想当然地认为是通过数字化手段实现商业模式的转型，企图通过高额的投入、剧烈的变革使企业短时间脱胎换骨，甚至完全改变商业模式，这种认知很可能会误导制造企业，往往事与愿违，企业转型不成，反倒大伤元气。

4）从数字化升级到数字化变革。数字化升级不是直奔商业模式转型。对绝大部分制造企业而言，商业模式是很难转变的，不要奢望通过数字化就能实现商业模式乃至行业形态的转型。企业只有以业务为主体，踏踏实实应用好数智化新技术，才能最终实现业务上有效的数字化转型。数字化升级是必经阶段，但商业模式转型并不是每家企业的追求。对大部分企业而言，通过应用工业互联网实现业务数据化、数据资产化、应用场景化、流程自动化、决策科学化，就可以很好地提升企业数字化应用水平，提升企业竞争力。这些基础工作做好了，日积月累，量变就会发生质变，从数字化升级到数字化转型（或商业模式重塑）是水到渠成的事情；相反，如果数字化基础工作没做好就急于转型，对企业而言，风险很大。

5）应对市场竞争的内在需要。数字化转型是制造企业在当前"四难"大背景下，以客户为中心，以应对市场竞争为导向，以降本提质增效为路径，充分利用工业互联网等新一代工信技术，通过自动化、数智化技术在企业组织、管理、文化、业务、产品等环节进行数字化升级和深度应用，构建高效高质快速响应市场的制造与服务模式，提升企业的竞争力，并在可能的情况下，进一步催生新技术、新产品、新业态、新模式，实现真正意义上的数字化转型。

企业数字组织与管理

基于数字化技术构建敏捷的组织和管理，实现对市场高效敏捷的反应，是企业数字化转型努力的重要方向。

企业具备了较好的数字化转型思维模式，并制定了相应的转型战略，还需要通过数字化手段重构企业组织与管理，这样才能保证后续数字化转型的成功推进。

如何构建与数字化转型相匹配的数字组织与管理，涉及的方面很多，限于篇幅，本书仅从网络化组织、数字化管理两个方面进行以点带面地阐述。

1）网络化组织。在数字化、网络化、智能化快速发展的今天，基于工业互联网可以较为容易地实现跨区域、跨时空的信息共享与业务协同，这就为企业构建以"最小经营单元"为中心的网络化组织提供了技术条件。以前传统科层制下金字塔组织是自上而下地传递指令，按照层级形式进行组织与执行，存在组织僵化、信息衰减明显、决策效率低、权力集中在高层、协同困难等缺点。而在基于工业互联网的网络化组织中，削弱了严格的等级限制，打破了部门之间的壁垒，在强大的数智流支撑下，一线的每个团队、小组甚至个人，都可以根据需要进行动态组织，实现深度协同。此时，业务单元就成了组织的一个节点，企业组织呈现出小型化、扁平化、敏捷化、动态化的特点。"让听得见炮声人的呼唤炮火"，通过动态的、网络化的组织模式，给组织成员以最大限度的自由，激活员工积极性与能动性，员工可积极主动地感知市场变化、捕获商机、协同工作，高效高质地完成相关工作，快速响应与满足市场需求，让企业充满活力与竞争力。

网络化组织除了在企业内部可以实现，还指企业与价值链上的合作伙伴根据业务需要，基于工业互联网等数字化技术手段和诚信、合作、共赢的商业理念，通过数字化、网络化等技术手段实现泛在联接、深度协同，构建新型网络化合作组织，形成基于工业互联网生态系统的社会化协作，提升自身竞争力并更好地服务于社会。

2）数字化管理。数字化时代，企业不再靠手动、凭经验的传统粗放管理模式，必须借助于物联网、大数据、云计算、移动互联网、人工智能以及各种工业软件等数字化手段，在技术与经济性可行的前提下，用数字思维和视角重新审视企业的全价值流，在企业研发、生产、运营、服务等方面进行工业互联网等数字化技术应用，达到降本提质增效的目的，并在组织、个人之间实现信息共享、过程协同、知识重用，通过工业互联网的"六化"模式，实现组织的高效高质运转。

数字组织及管理是制造企业在数字化时代时必须具备的基本特征，工业互联网为网络化组织和数字化管理实现组织小型化、扁平化、动态化、敏捷化提供了条件，企业才可以快速响应市场需求与有效提升竞争力。

企业数字文化是核心

组织管理领域著名学者彼得·德鲁克曾说："转型之挑战，不在战略，而在于文化之不达。"

销售额、利润率、成单率等市场表现都可以展示一个企业的市场竞争力，但良好的市场表现后面一定需要良好的产品和服务支撑，没有好的产品支撑，再好的市场表现也只能是昙花一现；而好的产品后面一定是企业良好的管理，没有好的管理，很难想象企业能有好的产品；但最根本上，管理是由人设计和执行的，没有好的企业文化，就不可能有好的管理。一句话，企业文化是管理及产品等要素的土壤，是企业最深层次的核心要素。

企业文化不如生产装备、办公厂房、产品与服务等那么明显，往往以看不见摸不着的认知形态存在，受企业创始人直接影响，由全体员工特别是领导层与骨干员工长期沉淀下来，并全方位地表现在企业管理、产品服务、员工精神面貌等各方面上。优良企业文化是企业的核心竞争力，是其他企业最难复制的部分。

前些年，很多企业学习丰田公司的精益生产，但大部分企业的学习效果不明显。这是因为学习 5S 等"术"层面的内容相对简单，但在"道"的层面，即其背后的企业文化几乎没有人能学到，甚至被无意中忽略掉了，比如丰田持续改善的企业文化。丰田公司自 20 世纪 90 年代以来，平均每年收到的合理化建议数目约 200 万个，平均每年每人提出 35.6 件。可以设想一下，假如我们的员工也有如此高的参与热情与建议能力，何愁企业管理不完善，产品没竞争力，经济效益不好？但可惜的是，在中国的企业中，普遍缺乏持续改善、不断创新的企业文化。

近些年，华为成为很多企业的参观、学习对象，但学习回来后，又有几家企业能真正把华为的"学习、创新、获益、团结"学到手？在数字化转型方面，又有几家企业能够像华为那样把数字化工作在企业内部全面铺开，悄悄地从一家通信设备企业快速转型为一家软件企业？又有几家企业能够像华为一样推出自己的芯片、操作系统、中文开发语言、编译器、App 商店、自动驾驶软件、华为云、HMS Core（华为移动核心服务）等，迅速建立庞大的软件生态系统？

麦肯锡数字化转型专家詹姆斯·拜尔菲尔德（James Bilefield）曾撰文指出，"最难的是在具有深厚传统和文化根源的企业中进行文化转型。根据我的经验，文化是组织中最难改变的部分。"

数字化转型过程中，企业不能只关注看得见、摸得着的"自动化"，还要关注看得见、摸不着的"数字化"，更要关注看不见、摸不着的数字文化。企业数字文化包括数字化背景下的企业文化、思维、战略、组织、管理、素养、人才、人智培养等方面。这些都不是通过花钱就能购买到的，需要通过企业长期的积累逐渐形成，这将是企业数字化转型的关键。

工业时代的企业文化建设难，数字时代的企业数字文化建设更难。企业文化制胜，企业数字文化至圣。

工业互联网助推生态数字文明

实践证明，工业互联网的发展是多路径、多模式共存的。为中小微企业找到最适合的工业互联网发展路径，在数字化转型的道路上实现包容性发展，是数字文明的基石和起点。

中小微企业数字转型难

尽管广大中小微企业对数字化转型充满期待，热情很高，但由于企业规模小、创新能力弱、融资难等因素制约，特别是在2020年新冠肺炎疫情后，中小微企业自身发展面临着以下巨大压力。

1）规模小，风险大。中小微企业规模小且大多处于产业链末端，市场进入门槛低，技术含量不高，在产能过剩、竞争激烈情况下，抗风险能力不强，特别是新冠肺炎疫情等冲击对中小微企业影响更为显著。据美国《财富》杂志统计，中国中小微企业的平均寿命是2.9年，远低于美国的7年和日本的12年。2019年统计数据显示，我国每年大约有100万家企业倒闭，其中90%都是中小微企业。

2）创新弱，经费少。中小微企业由于受人才与财力制约，在创新方面存在能力不强、投入不足等缺点，多数中小微企业使用的是相对落后的工艺和设备，诸多因素制约着中小企业的内在发展动能。根据阿里巴巴中小企业商学院2017年的调查，有超过三分之一的中小微企业认为自己企业创新能力不足，在2015年更是有90%小微企业无创新活动。随着近些年人力、原材料、用地、房租、物流成本持续上涨，特别是受到三年新冠肺炎疫情的影响，中小微企业在创新方面更加力不从心，举步维艰，缺乏可持续的内在创新驱动力。

3）融资难，技改窘。中小微企业自身发展的不确定加剧了银行对其融资风险的担忧，中小微企业融资难、融资贵问题是世界性难题。据有关研究数据，我国中小微企业贷款额只占银行贷款总额的25%，仅有12%的中小微企业获得了银行贷款，银行贷款难以覆盖广大中小微企业，特别对于轻资产运作的公司，缺少可信抵押资产，融资贷款困难。尽管近年来我国一直努力完善中小微企业融资供给制度，尤其是新冠肺炎疫情以来，国家加大了对中小微企业金融支持力度，但高成本、高风险、可抵押价值小等问题，仍然阻碍了中小微企业融资的进程。由于财力弱、融资难，中小微企业在技改时顾虑重重，很难敢于承受也难以承受大的投入。

中小微企业生存困难，进行数字化转型更为不易。

很多调研表明，当前广大中小微企业迫切希望通过数字化转型提升生产效率和提高产品质量，但普遍面临人才不足、基础薄弱、经费短缺等难题。中小微企业面临"转型是找死，不转是等死"进退两难的困境。

1）基础薄弱。中小微企业软硬件基础薄弱，从客观上制约了企业数字化转型。据统计，现在中小微企业办公网络平均覆盖率为89%，关键工序数字化装备应用比例为45%，设备联网率仅为35%，生产过程信息系统覆盖占比也只有40%，仅有10%左右中小微企业实施了ERP。中小微企业在网络、设备、信息化系统等资源配置方面基础薄弱，投入不足。

2）人才不足。由于缺乏数字化转型人才，中小微企业对数字化转型缺少清晰的认识和规划。据中国电子技术标准化研究院的《中小企业数字化转型分析报告（2020）》，只有15%的中小微企业建立了数字化人才培养体系。面对数字化转型机遇，大部分中小微企业没有足够的人才支撑，只能依靠外力，被动应对。

3）经费短缺。由于数字化转型存在投资风险高、回报周期长、技术难度大等难点，在捉襟见肘的资金面前，中小微企业往往持保守观望的态度。

在低利润、难融资、高风险、缺人才等因素制约下，中小微企业存在无基可转、无钱可投、无人可用的困难，陷入数字化转型"不敢转"的窘境。

携手同行促包容性发展

第四次全国经济普查数据显示，我国中小微企业具有"五六七八九"的典型特征，即贡献了全国50%以上的税金，60%以上的GDP，70%以上的技术创新，80%以上的城镇劳动就业岗位和90%以上的企业数量。中小微企业是中国工业发展最大的红利之一，是我国数字经济和社会发展重要组成部分，在稳经济、促发展、保就业、强创新等方面发挥着不可替代的作用，中小微企业数字化转型是我国工业数字化转型的一个主战场，只有中小微企业转型成功，中国工业才能真正转型成功。

当前，中小微企业数字化转型迫在眉睫，如果它们今天不能搭上数字化转型的快车，今后的转型道路将更加漫长。由于广大中小微企业自身多种条件限制，不具备大企业雄厚的数字化基础，这些企业能否有机会平等、公平地参与数字化转型，能否分享到数字经济红利，能否快速发展，事关众多中小微企业生死存亡，也事关我国国民经济的健康发展。

2022年5月12日，工业和信息化部等十一部门《关于开展"携手行动"促进大中小企业融通创新（2022—2025年）的通知》发布。通知特别强调大中小微企业在数字经济道路上要携手同行，融通发展；发挥大企业数字化牵引作用，鼓励大企业打造符合中小企业特点的数字化服务平台，推动开发一批小型化、快速化、轻量化、精准化的"小快轻准"低成本产业链供应链协同解决方案和场景，推介一批适合中小企业的优质工业App；开展智能制造试点示范行动，遴选一批智能制造示范工厂和典型场景，促进提升产业链整体智能化水平；鼓励大企业带动中小企业协同开展技术改造升级，提升中小企业技术改造能力。

中小微企业在数字化转型过程中，需以降本提质增效为中心，用数智化技术手段提升人员的工作效率与流程的质量，在研发手段数字化、生产过程数字化、管理系统数字化、营销方式数字化、售后服务数字化、物理产品数字化等方面进行积极探索。

除了在内部基于适当的数智化技术应用，逐渐建成以市场为中心的生产与组织模式以外，中小微企业还可按照"企业出一点，服务商让一点，政府补一点"的思路，借助政府一些政策红利，通过上云上平台等方式参与到社会化合作和生态建设中，更好地展现自己，更多地获取订单，更高效地生产和服务，实现企业的转型发展。

在当今数字经济快速发展的背景下，我们要力争做到包容性发展，在数字化转型的道路上，中小微企业一个也不能少。通过上云、建设工业互联网公共服务平台、提供产品化工互联网等多模式发展路径，为企业提供平等的发展机遇，帮助企业融入产业链协作、生态化合作，提升企业竞争力，推动企业更好地发展，为提升中小微企业的参与感、获得感、幸福感、安全感创造条件和机会，促进中小微企业数字化转型。

双跨平台赋能中小微企

国家高度重视跨行业、跨领域的工业互联平台的培育与发展。2019年11月，工信部首次评出10家国家级"跨行业跨领域工业互联网平台"（简称"双跨平台"）。2020年，工信部增选5家双跨平台，海尔、航天云网、东方国信、徐工信息、树根互联、用友、阿里云、浪潮云、华为、富士康、腾讯、忽米、宝信软件、蓝卓、紫光共15家工业互联网平台入选。这些双跨平台或来源于工业巨擘，或来自工业软件龙头企业，或来自互联网头部公司，都是业内"强者"。2022年5月5日，工信部信发司再次增选14家双跨平台，它们是百度网讯、格创东智、美云智数、科大讯飞、朗坤智慧、山东蓝海、橙色云、天瑞集团、中电互联、江苏中天、广域铭岛、华润数科、京东科技、摩尔元数。工信部最终审定的双跨平台数量已经达到28家。

2022年7月15日，工信部信发司相关领导在2022年全球数字经济大会新闻发布会上透露，我国"综合型+特色型+专业型"平台体系基本形成，目前具有一定行业和区域影响力的平台超过150个，连接工业设备总数达到7880万台套，平台创新发展生态持续繁荣。

作为"综合型+特色型+专业型"平台的代表，双跨平台在各行业工业互联网平台建设过程中，可以充分发挥行业技术积累和沉淀作用，提炼共性化、通用化、标准化机理模型，将最佳经验、工艺参数、专业知识、管理理念沉淀到各自平台上，为不同行业、不同区域的制造企业提供适用的工业互联网解决方案。

双跨平台设立了工业互联网平台技术标杆，鼓励和推动了平台开发企业的技术进步，不管是已经入选的平台企业，还是正在追赶的平台企业，都在积极向更高的水平攀登。例如格创东智科技有限公司依托母公司TCL集团四十年制造业经验，基于在半导体显示、集成电路、半导体光伏等领域沉淀的大量工业"know-how"和经验模型，并经TCL集团分布全球32座工厂的迭代打磨，形成了面向工业现场的、赋能制造企业数字化转型升级的核心能力。平台已为20余个行业的200多家工业企业客户，以及TCL集团内外部2000多家企业提供了工业互联网解决方案。

虽然工业互联网是制造企业数字化转型的重要抓手，但是中小微企业因为缺乏资金、人才、技术等条件，模仿大企业自建通用型工业互联网平台显然不现实。

以双跨平台为代表的大型工业互联网平台基于其强大的平台功能和系统集成能力，以公有云平台形式为中小微企业提供门槛较低的一站式服务解决方案。"上云上平台（公有云平台）"是中小微企业可以考虑的一种解决方案。对中小微企业而言，除了节省硬件、人员投入，中小微企业数量众多还能摊薄上云上平台使用成本，减少企业在工业互联网开发和实施方面的成本压力。

对于广大中小微企业，是否只有"上云上平台"一条路可走，还有没有别的工业互联网发展路径？这是值得我们认真思考的问题。

作者经过长期研究，认为中小微企业具有企业数量大、共性强、技术基础薄弱、对平台功能要求相对不高、人际关系网络健壮等特点，与工业互联网平台跨时空、易复用、工业知识密集、工业 App 丰富等特点天然契合，中小微企业应该有更多的工业互联网发展路径可供选择，例如为中小微企业提供低成本、快部署、易维护、轻量化、产品化的工业互联网解决方案，让海量中小微企业快速"入网"。

工互网多路径并行发展

如果用吃饭模式来比喻工业互联网发展路径的话，大企业自主开发相当于"酒楼包间模式"，中小微企业上云相当于"食堂模式"。酒楼包间模式优点是环境好、服务好、饭菜随意选，缺点是成本高，以定制为主，等候时间长，不是普通工薪族的日常选择；食堂模式优点是成本低，饭菜由供方预制，排队时间短，缺点是质量一般，菜品没有选择余地。多种模式的工业互联网发展路径如图 10-1 所示。图中圆圈面积代表了应用规模和发展潜力。

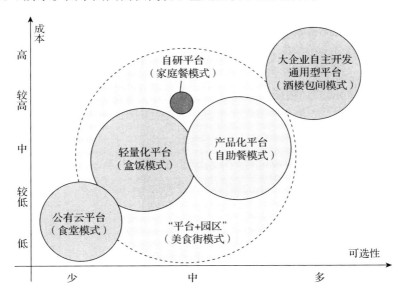

图 10-1　多种模式的工业互联网发展路径

大企业自建工业互联网平台的酒楼包间模式，作者称其为"项目化工业互联网",功能强大,需要定制,实施周期长,通常适用于某些大型企业的项目需求。在图10-1中其圆圈直径不是最大。

公有云平台,作者称其为"公共化工业互联网",通常可以作为中小微企业的选择。从目前已有的实施效果来看,很多中小微企业并不满足于这种功能选择性较低、缺乏企业个性的工业互联网。在图10-1中其圆圈直径稍小一些。

中小微企业需要找到平台发展新模式:既要价格实惠,又要质量有保证;既能自由选择饭菜种类,又能开盒即食,这就是"自助餐模式"和"盒饭模式"。

自助餐模式意味着饭菜质量尚可,菜品多样化,吃什么自行选配,成本固定,到场即食,无需等待,作者称其为"产品化工业互联网",其总成本可控,选择灵活、实施高效,几天就能完成,适用于中小企业;盒饭模式在选择性上比自助餐差,但是成本也更低,就餐地点灵活,作者称其为"轻量化工业互联网",其实施工作量很小,即装即用,快速上手,适用于小微企业。在图10-1中这两个圆圈直径比前两种模式要大,代表着应用对象数量巨大,未来发展潜力巨大。

中小微企业还可以选择自研平台的"家庭餐模式"和"平台+园区"的"美食街模式"。家庭餐模式,自购食材,自行烹调,自主性高,但是在"人、财、物、时"等各种资源的耗费上并不低,可用性不高。其在图10-1中的位置决定了该模式随时可被其他模式替代,圆圈直径很小。

"平台+园区"的"美食街模式"是一种颇具潜力、综合性的工业互联网发展路径。园区是中小微企业自然聚集地,是产业集群孵化地,是企业技术创新高地。"平台+园区",能最大限度地实现作者提出的"先进生产力企业合作网络+高级生产关系+新型生态价值网络",以力助网,以网生益,网上加网,互惠互利。作者称其为"园区化工业互联网",适用于广大中小微企业。

按照工业和信息化部的部署,"工业互联网平台+园区"是打造平台落地"最后一公里"的关键举措,具有十分重大的意义。其路径和目标是实现园区"三通一整合",支撑中小微企业的数字化转型。工信部下一步将推动构建平台+园区"2+3+N"的工作体系。在图10-1中,作者用最大虚线圆圈表示该模式。大圆圈左下接食堂模式,右上联酒楼包间模式,最大限度地覆盖了自助餐和盒饭模式,构成了集之大成的美食街模式。虚线表示其边界不确定,扩张潜力巨大。

作者认为,不同模式的工业互联网发展路径具有互补、包容和共生作用,先行开发"产品化工业互联网""轻量化工业互联网",有利于让中小微企业以最快的速度入网,有利于共襄"园区化工业互联网"盛举,有利于形成工业互联网生态系统。

"项目化工业互联网""公共化工业互联网""产品化工业互联网""轻量化工业互联网""园区化工业互联网",五种模式,多种路径,展现了中国工业互联网发展的独特之处,适合基本国情和企情。长期共存,并行发展,是中国工业互联网发展的基本特征。在经历了数年工业互联网的高速且混沌的发展之后,重点发展"产品化工业互联网""轻量化工业互联网",是当前及今后一个时期的主流路径。

数字文明与人类命运共同体

在庆祝中国共产党成立 100 周年大会上,习近平总书记强调:"推动构建人类命运共同体,推动共建'一带一路'高质量发展,以中国的新发展为世界提供新机遇。"

自我演进的企业数字文明

从历史唯物主义理论和系统论的观点来看,任何企业都是在特定基础和环境下发展的,是辩证的自我否定与自我进化过程。当工业在材料、能源、劳力方面实现了深层次、多维度的发展后,自然需要表征人自主性的知识同步发展,从而体现出综合有机体的提升。

企业是社会经济的细胞,在社会生态系统中像生命体一样随着时代、技术、管理的发展而演进。企业以数智技术为纽带承载着数字文明,并具备本书第一章阐述的生态系统所具有的所有特质。

具有感知环境能力

市场是企业赖以生存的环境。通过数字手段感知市场动态已经成为企业竞争力和生存能力的体现。从 2015 年开始,三一重工基于树根互联工业互联网平台,通过物联网与大数据技术,将超过 70 万台挖掘机等工程设备进行了远程联网,并实时感知这些工程机械的工作状态。所采集的大数据除了可以为用户提供更快捷的服务以外,还可以精准地反映出基础建设开工率等情况,成为感知和洞察全国基建投资的"千里眼"和"顺风耳",可以精确地指导企业根据市场变化而快速调整市场策略。

具有自我认知能力

自我意识是以人类为代表的生命体得以生存与发展的基础和前提,数字化既是企业自我认知的手段,也是自我认知的结果,相当于企业有了大脑自主思考能力。企业经营、组织、管理等活动的数字化有助于企业突破信息茧房,提升自我认知能力。任何企业不仅仅要与外部竞争者进行竞争,更重要的是需要具备寻求自身突破的自我变革精神与意识觉醒。因此,对企业既有的业务框架、组织形式、用人方式、文化传统等进行反思、变革和突破,用数字化技术不断进行解构和重构,反映了企业自我认知、迭代演进的可持续发展能力。

具有自适应的能力

工业互联网能够以广域的市场覆盖、灵敏的工业现场反馈、实时的工业设备数据,帮助企业实时感知、分析、决策并应对内外部不确定性,体现出自适应、自进化的生态系统特征。企业走向智能的重要特征是,各业务部门在数智化技术的赋能和支撑下,能够更好地应对由企业内外部不确定性带来的生产与管理失调问题,迅速找到解决失调问题的最优解。

工业发展近三百年,企业形态一直在进化演变,趋于更灵活、更柔性、更韧性。过去,材料和能源的突破使企业具有了生命体的骨骼、肌肉和血液的基本特征;今天,数智化技术赋予了企业五官(五觉),以及神经传导、自主思考、决策/预测能力,使企业从外在到内涵,都具有了生命体特征。

人与企业,改造自然,造福社会,承载文明。

组织演进,重塑自身,物我相宜,天人合一。

数字社会建设与数字文明

在国家"十四五规划"中,明确提出了要"加快数字化发展",在数字经济、数字社会、数字政府等维度,积极探索适合我国当前阶段的数字化发展之路,推进中国特色数字文明的健康发展。

数字社会建设成就斐然

近些年来,随着国家深入实施数字化发展战略,不断完善数字基础设施,我国数字社会建设发展迅猛且成就斐然。

信息基础设施建设全球领先。我国建成了全球规模最大的光纤网络和 4G 网络，建成 200 多万个 5G 基站，5G 终端连接数达 4.97 亿，5G 网络建设速度和规模位居全球第一。移动互联网用户接入流量由 2015 年底的 41.9 亿 GB 增长到 2020 年的 1656 亿 GB。

产业数字化转型稳步推进。2020 年我国数字经济核心产业增加值占 GDP 比重达到 7.8%，已经成为我国经济增长的重要引擎。

数字政府建设成效显著。"掌上办""指尖办"成为政务服务标配，"一网通办""异地可办""跨省通办""只跑一趟"普及全国，形成了透明、高效的政府治理模式。企业和群众满意度不断提升。

数字社会建设卓有成效。截至 2021 年 6 月，我国网民规模达 10.11 亿，手机网民规模达 10.07 亿，我国网民的人均每周上网时长为 26.9 个小时。手机支付、网上购物、App 打车、在线学习、协同办公、视频直播、智慧交通、智慧医疗等逐渐成为人们生活、工作的新常态。

抗突发性风险能力显著提高。由于数字化应用普及，我国率先恢复正常的生产、工作和生活。2020 年，中国是全球唯一实现经济正增长的主要经济体，GDP 总量首次突破百万亿元。

工业数字文明未来可期

尽管近些年来，我国在数智化等方面取得了长足进步，但与国家和人民理想中的数字文明相比还有较大差距。未来的数字文明或许以这样的方式体现出来：

一切都是数字的。当工业跨入数字文明时代，每一个物理实体和都有与之相匹配的多个数字孪生体，数字孪生体的数量远远超过物理实体，二者健康发展；无处不在的屏幕用实时数据告诉你关于物理实体、意识人体、数字虚体的每一个细节和每一处微小变化。在全息数智化环境中，软件、数据、网络、模型、知识等，都像水、电、燃气等基础设施一样，召之即来，挥之即去。

一切都是文明的。在工业的数字文明时代，企业实体关系非常协调，企业资源非常优良，生存环境非常环保，紧缺资源既能拱手相让，又能在太阳系范围内快速获取。人智得到充分利用，人性得到充分释放，人人有工作，员工

（如果那时还叫员工的话）渴望到岗，因为那是他们获得快乐的场所之一。

数字文明更需道德约束

无论数智化技术发展到哪个阶段、哪个高度，数字空间都不是法外之地，都需要我们继续深入贯彻国家建设数字中国、推进数字文明的精神，完善数字化治理体系，彻底消除大数据杀熟、虚假广告、低俗视频、网络诈骗，以及工业领域的数据造假、模型扭曲，特别是基于先进算法对员工进行无情压榨等不良现象。

无论何时何地，道德，始终是制约精神文明、物质文明和数字文明的无形法宝，始终让工业互联网充满正义力量。数字文明，文符其实，名副其实。

工业互联网的宗旨与纲领

如果仅仅从技术、模型、架构、价值、经济等角度来阐述工业互联网，似乎还缺少了一些更本质、更内在、更统摄人心的内容。作者认为，工业互联网在国内外发展了 20 多年，有了众多看得见、摸得着的技术与物质类交付物，但是还缺乏工业互联网的宗旨与纲领。

回顾十章内容，梳理千日思考，工业互联网的宗旨与纲领，其实就藏在书中字里行间，凝聚为几乎无处不在、反复阐述的"四词八字"："机智""互联""人和""共生"。

1）机智，是工业发展的一种路径。机器走向智能的一般性原理是，人创造和提炼知识，知识赋能软件，软件赋能芯片，芯片赋能机器，"人智"借助工业软件进入机器设备，成为"机智"，遵循"状态感知、实时分析、自主决策、精准执行、学习提升"的智能闭环准则，形成基于 CPS 的智能机器。

2）互联，是工业互联网的一个方法论，是全书阐述的主体内容，共有三层含义：①联接成网，即产品外、产品本身和产品子系统包含网络或被网络包含，例如智能网联汽车就处于车联网、北斗/GPS、沿途多种可联接网络中，车内有 CAN 总线联网 ECU，ECU 的芯片内部有由百亿根晶体管组成的联线网；②联接增智，同一系统内海量智能结点的联接，如同大脑神经元的联接一样，让系统展现出更多的智能属性；③联接自治，一个由各自分立的智能机群组成的复杂系统，以对等的分布式控制，消除了任何形式的中心控制，可以利用系统成员"涌现"的场景，来随时自主指定任何一个系统成员担任整个系统指挥者，极大地提高了系统鲁棒性，形成强大的自治式群体智能。

3）人和，是中华文化的一个核心内容。人和包含了丰富的思想内涵，既有以人为本、利人赋能的技术视角的人和，也有管理变革、释放人性的企业视角的人和，更有让人以充分的自由身心、丰厚的知识体系、高超的创新技能，建设数字文明的社会视角的人和。如果放眼世界，人和还包括了拒绝丛林法则，倡导"地球村"的全球视角的人和。

4）共生，是生物出于本能选择的一种最有利的生存方式。生物无意为之，生态自然和谐。人类有意为之，世界走向大同。无论是生物圈的生产者、消费者或分解者，还是工互界的供给侧、消费侧或利益攸关方，抑或是全世界的"一带一路""人类命运共同体"，共生，永远是万物生存的主流选择；共赢，永远是人类和平的基本准则。

约两千五百年前，老子吟诵"人法地，地法天，天法道，道法自然"，拨动了"人和共生"的美妙旋律；今天，以"机智、互联、人和、共生"为宗旨和纲领的工业互联网生态系统，续写了"人和共生"的时代乐章。

四词八字，"工互有纲""经天纬地""照临四方"。

工互 4.0：向数字文明进阶

千万工业实体互联，亿万企业资源互联，无数硅基 DIK 互联，构成了工业互联网的绚丽画卷，奔腾不息的动态价值流，让工业互联网生态系统把神州大地走遍。

作为新一代工信技术集大成者与数字文明的重要载体，工业互联网从车间的"产品－人－机－料－法－环－测"资源要素互联互通起步，拓展到企业之间实体流的交汇融合，实现社会范围内工业全要素、全产业链、全价值链联接与协作，遵循泛在联接、要素融合、人本管理、数字文明四个层级进阶，构建起新制造体系和新工业生态。

百年交汇历史时期，中国经济迅猛发展，国际地位快速上升。但是当今世界环境具有高度不确定性，灰犀牛到处冲撞，黑天鹅屡屡飞出，局部战争狼烟四起，丛林法则甚嚣尘上，西方强国本性未改，全球供应链屡遭破坏，断供合围层出不穷。中国需要一个和平发展的外部大环境，也需要一个全国统一大市场和稳定的内部大环境，加强工业地位，推动数字经济，筑牢国防长城，提升社会文明。工业互联网是打造中国工业不破金身的有力手段。

中国工业互联网与西方工业互联网有着明显不同。工业互联网一词，本是中国原创，工业互联网内涵，早已注入东方文化和灵魂。工业互联网并非神秘点金术，当它被嵌入了灵魂，被赋予了生命，具有了温度，蕴含了文化，彰显了宗旨，承载了工业文明，才能在企业更好地落地。也只有这样，中国工业互联网才能小利供应商群，中利工业群雄，大利国家社稷，真正发挥工业互联网最大价值，并且有朝一日引领全球工业互联网发展。

让我们一起来这样定位和期待工业互联网：汇聚新型生产要素来激发工业发展新动能；以超级联接和系统群智增强工业本体韧性；打造抗击打、阻断供的超级铠甲；夯实工业创新发展的新型基础设施；找到提升制造水平的智能制造突破口；构建全国大范围、全社会大尺度、跨行业大协作、跨终端大信息级别的新工业管理协同平台。

工业互联网具有众多技术功能、强大工业属性、融洽生产关系、较高经济价值和明显社会效益。它以人为本，利人赋能，释放人性，激发人智。它是一种持续积蓄工业能量、全息覆盖工业生态、引爆数字经济的高阶文明之网。

工业互联网的中国智慧正在八方聚集，工业互联网的中国方案正在九州实施，工业互联网的中国力量正在洪荒爆发，工业互联网的中国成就正在普惠全球。

承载人类命运共同体梦想的中国工业互联网高铁列车，已经不可逆地隆隆驶入数字文明轨道，带领我们奔向中华民族伟大复兴的美好明天。

未来已来，将至已至。数字社会，文明富强。

本章参考资料

[1] 工业互联网推动中小企业包容性增长政策研究与机制创新项目组. 工业互联网推动中小企业包容性增长的内在逻辑 [M]. 北京：电子工业出版社，2021.

[2] 朱铎先，毕延洁. 中小制造企业数字化转型之道 [J]. 中国信息化，2021(9)：9-12.

[3] 朱铎先. 构建全域经济模型，促进"智能+"落地 [EB/OL].[2022-05-20]. https://www.lgcx.com/index.php?m=content&c=index&a=show&catid=24&id=317.

[4] 澎湃新闻.数字文明剧透了世界和人类的未来[EB/OL].（2021-09-16）[2022-05-20].https://baijiahao.baidu.com/s?id=1711954765359120653&wfr=spider&for=pc.

[5] 尹金国.数字化是继农业文明、工业文明之后又一全新的文明系统[EB/OL].（2021-01-05）[2022-05-20].https://mp.weixin.qq.com/s/Q3UMs7uFPI5YEH2TJANSog.

[6] 王辉耀."一带一路"是构建人类命运共同体的具体实践[N/OL].光明日报，2021-11-21[2022-05-20].https://news.gmw.cn/2021-11/21/content_35325995.htm.

[7] 国家互联网信息办公室.数字中国发展报告（2020年）[R/OL].（2021-07-03）[2022-05-20].http://www.gov.cn/xinwen/2021-07/03/content_5622668.htm.

[8] 工业和信息化部，国家发展和改革委员会，科学技术部，等.关于开展"携手行动"促进大中小企业融通创新（2022—2025年）的通知[EB/OL].（2022-05-16）[2022-05-20].https://www.miit.gov.cn/zwgk/zcwj/wjfb/tz/art/2022/art_59581adbdc7c4bf2bbdcd8ccf6a260f3.html.

[9] 赵敏，朱铎先.柳暗花明又一村：产品化、轻量化工业互联网异军突起[EB/OL].（2022-06-27）[2022-07-20].https://xhpfmapi.xinhuaxmt.com/vh512/share/10912781?isview=1&homeshow=0&newstype=1001.

附　录

附录 A

People Oriented

全书各章阐述 IIEM 内容阅读引导

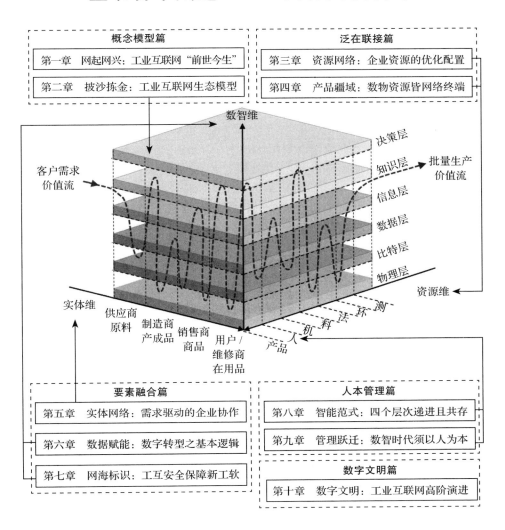

附录 B

People Oriented

本书所用术语 / 缩略语释义表

术语 / 缩略语	释义
词网	将错综复杂、游离零散的概念 / 术语都按照同义关系和层次关系全部关联组织在一起的词语网络，英文为 wordnet
本体论	对概念化的精确描述，用于描述事物的本质。在实现上，一个本体论往往就是一个正式的词汇表，其核心作用就在于定义某一领域或领域内的专业词汇以及它们之间的关系
范式	人造系统在逐渐趋于智能的过程中所展现出来的某些系统共性，形成了所有系统都将共同遵从的世界观、行为方式和参照系
工业互联网生态系统	指与工业相关领域所有工业要素（工业实体、资源、数据、知识等）相互作用所形成的新工业网络，是价值链上诸多利益攸关方，基于数智化技术，按照共融、共生、共赢的规则所形成的动态有机整体
互联网络	所有由物质、能量、信息组建的原生互联网络或人造互联网络
三个生命周期	指产品生命周期、生产系统生命周期、订单（供应链）生命周期，由 NIST 提出
三高一低	指高质量、高效率、高客户满意度、低成本
三链	指供应链、价值链、产业链
四大	指全国大范围、全社会大尺度、跨行业大协作、跨终端大信息
四高	指高危险、高能耗、高价值、高通用四类在用品
四难	指难以提升的经济增长，难以消化的全球产能，难以逆转的老龄化，难觅世外的全球化竞争
碳基知识	以人脑、纸介质等实体作为载体的知识
硅基知识	碳基知识经过数字化技术转换成在芯片中存储、运算的知识，也可称作数字化知识，比特化知识
数字文明	以基于数智化技术形成的所有"数字××"为总和的文明形式
数智化	在本书中指数字化、网络化、智能化的统称。网络上有其他定义
生态系统	指在自然界的一定的空间内，生物与环境构成的一个相互影响、相互制约并在一定时期内处于相对平衡稳定的统一整体

（续）

术语/缩略语	释义
世代	国际上把每一个15年作为一个世代
X世代	指1965~1979年间出生，工作于经济衰退时代，吃苦耐劳的一代人
Y世代	指1980~1994年间出生，与电脑和互联网一起成长的一代人，也称"千禧一代"
Z世代	指1995~2009年间出生，与数字化信息时代无缝对接的一代人
系统回路	指一个系统实现功能所需要的各个组件构成的闭环过程。"人在系统回路"指人是系统的一部分，控制了系统某个/些组件的运行过程。"人离开系统回路"指人不再控制系统组件
在研品	在企业内部处于研发阶段的产品
在制品	在企业内部处于制造阶段的产品
在用品	售出或租赁后，在企业外部处于使用状态的产品
智巧工厂	Smart Factory的翻译，由作者在《机·智》书中首次提出，以区别于"智能工厂"，Smart并不具有真正"智能"含义，其意应为"巧"
AGV	自动导引运输车（Automated Guided Vehicle）
AMR	自主移动机器人（Autonomous Mobile Robot）
API	应用程序接口（Application Programming Interface）
App	应用程序（Application）
AR	增强现实（Augmented Reality）是将计算机生成的虚拟物体或关于真实物体的非几何信息叠加到真实世界的场景之上，即虚拟数字画面加上裸眼现实，从而实现对真实世界的增强
APS	高级计划与排程（Advanced Planning and Scheduling）
BDIKW	用比特对心智认知DIKW模型解构后所形成的一种五层结构的数字化模型，由作者在《三体智能革命》中首次提出。B表示比特，DIK表示数字化的数据、信息、知识。数字化知识（K）可以激发出决策/预测（W）
DIK	指数据、信息、知识三种要素
DIKW	由数据、信息、知识、智慧建立的金字塔形四层心智认知模型
DNS	域名解析系统（Domain Name System）
IETM	交互式电子手册，是针对国防装备、重要设备或大型工程系统设计的交互式数字化技术手册系统
IIEM	工业互联网生态系统模型（Industrial Internet Ecosystem Model）
IoT	物联网（Internet of Things）
IIoT	工业物联网（Industrial Internet of Things）

（续）

术语/缩略语	释义
IIRA	工业互联网参考模型（Industrial Internet Reference Architecture）
IVRA	工业价值链参考模型（Industrial Value Chain Reference Architecture）
MR	混合现实技术（Mixed Reality）是合并现实和虚拟世界而产生的新的可视化环境。在新的可视化环境里物理和数字对象共存，并实时互动，在虚拟世界、现实世界和用户之间搭起一个交互反馈的信息回路，以增强用户体验的真实感
MRO	维护、修理和运行（Maintenance, Repair&Operations）
NIST	美国国家标准与技术研究院（National Institute of Standards and Technology）
NTP	网络时间协议（Network Time Protocol）
OSI	开放式系统互联（Open System Interconnection），一个七层网络模型
PHM	故障预测与健康管理（Prognostics and Health Management）
RAMI 4.0	工业4.0参考架构模型（Reference Architecture Model Industrie 4.0）
SMS	智能制造生态系统（Smart Manufacturing Ecosystem）
TRIZ	根里奇·阿奇舒勒原创的一种发明创新方法论，核心是发明有规律，创新有方法，解决疑难复杂问题有系统的分析、解决工具
UTC	协调世界时，又称世界统一时间、世界标准时间、国际协调时间
VR	虚拟现实（Virtual Reality），也称虚拟实境，是20世纪发展起来的一种纯虚拟数字画面技术
VUCA	Volatility（易变性）、Uncertainty（不确定性）、Complexity（复杂性）、Ambiguity（模糊性）四个英文词首字母缩写
WMS	仓库管理系统（Warehouse Management System）

后　记

People
Oriented

　　炎炎夏日，萧萧秋水，皑皑白雪，浩浩春风。

　　鬼鬼贸战，祟祟新冠，转眼数载，白驹过隙。

　　什么是工业互联网？一直是萦绕在作者脑海里的一个自我提问。不问则已，一问经年。再问，就一直挂在心间。时至今日，没有找到最圆满答案。

　　经过三年思考，两年动笔撰写，总算是写了个"子丑寅卯辰巳午未"，这本书终于与读者见面。尽管还有很多"申酉戌亥"内容没有写完，但实在是不想让这本书变得更厚，感觉应该收笔在第五篇。

　　林林总总，万万千千，要素终端，挂一漏万。仔细想来，工业中有那么多的要素和终端需要联接，十几本书未必能够写完。所写之处，只能是粗略着墨，一个小节以千字为限，刚好够看。

　　自古以来，人类常常受困于两件事情，一个是外部不确定性，另一个是时空限制。外部环境变化不遂人愿，一叶障目竟然不见泰山。时间稍久，距离稍远，碳基信息，消磨不见。所幸有了数智化技术，碳基要素硅基化，让原本无关的事物都能相联。彼此联接信息，情况就会发生质变。工业中的业务场景，终于有了顺风耳、千里眼。用智能匹配的知识，消除系统内外部的不确定性，用高速流动的数据，穿透各种森严壁垒，让原本看不见的事物可见，让原本悟不透的事物看穿。人智机智融一体，决策预测精准专，用工业软件赋能，让机器设备的效率翻了几番。

　　两化融合美，智能制造鲜。工业互联火，数字转型艳。四面大旗，迎风招展，企业想举哪面就举哪面。什么招牌不重要，核心内容莫走偏。互联就是方法论，数据拨动智能弦。工业实体供应链，产品－人－机－料－法－环，万物皆可定标识，万物都能入网联。所有要素都联遍，工业互联珠峰站。以人为本升管理，数字文明渐实现。

　　工业互联网，联接范围本应不受限。之所以出现种种限制，大多数不是技术原因，而是人为因素所导致的困难：人为垒墙设限，人为坐井观天，人为画地为牢，人为能联不联。

工业互联网是否能普及应用，获得广大客户青睐，获客秘籍肯定不只是技术强点。十年前横空出世的某著名工业互联网，乘工业巨擘当年之万里雄风，携业界大鳄梦中之美好心愿，平台技术堪称全球顶尖，喊出"为了全世界"的动人口号，居然没有摆脱"花无百日红"的梦魇，至今犹抱琵琶半遮面。

用旧地图找不到新大陆，有了新地图还要看司南。刻舟求剑，剑不可求；邯郸学步，忘迈哪边；东施效颦，终成笑点。用中国语境，讲中国故事，育中国样板，理论自信最重要，但是任何理论都必须用实践来检验。这是写书思考中悟出来的第一点。

走路向前看，模型须领先。模型过去大多是洋面孔，到了中企水土不服不好办，那咱们就搞一个工业互联网生态系统模型中国版，三维四流六层面，化身无形入软件。手中无剑，心中有剑，平台真金烈火炼，工业爱普（App）开新篇。这是写书思考中悟出来的第二点。

人常道：工业互联网建设路径，大企业自建平台，中小微企业上云端。实践多年才发现，其实方向不设限，模式路径可多选：产品化、轻量化工业互联网解决方案。轻量的，才是最快的；产品的，才是上佳的；适用的，才是最好的；三者都有的，就是最受企业欢迎的。这是写书思考中悟出来的第三点。

工业互联网所联接的终端，可进工厂，可下车间，可以入库，可以乔迁，可以钻地，可以飞天，可以游水，可以巡边，可以穿戴，可以镶嵌，可植体内，可保平安，可以实体，可以数孪……当然也可以遨游太空，看看银河是扁还是圆。

如果生态系统范围超越工业界线，把联接范围扩大到一产、三产，会发现还有更多可以联接、可以书写的要素终端。无论是二产要素还是一产、三产要素，一旦联接，必将极大地促进传统产业效率提升，带来"产业数字化"对数字经济的巨大贡献。至于那些我们还没有感知到的要素，多得数不胜数，留待日后去发现。

作者三人联手，各有实践经验；经常调研企业，最喜走走车间，机器轰鸣声美妙，物流数流双螺旋，工业现场有神明，制造场景入心田；精益思想不可丢，技术积累很关键。认定工业是主体，把好网络平台关，数据畅通不落地，软硬系统都安全,工业互联网生态系统,才能在企业顺利创建。

十章五篇一本书,奉上干货几盏。四层进阶模型,工互升级天地宽;四个智能范式,人智机智高能环;五层互联网络,网内网外尽融联;智能制造六台阶,一层一层来升迁。企业本是生命体,自我演进不平凡。平台者强,工互者韧。生态者生,进化者存。物竞天择是必然。

人法地,地法天,天法道,道法自然。

机智互联,人和共生,工互宗旨,深以为然。

世上有山,危乎万丈,仍然可攀。北冥有鲲,翼长千里,仍然可展。海中有龙,云水万里,仍游深渊。山高水深是工业,鲲鹏展翅上工联。人本世间智力源,数字文明须共建。

拉拉杂杂,几个观点。想想写写,凑了一篇。

几通感慨,素描画卷。权作后记,留个纪念。

赵 敏

2022 年 5 月

致 谢

People Oriented

本书撰写过程中，得到了各界专业人士的鼎力支持与热心帮助，有院士、行业领导、企业家、高管、专家学者等，他们或者贡献自己的学术观点与真知灼见，或者提供了宝贵的图文资料，或者提供自己企业的实践案例，或者参与了书中某些热点议题的讨论，让作者受益匪浅，使本书顺利完成。在此一并衷心致谢！

感谢：

中国工程院院士李幼平；

中国工程院战略咨询中心制造业研究室首席专家董景辰；

中国信息通信研究院院长余晓晖；

中国工业互联网研究院院长鲁春丛；

中电工业互联网有限公司董事长朱立锋；

湖南省工业和信息化厅二级巡视员颜琰；

三一集团执行总裁兼总工程师易小刚；

中联重科股份有限公司总裁付玲；

机械工业仪器仪表综合技术经济研究所副总工王春喜；

工信部电子第五研究所副总工程师杨春晖；

中国信息通信研究院工业互联网与物联网研究所副所长李海花；

国家工业信息安全发展研究中心系统所副所长肖琳琳，研究部主任夏宜君；

中国电子信息产业发展研究院信软所所长姚磊，副所长袁晓庆；

中国电子技术标准化研究院软件中心两化室副主任王程安；

中电望辰科技有限公司总经理夏刚；

中电凯杰科技有限公司总经理叶霆；

北京联讯动力咨询公司总经理林雪萍；

常州天正工业发展股份有限公司董事长张翀昊；

北京智通云联公司总裁史晓凌，首席科学家谭培波，市场总监高艳；

华控智加公司联合创始人刘加，联合创始人兼CEO刘德广；

华龙讯达公司总裁龙小昂，副总裁阎丽娟；
清大菲恩公司董事长赵明，总经理孙维实；
蕴硕物联技术（上海）有限公司创始人崔斌；
上海优也公司创始人傅源，首席科学家郭朝晖，首席架构师林诗万；
北京亚控科技发展有限公司总经理郑炳权；
北京典道互联科技有限公司总经理蔡小伟；
格创东智科技有限公司 CEO 何军，高级总监胡梦君；
宁波市未来工业创新研究院院长陈军涛；
北京四维纵横数据技术有限公司总经理姚延栋；
金蝶云星空智能制造首席专家计晓军；
泰山智能制造产业研究院院长毕延洁；
北京航空航天大学科学技术研究院副院长、教授陶飞；
美的集团副总裁兼 CIO 张小懿；
北京恩易通技术发展有限公司总经理闫晓峰，市场总监陈强；
参数技术（上海）软件有限公司发展战略总监郎燕；
研华科技工业物联网事业群中国区总经理蔡奇男；
国佳云为（常州）信息科技有限公司总经理郭睿，常务副总经理王敏超；
北京和利时系统工程有限公司工控软件系统架构师丁研；
北京赋智工创科技有限公司总经理王强；
迦南美地家居用品有限公司总经理周晓辉，精益运营总监刘畅；
苏州酷泰智能科技公司总经理尹金国；
江苏迈迪云工业互联网有限公司总经理杨忠；
上海飒智智能科技有限公司总经理张建政；
阿依瓦（北京）技术有限公司 CEO 杨卫国；
"天才少年"稚晖君（彭志辉）；
清华大学软件学院客座教授莫欣农。

感谢撰写推荐语的专家：
工业和信息化部原副部长、北京大学教授杨学山；
中国工程院院士李培根；
中国工程院院士刘永才；
中国工程院院士倪光南；

中国工程院院士李幼平；

中国信息通信研究院院长余晓晖；

中国工业互联网研究院院长鲁春丛。

如果在致谢名单中漏登了哪位行业专家、企业家朋友，请及时告知作者，以便在下次印刷中增补。再次向大家表示衷心感谢！

作者